天津市哲学社会科学规划研究项目成果

天津市高等学校综合投资规划项目资助

生态哲学视角下的
维特根斯坦知觉哲学研究

An Eco-Philosophical Study on
Wittgenstein's Philosophy of Perception

姚东旭 著

天津出版传媒集团

天津人民出版社

图书在版编目（CIP）数据

生态哲学视角下的维特根斯坦知觉哲学研究 / 姚东
旭著. -- 天津：天津人民出版社，2021.7
ISBN 978-7-201-17411-2

Ⅰ. ①生… Ⅱ. ①姚… Ⅲ. ①维特根斯坦（
Wittgenstein, Ludwig 1889-1951）-哲学思想-研究
Ⅳ. ①B561.59

中国版本图书馆 CIP 数据核字(2021)第 110862 号

生态哲学视角下的维特根斯坦知觉哲学研究
SHENGTAI ZHEXUE SHIJIAO XIA DE WEITEGENSITAN ZHIJUE ZHEXUE YANJIU

出　　版	天津人民出版社	
出版人	刘　庆	
地　　址	天津市和平区西康路 35 号康岳大厦	
邮政编码	300051	
邮购电话	（022）23332469	
电子信箱	reader@tjrmcbs.com	
责任编辑	王佳欢	
特约编辑	佐　拉	
装帧设计	汤　磊	
印　　刷	天津新华印务有限公司	
经　　销	新华书店	
开　　本	710 毫米×1000 毫米　1/16	
印　　张	22.25	
插　　页	2	
字　　数	280 千字	
版次印次	2021 年 7 月第 1 版　2021 年 7 月第 1 次印刷	
定　　价	99.00 元	

目录
CONTENTS

导　言

　　维特根斯坦的知觉哲学的核心在于其"面相-观看"（aspect－seeing）思想。它区分的是我们的两类知觉概念："看到"（see）和"看作"（see as）或"看出相似"（see similarity）。"看到"这一类的知觉概念（听到、闻到、触摸到）能够关联被直接指称和描述的知觉对象，而"看作"或"看出相似"这一类的知觉概念不能够关联被直接指称和描述的知觉对象。例如我们看到某张脸，也可以看出这张脸与另外一张脸的相似之处，这是两种不同的知觉概念，无法互相还原。"看作"或"看出相似"这一类的知觉即是面相知觉。维特根斯坦的两种知觉概念的区分指出的是知觉与行动之间的直接关联，这突破了传统的表征主义知觉观。

　　在当代知觉哲学中，表征主义和"内容观点"（content view）仍然占据着主流的地位。知觉内容这一自然主义框架下的非自然主义设定造成了一系列问题。生成论（enactivism）认为知觉从属于施事者在与周边环境的耦合关系中的涉身性行为，这是与维特根斯坦的知觉哲学相一致的。维特根斯坦也反对知觉与行动之间关系的间接性以及由之而来的"内容观点"。

　　一种维特根斯坦式的生成论视角下的知觉哲学是可能的。这种新的知觉哲学将更为深入地帮助我们反思当代哲学困境,可以为我们提供一种新的伦理学和生态哲学的空间,帮助我们思考和解决当代生态哲学问题。

一、维特根斯坦与知觉哲学

知觉哲学是当代心灵哲学和认知科学哲学的核心领域之一,它的核心问题是我们感官感知中的显像(appearance)和实在(reality)的关系问题。我们是如何从显像的纷繁复杂中获得对世界认知的第一手资料的? 知觉是我们对外部世界的一种表征吗? 知觉是一种状态还是某种成就? 如何区别真实的知觉、幻觉及错觉? 以上问题在西方哲学史上以不同的方式出现过,例如柏拉图就探讨过从易变的显像中如何获得具有确定性的知识的问题,洛克和休谟也分别探讨过感知是如何联结而形成观念的。传统知觉哲学思想被视为知识论的一部分,没有独立的地位。知觉哲学作为哲学的一个子学科,成为一门显学是20世纪70年代末才开始的。20世纪后半叶,在"认知革命"的影响下,人类需要从哲学上回答认知科学发展所提出的一系列问题。认知科学的发展也需要哲学的滋养。国际认知科学学会(Cognitive Science Society)成立伊始,就明确承认哲学学科是其七个主要的成员之一的资格,至今也未曾改变。① 认知科学的发展使得思想史上哲学家和科学家们建立的知觉模型成为可疑的乃至错误的,重新理解知觉给予我们探讨与知觉相关的哲学问题以新的背景。知觉成为横跨知识论、心灵哲学、行动哲学、语言哲学和形而上学的显学哲学主题,哲学家们试图以知觉哲学的研究推进人类对语言、心灵、认知、行动乃至伦理和自然哲学的哲学思考。

---

① 参见朱菁:《哲学与认知科学共生50年》,载中国社会科学院哲学研究所《中国哲学年鉴》编辑部:《中国哲学年鉴2012》,哲学研究杂志社,2012年,第145页。

　　面相-观看思想一直是维特根斯坦知觉哲学思想的中心话题。维特根斯坦对面相-观看概念非常重视，早在《逻辑哲学论》和20世纪30年代的《蓝皮书与褐皮书》中，他就开始了这一研究，探讨面相-观看话题的码段是《哲学研究》中最长的，在《数学基础研究》《杂论集》《文化与价值》《心理学哲学评论》和《关于心理学哲学的最后著作》，乃至晚年的《论确定性》和《论颜色》中，面相-观看都是重要的话题。用威廉·戴（William Day）和维克托·J.克里布斯（Victor J. Krebs）的话来说："这些关于面相-观看的讨论显示出维特根斯坦的哲学概念所要求的，不仅仅是看的方式，还是——如同斯蒂芬·艾弗莱特（Steven Affeldt）所言——一种关切和发现事物对我们最重要的面相的方式和意愿，但是由于一些原因，我们倾向于否认它们。"①维特根斯坦的面相-观看知觉哲学思想在其整体思想框架中起到了枢纽性乃至基础性的作用。学界对维特根斯坦知觉哲学思想的讨论局限于形状、运动、位置等面相，而忽视了维特根斯坦前后期哲学中所讨论的颜色面相，这显然是不完整的。在传统哲学的教条中，第一性质与实在具有更内在的关系，而第二性质一般被视为主观的和相对的，并不属于知觉问题探讨的核心领域。这是一种偏见。当代知觉哲学对颜色知觉的研究形成了颜色哲学，颜色知觉乃至"第二性质"知觉是知觉哲学中的典型案例。维特根斯坦的《论颜色》手稿中阐明了颜色的相同性概念的"不确定性"并表明颜色知觉同样是一种面相-观看知觉，以颜色知觉为代表的"第二性质"知觉和以"第一性质"为代表的组织知觉一同构成了维特根斯坦知觉哲学的基本面貌。

　　维特根斯坦的知觉哲学尽管在其思想中具有重要的地位，却在当代知觉哲学讨论中较少为人所涉及。当代讨论中对维特根斯坦知觉哲学的轻视在某种程度上来讲是很不正常的。当代知觉哲学的代表作——麦克道威尔

---

① William Day, Victor J. Krebs, *Seeing Wittgenstein Anew*, Cambridge University Press, 2010, p. 9.

（John McDowell）的《心灵与世界》（*Mind and World*）就是一部典型的维特根斯坦主义的著作。无论是支持维特根斯坦的麦克道威尔、克里斯多夫·皮考克（Christopher Peacocke）、查尔斯·特拉维斯（Charles Travis），乃至阿瓦诺伊（Alva Noë），还是反对维特根斯坦的泰勒·布奇（Tyler Burge）、杰瑞·福多（Jerry Fodor）、大卫·帕皮罗（David Papinea）和哈丁（C. L. Hardin），都绕不过去维特根斯坦知觉哲学思想。那为何维特根斯坦知觉哲学思想较少为人们所关注呢？

第一个原因是众所周知的对维特根斯坦作品进行解释的困难性。问题本身的困难性与维特根斯坦手稿的晦涩复杂性使得学者们对维特根斯坦的知觉哲学，特别是后期的知觉哲学敬而远之，维特根斯坦并非想要写得晦涩，而是他本来就没有打算出版《哲学研究》等后期著作。维特根斯坦的遗稿执行人选择出版这些手稿，并不是维特根斯坦的本意，维特根斯坦努力将他的思想影响范围控制在他的学生和朋友的小范围内，这一方面是由于《逻辑哲学论》出版后他的思想面临的一系列曲解和误解，另一方面是由于维特根斯坦并不希望培养一系列他的信徒，把他的只言片语当作圣经，而是希望听众和读者在得到启发后开启自己的思想。所以维特根斯坦的手稿是严格的，经得起推敲的，却又是不那么容易进入的。维特根斯坦的这一写作意图并不代表他的哲学思想是不重要的或者是容易误导人的，而是提醒我们要避免用今日哲学论文的写作方式要求维特根斯坦。

第二个原因是维特根斯坦并不打算建构知觉哲学理论。他拒绝一般性的对知觉本质的描述，而是试图通过讨论知觉经验的实际案例，将洞见以其在日常语言中最有意义的方式表达出来。维特根斯坦的哲学风格与他的哲学思想缠绕在一起，这使得我们必须结合他的哲学的整体面貌来考察他的特定哲学讨论，这也与分析哲学中普遍存在的"就事论事"的写作倾向相悖。

第三个原因是维特根斯坦的讨论并没有得出任何明显的结论。这使得我们很难从他的讨论中得知他的意图。维特根斯坦生活在奥匈帝国文化兴盛的时代，那个时代的哲学旨趣和今日有所差别，维特根斯坦的讨论所处的社会文化思潮，也与今天的状况大相径庭。考虑到二战后德语文化的衰落，这也增加了我们考察维特根斯坦知觉哲学旨趣所在的难度。例如，维特根斯坦经常提起的歌德、利希滕伯格和赫兹等人，对于今天的科学哲学研究者来说，就很陌生。

除此以外，当代学界思潮的转变也影响了人们对维特根斯坦知觉哲学的关注度。20 世纪 70 年代以来，语言哲学逐渐衰落，学院哲学中，心灵哲学和认知科学哲学逐渐兴起，形而上学重新复兴，维特根斯坦的思想逐渐被视为过时。这一时期的知觉哲学主要以意向/表征理论作为其理论框架。与福多为代表的内在论表征主义（包括意向主义）相对的是各种外在论知觉理论，如关系主义、素朴实在论和析取主义等。外在论认为知觉不是内在表征状态，而是部分或整体取决于外部环境（语境）或世界中的事实。知觉状态与过程的物质载体不仅仅位于大脑之中。但是外在论同内在论一样，没有超出笛卡尔主义的框架，知觉和行动的关系仍然是间接的，因此并没能真正挑战内在论表征主义的地位。

20 世纪后半叶，反表征主义的进向在戴维森、塞拉斯、罗蒂等人物和现象学、美国实用主义、生态心理学等思潮的影响下发展起来。但是，反表征主义一般被看作一个否定性的或者治疗性的路径，用于匡正表征主义的迷误，而非提出正面的观点。这一时期学界对维特根斯坦的解释也倾向于治疗性和紧缩性，认为维特根斯坦哲学的主要功绩在于理智治疗。21 世纪以来，以涉身性、嵌入性、延展性和生成性为代表的"4E"①转向可以看作为数不多地提出了正面观点的反表征主义路径。其中，生成论进向提出了以生

---

① 4E：Embodied，Embedded，Extended，Enacted.

命有机体的行动——环境为中心取代功能——表征为中心的知觉哲学替代方案。

生成论作为一个术语,最初由瓦雷拉(Varela)、汤姆逊(Thompson)和罗斯奇(Rosch)在合著的《涉身的心灵》(*The Embodied Mind*)中提出。生成论与其他反表征主义的进向相似,其目的在于颠覆传统哲学中错误的心灵观念,特别是"质疑认知本质上是表征的观点的中心性"①。生成论认为知觉不是由被给予的心灵对被给予的世界的表征,而是以有机体在世界之中所做的多种多样的行为的历史为基础的对世界和心灵的立法(enactment)。生成论的理论基础在于知觉来自涉身性的行为(embodied action)。知觉不再是对独立于知觉者的世界中的信息的发现和处理,而是在一个基于知觉者的世界之中,确定感觉系统(sensory system)和运动系统(motor system)交互关系的原则,从而使得行为得到引导。这给予了我们理解维特根斯坦知觉哲学思想的新的背景。维特根斯坦的知觉哲学与生成论同样持有行动中心立场,并以此反对内在论表征主义的知觉观。有很多学者认识到维特根斯坦后期哲学思想与生成论进向之间的理论交互关系,当代生成论代表人物赫托(Hutto)和诺伊(Aloa Noe)都是维特根斯坦哲学的著名研究者,基于维特根斯坦哲学立场考察当代生成论的学者还有赫托②、罗兰德(Mark Rowlands)③、斯塔克(Michael Starks)④。夏洛克(Danièle Moyal – Sharrock)⑤甚

---

① See Varela. Thompson. Rosch, *The Embodied Mind—Cognitive Science and Human Experience*, The MIT Press, 1991, p. 9.

② Daniel D. Hutto, Enactivism, From A Wittgensteinian Point of View, *American Philosophical Quarterly*, 2013, 50(3), pp. 281 – 302.

③ Mark Rowlands, Enactivism, intentionality, and content, *American Philosophical Quarterly*, 2013, 50 (3), pp. 303 – 316.

④ Michael Starks, Review of Radicalizing Enactivism by Hutto and Myin, *Philosophy, Human Nature and the Collapse of Civilization Articles and Reviews* 2006 – 2016, 2016, pp. 404 – 415.

⑤ D Moyal – Sharrock, Wittgenstein's razor: The cutting edge of enactivism, *American Philosophical Quarterly* V50, 2013(3), pp. 263 – 279.

至将维特根斯坦看作早期的生成论者,而邦坎派尼(Anna Boncompagni)①、艾斯巴诺(Manuel Heras – Escribano)、诺贝(Jason Noble)和平多(Manuel de Pinedo)②都认识到维特根斯坦哲学对生成论的积极影响。

二、一种生成论的维特根斯坦式的知觉哲学的可能性

生成论作为一个术语最初由瓦雷拉(Varela)、汤姆逊(Thompson)和罗斯奇(Rosch)在1991年合著的《涉身的心灵》(*The Embodied Mind*)中提出,生成论与其他反表征主义的进向相似,其目的在于颠覆传统哲学中错误的心灵观念,特别是"质疑认知本质上是表征的观点的中心性"。生成论认为知觉不是在由被给予的心灵对被给予的世界的表征,而是以有机体在世界之中所做的多种多样的行为的历史为基础,对世界和心灵的立法。维特根斯坦的知觉哲学可以在生成论的背景下得到新的阐释。其可能性主要在于:第一,无论是寂静论(quietism)解释还是社会建构论(social constructivism)解释,都承认维特根斯坦毫无疑问是一个反表征主义者。寂静论解释的问题在于,它无法真正保持沉默,总是无法完全脱离理论框架的涉入,理论框架对于概念反思来说总是不可或缺的;社会建构论解释的问题在于,它对维特根斯坦关于自然事实与生活形式乃至确定性的讨论重视不足,两种思路都将维特根斯坦的哲学风格完全等同于他的哲学观点,陷入"理论 or 非理论"的二元对立之中,而忽略了维特根斯坦"世界在语言的层面呈现"的更深洞见,理论是我们理解现实的必要工具。社会建构论使得维特根斯坦的反思

---

①　Anna Boncompagni,Enactivism and the Explanatory Trap A Wittgensteinian Perspective,*Methode*,2013(2),pp. 27 – 49.

②　Manuel Heras – Escribano. Jason Noble and Manuel de Pinedo,Enactivism, action and normativity:a Wittgensteinian analysis,*Adaptive Behavior*,2015,Vol. 23(1),pp. 20 – 33.

平衡进向滑向了后现代主义。维特根斯坦的反表征主义想法与生成论更加接近——知觉存在于人类与周边环境打交道的行动中,而且知觉的形式由行动的模式决定。知觉的本性是拒斥作为行动和感知之外的第三者的表征内容(representational content)的介入。高阶认知起源于赖尔意义上的知道如何做(know how)的行动进展中,语言的介入使得赖尔意义上的知道是什么(know that)成为可能。这里看似跨越了描述与解释的界限,但是也可以看作给出了一种综观语法的角度,这是和"理论"截然不同的。

第二,维特根斯坦生活在我们今天意义上的自然主义尚未占据主流的时代,但无论是前期还是后期,维特根斯坦都可以被看作一个广义上的自然主义者。维特根斯坦所说的"哲学家总是在他们眼前看到科学的方法并且不可避免地试图以科学的方式提问和回答问题。这一倾向是形而上学的真正根源,同时引导着哲学家步入完全的黑暗"①。其中,"科学"主要指的是伽利略以来的以经典物理学为蓝本的经验科学。而生成论显然与之完全不同。生成论作为认知科学哲学进向引入了更广阔的自然主义空间,这里昭示着新的人与自然的关系的可能。西西里·海耶斯(Cecilia Heyes)的一个区分帮助我们理解这一点:生成论可以被理解为一种自然哲学(philosophy of nature),而不是科学研究纲领。自然哲学与科学的旨趣不同,它可以引入和使用科学的概念描述世界,认真地对待科学研究的结果,并与其一致。但是自然哲学以不同的方式和术语来组织这些科学发现,它将不同的科学发现组织起来,给予我们对自然的完整的观点。② 生成论从对自然概念的反思开始,拒斥科学的机械论的自然观,提出自然不能完全脱离人类的认知能力和

---

① Ludwig Wittgenstein, *The collected works of Ludwig Wittgenstein*, Blackwell Publishing, 1998, p. 520.

② See Shaun Gallagher, *Enactivist Interventions Rethinking the Mind*, Oxford University Press, 2017, p.22.

认知行为而得到理解。生成论是一种非还原的但是认真对待科学发现的自然哲学,它并不是任何一种科学发现的奴仆,而是在自由地考察认知科学研究的整体面貌。这种研究更接近于德文中 Wissenschaft①(学问)的本义,即寻求一种整体性的研究。而维特根斯坦不会反对将自己的哲学思想纳入这一范畴中,哲学作为研究可能性的学科,是与其他科学学科关联的。

第三,维特根斯坦知觉哲学思想中存在生成论的因素。例如:

> 我想要将人看做一种动物;作为对其来说我们赋予其本能而不是推理的原始存在物。作为一个在其首要状态的生物。任何对于一个首要的交流的方式足够好的逻辑不需要来自我们的辩护,语言并不来自于任何种类的推理。②

> 语言游戏的最初和首要的形式是一种反应:只有从这个出发,更复杂的形式才能发展。"语言——我想说——是一种纯化","太初有为"。③

> 然而,给予辩护证据的根基抵达了尽头,但是尽头不是使得我们立即视为真的命题,比如,它不是站在我们角度看的一种观看;位于语言游戏底层的是我们的行为。④

> 做本身似乎没有任何经验容量。它似乎像一个无广延的点,一个针尖。这个针尖似乎是真正的行为者。现象中所发生的只是这个做的后果。"我做"似乎有一种特定的意义,和一切经验脱节。⑤

---

① 参见德文中的 Wissenschaft 是一个比经验科学外延更为宽广的词汇。它是经验科学、抽象领域(数学、逻辑)、价值学科(政治和文化研究)和形而上学的总称,是一个学术系统整体的概念。

② Ludwig Wittgenstein, *The collected works of Ludwig Wittgenstein*, Blackwell Publishing, 1998, p. 1441.

③ Ibid., p. 807.

④ Ibid., p. 1421.

⑤ [英]维特根斯坦:《哲学研究》,陈嘉映译,上海人民出版社,2005 年,第 191 页。

生态哲学视角下的维特根斯坦知觉哲学研究

维特根斯坦的哲学洞见已经包含了将语言游戏视为行动的视野,当然,语言不是一般意义上的行动,语言是自治的和系统的,这并不使得语言成为一种精神活动。将行动作为哲学的起点这一洞见,给予了我们讨论知觉哲学的行动进向的可能性。维特根斯坦的面相-观看思想同样将人的非反思的行动作为考察视觉概念不同用法的出发点。维特根斯坦的知觉哲学思想有助于我们从一种传统认知主义的和神经科学的知觉哲学转向一种涉身的、主体间性的、活着的、同时也是文化的和语言的知觉哲学。维特根斯坦知觉哲学不同于主流生成论知觉哲学的观点在于:维特根斯坦将语言使用作为一个入手点。这不能理解为维特根斯坦提出的仅仅是一种语言哲学,或者其受困于语言相对性和语言牢笼。维特根斯坦给出了我们考察知觉和其他哲学问题不可避免的语言呈现性,即实在在语言的层面呈现。

维特根斯坦的知觉哲学最主要的讨论是关于面相知觉的,他主要反对的是各种因果性的知觉理论,最主要的就是感觉材料理论。简单地说,面相知觉即视觉概念的两种不同用法:一种是看见某种可以对其他人指示或描述的东西,另一种是除了第一种用法之外的"看见"。

环境中事物的面相并不总是能够被知觉到,第二种用法中,我们可以看出两件事物之间彼此的相似性,或者在雅斯特罗的鸭兔图中看出另外一种动物,又或者看到平面上的正方体模型改变了方向。另外,第二种用法中,还存在"持续的面相观看",我们始终将一个图像看作一张脸,以及"面相的突然闪现",我们突然意识到某种花纹的规律性等。维特根斯坦将始终不能看出某种面相并作出某种特定反应的人视为面相盲人(aspect blind)。① 这些视觉经验很容易与心理学研究混同起来,但是它们实际上具有知觉哲学

---

① 参见[英]维特根斯坦:《哲学研究》,陈嘉映译,上海人民出版社,2005年,第256页。

上的重要性。它们提示着视觉概念的复杂性,这种复杂性来自视觉经验中知觉和思想的交互关系。我们在听音乐的时候用想象力听到旋律,但同时我们也听到一些独立的音节。格式塔心理学将面相的改变视为组织(organisation)的改变,但维特根斯坦认为组织并非一种知觉性质,它在概念上不同于颜色和形状,因为人们看到的东西没有改变,但是"看到的"却不一样了。同时,面相改变也并不是心理的解释(interpretation)所造成的,因为我们无法把它展示给别人。

维特根斯坦让我们注意报道面相的语言使用的周边环境。这里麦克道威尔将面相的观看视为感觉经验中概念能力的被动运用。感觉印象中包含着概念内容。这还是在传统理智主义(intellectualism)框架下的阐释,这里仍然将某种知识或者命题视为人与世界关系的首要因素。

这是与上文中引用的维特根斯坦的非反思的"动物性的"反理智主义的精神相违背的。当代知觉哲学的主要进向——素朴实在论、副词理论、意向性理论和析取主义等,都存在理智主义倾向。知觉首要的不是避免错误(错觉、幻觉),而是一种反应。维特根斯坦反对从笛卡尔以来的理智主义传统,他讨论的是知觉中的动物性、本能性、环境敏感性等。知觉既不是特拉维斯所说的一种成就,也不是安斯康姆所说的一种意向状态,其首要的方面是在一定语言游戏下的一种反应、一种行动,而不是某种知识或命题,或者某种内容。这种反理智主义的知觉哲学思路与生成论是契合的。维特根斯坦著作中关于确定性、生活形式、自然历史讨论中的自然主义倾向进一步加强了这一点。以语言能力为媒介的理智生活产生于非理智生活,而不是相反。

三、探讨一种新的伦理学和生态哲学

一种生成论的维特根斯坦式的知觉哲学为一种生成论的维特根斯坦式

的伦理学提供了可能性。维特根斯坦甚少讨论伦理学,一生中只发表过一篇《伦理学讲演》(lecture on ethics),这篇会议论文一般被视为《逻辑哲学论》(Tractatus Logico - Philosophicus)的具体应用。在与维也纳学派的讨论中,他谴责任何"关于伦理学的华而不实的言词",即"直觉知识是否存在,价值是否存在,善是否是可定义"①。维特根斯坦前期认为伦理学是"生活的目的"②"世界的意义"③和"生活中的问题"④,这些问题与宗教和美学相关。伦理学是主体对生活和自身在世界中位置的一种态度,这种态度位于世界之外,因此不可用语言表达。

维特根斯坦的《伦理学讲演》主要针对的是摩尔(G. E. Moore)在《伦理学原理》(Principia Ethica)中试图对善做出定义的进向。他区分了善(good)的两种意义:一种是"伦理的和绝对的",另一种是"无价值的和相对的",⑤第二种意义相对容易理解,它就是我们日常生活中对于意志行为和欲求满足的因果关系的表达。而第一种意义则关系到主体对生活的态度,有人给我们指出正确的路,我们总是可以说:"但是我不想去牛津。"欲求与事实之间的关系是外在的和偶然的。如果有人说我像野兽一样行事,我不能回复说:"我不想要表现得更好",因为对方会说:"你应该做得更好。"这里并不是在相对的意义上谈论善,而是主体在面对一种绝对的标准和价值,欲求与事实之间的关系是内在的和必然的。这种绝对的意义即是伦理,它不是任何一种世界中的事实,而是这些事实的意义,言说意义超出了语言的界限。意义不能言说,但是可以显示出来。

---

① [奥]维特根斯坦:《维特根斯坦与维也纳学派》,徐为民、孙善春译,商务印书馆,2015 年,第45 页。

② Ludwig Wittgenstein, *The collected works of Ludwig Wittgenstein*, Blackwell Publishing, 1998, p. 52.

③ [奥]维特根斯坦:《逻辑哲学论》,韩林合译,商务印书馆,2014 年,第 115 页。

④ Ludwig Wittgenstein, *The collected works of Ludwig Wittgenstein*, Blackwell Publishing, 1998, p. 791.

⑤ Ludwig Wittgenstein, *Lecture on Ethics*, Wiley Blackwell, 2014, p. 123.

科拉·戴蒙德(Cora Diamond)说:"伦理学没有特定的主题,而是一种伦理精神,一种朝向世界和生活的观点,可以弥漫于任何思想和言谈之中。"①维特根斯坦是第一个提出伦理学不可表达的哲学家,他的这一观点影响了逻辑实证主义的三个主要的伦理学流派:以艾耶尔(Ayer)和斯蒂文森(Stevenson)为代表的情感主义(emotivism),以黑尔(R. M. Hare)为代表的规定主义(prescriptivism)和以艾灵顿(Arrington, R. L.)为代表的认知主义(cognitivism)。情感主义认为伦理学命题的作用即是唤起人的情感,规定主义则认为伦理学命题起着命令和规定的作用,前两者都可以看作非认知主义(non‑cognitivism)的伦理学,而认知主义认为伦理学命题起着语法命题和规则的作用。事实上,在我们的论述中可以看出,维特根斯坦的伦理学与以上三个学派都距离较远,并更接近于错误理论(error theory),即伦理学命题具有言说世界中的事实的冲动,却没有言说世界中的事实。但是前期维特根斯坦显然不同于一般意义上的错误理论,他是在阐明了命题言说的"界限"之后,将言说命题不能言说的事情视为形而上学的胡说(nonsense)。这里,维特根斯坦避免了认知主义和非认知主义忽略"界限"谈论言说表达的倾向,又使其超越了素朴的错误理论。

后期维特根斯坦的伦理学论述较少。在《哲学研究》中,他只谈到过一次伦理学:"清晰的图画与模糊的图画在何种程度上能够相似取决于后者的模糊程度。"而如果图画过于模糊,那么谈论相似就没有意义,他说:"举例来说,在美学或伦理学里寻找与我们的概念对应的定义,你的处境就是这样的。"②后期维特根斯坦放弃了给出一致性的语言使用条件,我们以不同的方式使用"好""善""恶""责任""价值"等伦理词,伦理学不再是一个单独的领

---

①　Cora Diamond,Ethics, Imagination and the Attractions of Wittgenstein's Tractatus', A. Crary & R. Read eds,*The New Wittgenstein*,Routledge,2000,p.153.

②　[英]维特根斯坦:《哲学研究》,陈嘉映译,上海人民出版社,2005年,第42页。

域而是可以在人类生活的诸多方面表现出来。维特根斯坦仍然认为伦理学是一种个人对世界的态度和观点而不是任何事实，但是它不是某种事先超出世界的态度，而是包含着我们连接于环境和世界的总的态度和观点。

> 如果生活变得难以承受，我们想要改进。但是最重要的并且有效的改进是我们自己的观点，对我们很难出现，而且我们最难决定这样做。①

> 生活是有问题的这一事实意味着你的生活并不适合生活的轮廓，如果你改变你的生活，一旦它适合轮廓了，有问题的就会消失。

> 或者我应该说：正确地生活的某人并没有将这一问题视为伤心事，因此完全不是一个问题，而是相当于快乐，即可以说成是环绕生活的明亮晕圈，而不是昏暗的背景。②

伦理学是生活的态度及行动的范畴，是人类在参与诸多实践并参与诸多语言游戏中形成的总的观点，而不是世界中的任何事实。后期维特根斯坦与传统伦理学如后果主义、道义论非常不同，但与德性伦理学较为接近。但是与积极"入世"改造生活的德性伦理学相比，维特根斯坦似乎更"避世"和消极。例如他说："就改善你自己好了，那是你为改善世界能做的一切。"③事实上后期维特根斯坦在这里有着更深的考虑，传统伦理学试图建立伦理学理论，注重伦理学原理、规则和判断，这些理论要素能够在不同的上下文和环境中对不同的人起到相似的作用。后期维特根斯坦的伦理学研究强调了伦理学研究的特殊性及其上下文和环境特征（语言游戏和生活形式），传

---

① The collected works of Ludwig Wittgenstein, Blackwell Publishing, 1982, p. 819.
② Ibid., p. 804.
③ ［英］瑞·蒙克：《维特根斯坦传》，王宇光译，浙江大学出版社，2011年，第17页。

统的伦理学重视答案而非假设,而维特根斯坦伦理学则总是试图重新设想和描述道德主体所处的实际境况,抵制表层语法和表层词汇的诱惑,考察伦理表达式的相同性和差异性。这就是他所说的"改善你自己"所要做的事。维特根斯坦试图揭示伦理学作为生活态度和行为范畴的多种可能性。

> 如果某人认为他解决了生活的问题,并且感到好像告诉自己现在一切都很容易。他只需要告诉自己,为了看清楚他是错误的,有一个这个"解答"还没有得到发现的时期;但是一定也可以生活,而且这个现在发现的解答与事物曾所是的关系看起来像是偶然的。[①]

维特根斯坦的知觉哲学在这里为伦理学提供了基础。考察道德主体所处的实际情况即是考察人在生活(语言游戏)和他在世界(生活形式)之中的实际位置,这种考察使得伦理学问题成为可能。这里需要面相-观看,看出某种行为的善恶如同我们看出某个人的表情或心理一样,需要结合时间、地点、人、语言等多种特定的乃至细微的环境因素才能得出。这里的面相-观看并非由某些事实出发做出推断或做出解释(价值在范畴上与形状和颜色等"事实"不同,看不出价值不同于色盲),而是更类似于动物性的动作-反应,这里知觉和思想是合二为一的确定性。生成论的视角给予维特根斯坦的面相-观看思想以更自然化的背景,我们可以考察人与动物的知觉-伦理的连续性和不连续性,特别是语言的引入对知觉哲学和伦理学的影响。

一个可能的疑问是伦理学的这种面相-观看并不是知觉,因为它似乎与视觉、听觉、嗅觉、触觉和味觉等典型的知觉距离较远。但是正如维特根斯

---

① Ludwig Wittgenstein, *The collected works of Ludwig Wittgenstein*, Blackwell Publishing, 1998, p. 791.

坦在面相－观看的讨论中所提到的，第一种意义的"看"并不是知觉研究的重点，第二种意义才是在我们日常生活中最普遍、最常见的知觉案例。知觉到善恶、美丑、悲喜等复杂的人类生活状况，知觉到他人的心灵，知觉到某种语法错误等才是知觉的最典型案例。这些案例中，思想与知觉一同工作。这里理智主义的伦理学可能会走向道德自然主义，将道德看作某种属性，这是维特根斯坦不能认同的。

　　我们可以设想维特根斯坦提出的是一种反理智主义的伦理学，即避免夸大理论理性或理智生活在伦理学中的地位，但同时维特根斯坦与上文中所提到的情感主义、规定主义和认知主义的旨趣都相去甚远，维特根斯坦是指出在伦理学语言游戏中，行动指向的"看"这种知觉能力所起到的奠基作用，他说"不要想，而要看"①，这里的"看"，一般来说指的是综观表达式的语法，获得"综观表现"，同样也是看到事物的多重面相和它们之间的交互关系。但是也可能有人会提出，面相-观看中的知觉是隐喻的，它产生于与一幅图像的类比，维特根斯坦实际上所说的是多种多样的面相-观看，而非局限于知觉，甚至不依赖于知觉。这里的回应是维特根斯坦反对任何一种内在的心理过程在语言游戏中占有位置，无论是内省还是想象，内在的过程都需要外在的标准，无论是语言、图像还是草图，都需要具备可以外部重构的公共性，而且这种外部的重构总是构成着面相，这是我们教会孩子学习面相-观看的语言游戏的方式。就好像心算依赖于计算的实践一样，内省和想象等内在的面相-观看总是依赖于知觉，无论是在隐喻还是非隐喻的意义上。在众多语言游戏中，知觉到面相的持续出现和面相的转变是一个合格知觉主体所需要具备的能力，我们完全可以设想伦理学的语言游戏也依赖于这种知觉能力。

---

　　①　［英］维特根斯坦：《哲学研究》，陈嘉映译，上海人民出版社，2005 年，第 37 页。

　　另一个可能的问题在于规范性,如果伦理学基于面相-观看,那么是否会造成伦理学判断的相对性和不可公度性问题? 是否存在普遍的伦理学原则呢? 这种来自伦理学理论的评价实际上误解了维特根斯坦伦理学。维特根斯坦伦理学并不是试图发现普遍性的原则,或者制定评价某种行为善恶的标准,这些都超出了生活中伦理问题所在的语言游戏的提问方式的范畴。如果我们想要明白一个伦理学问题的意义,必须查看这个问题出现的环境和人类一般处理它的方式(伦理实践的传统),否则的话就无法说我们懂得了这个伦理学问题。传统分析哲学用考察伦理学命题的方式来考察伦理学问题,但是当我们脱离环境问"某人应该做 x 还是 y"时,实际上并没有提出任何伦理学问题,因为这里没有提及任何面相,而展示不同的面相加深我们对境况的理解,使得我们了解问题的深度和可能性,相对性和不可公度性则会逐渐消失。对于维特根斯坦来说,伦理学并非提供一系列判断正确与错误的标准,而是提供某种面相-观看,使得我们更深入地理解自身和他人的处境及世界的整体状况,为我们的行动提供更为深厚的参照。这里的规范性通过揭示不同的面相,展示所面临问题的深度和可能性而达成。因此维特根斯坦说:"不可能引导人们到达善,只可能引导他们到达此地或者彼地。善在事实的范围之外。"①

　　一种生成论的维特根斯坦式的伦理学可以延展到当代生态伦理学和生态哲学之中。当代生态哲学的主干是环境伦理学,它仍然受到传统伦理学的影响,环境伦理学是从 20 世纪 60 年代开始兴起的哲学思潮,环境伦理学的兴起伴随着人类对于人类自身对自然的依赖性的觉察,以及自然的自治性和自组织性的承认。许多相关的问题由此纳入哲学思考中来,例如人在

---

　　①　Ludwig Wittgenstein, *The collected works of Ludwig Wittgenstein*, Blackwell Publishing, 1998, p. 791.

自然中的地位、自然的价值、人类之外的存在者的道德地位等。不同的伦理原则被纳入人与自然关系的考察中,出现不同的环境伦理学进向,例如个体主义(individualism)、整体主义(holism)、人类中心主义(anthropocentrism)、反人类中心主义(anti - anthropocentrism)、生物中心主义(biocentrism)、动物解放论(Animal - liberation)、生态中心主义(ecocentrism)等。尽管不同的进向考察的都是人与自然关系这同一个实在,但是它们以不同的乃至相反的方式进行,位于相对的两端的进向是人类中心主义和生态中心主义。人类中心主义的极端形式是只承认人类价值的物种歧视论(speciesism),生态中心主义的极端形式是否定人类任何特殊价值的生态法西斯主义(ecofascism)。生态法西斯主义和物种歧视论的起源是自然价值理论中的内在价值(intrinsic value)与工具价值(instrumental value)之争。自然界是否由于其自身存在而具有价值,还是只有服务于其他目的的工具价值,环境伦理学家们根据自己的伦理学理论存续于这两个极端之间,一方面是以强调只有人类具有内在价值的种族主义为其典型代表的人类中心主义,另一方面是以自然界作为整体都具有更多内在价值的生态法西斯主义为典型代表的生态中心主义,而动物解放论和生物中心主义位于两者之间。个体主义与整体主义的争执贯穿在人类中心主义与生态中心主义的争执之中。除了以上传统伦理学框架下的生态哲学之外,在后现代主义影响下,深度生态学(deep ecology)、社会生态学(social ecology)和生态女性主义(ecofeminism)等理论,以颠覆传统哲学中人类和自然之间的对立为目标,进行观念、社会和性别的革命。

当代生态哲学以生态伦理学为主干,围绕自然界是否具有和在何种程度上具有内在价值的问题进行。在维特根斯坦的伦理学视角下,这显然不是一种合理的方式,这里仿佛将伦理学类比于数学,提出普遍性原理和论证。但是这不是伦理学恰当的运作方式,是一幅错误的图画。道德表达总是依赖于它周边的环境:描述场景、表达情感、给出预期等,理论的目的在于改变、加强和影响我们的面相知觉,使得我们综观到诸多面相,处于某种更恰当的生活态度之中,做出更合理的行为,除此以外别无他法。一种生成论的维特根斯坦式的知觉哲学和伦理学有助于我们阐明人类与自然界之间的连续性关系和人类对自然的责任。

在生成论视角下,人类语言游戏多样性的背后是生活形式的一致性和确定性,在确定性中,人与自然互相依赖,人保护自然,也就是保护人的生活形式,这样生活的意义才不会坍塌,而这也依赖于人对生活的整体态度的转变。当代环境伦理学中一些思想的错误是忘记了人类考察环境问题的出发点是人和人的生活,当陷入到了哲学思辨之中,仅仅空谈关注现实是没有效用的。

维特根斯坦的知觉哲学帮助我们认识到伦理学和生态伦理学的位置,这里我们将试图提出一种基于生成论视角下的维特根斯坦的知觉哲学及伦理学的生态哲学。本书第一章讨论当代知觉哲学的现状,考察表征主义与反表征主义争执的得失;第二章讨论维特根斯坦以面相-观看讨论为代表的知觉哲学及学界的争执,并试图说明颜色知觉也属于面相-观看;第三章通过讨论生成论视角下维特根斯坦知觉哲学的可能性,试图说明二者的一致性和分歧,指出表征主义的问题在于内容的困难,并讨论知觉的连续性问题、动物知觉问题和知觉内容的归属问题等;第四章讨论维特根斯坦知觉哲学视角下的维特根斯坦伦理学,指出面相-观看在道德知觉和伦理学中的奠基地位。通过讨论当代生态哲学的发展现状,试图提出一种基于生成论和维特根斯坦的知觉哲学及伦理学的生态哲学,形成维特根斯坦知觉哲学与当代生成论和维特根斯坦哲学与当代生态哲学之间的对话。

第一章 知觉哲学历史发展述评

　　知觉哲学是当代心灵哲学和认知科学哲学的核心领域之一，知觉是我们关于世界的知识的最终来源。它探讨的是我们的感官感知（sense perception），即我们以我们的感觉器官——眼睛、耳朵、鼻子、皮肤、舌头等——知觉世界的能力。简单地说，就是感官感知所获得的显像和实在的关系问题。例如，我们是如何从显像的纷繁复杂中获得对世界认知的第一手资料的？知觉是我们对外部世界的一种表征吗？知觉是一种状态还是某种成就？如何区别真实的知觉、幻觉及错觉？如何解释第一性质和第二性质的区别？知觉是如何获得恒定性的？知觉之间是否可以互相影响？在知觉中思想是否能够起到作用？起着什么样的作用？我们一般会把这些问题理解为科学问题，而怀疑哲学在这些问题的解答中所起到的作用，但是需要指出的是，这些问题不仅是科学所关心的，也是当代哲学所关心的话题，而哲学不是一个独立的学科，哲学总是伴随着诸门学科的发展而构建普遍性的理解，起到日常理解、专业理解及科学理解之间沟通桥梁的作用。在当代，即使科学在很大程度上已经独立于哲学，但哲学所面临的问题和所起到的这种沟通桥梁作用仍然存在，这就是知觉哲学兴起的缘故所在。本章主要讨论西方哲学史上对于知觉问题的讨论和当代知觉哲学的诸多流派及其问题脉络,试图说明当代知觉哲学发展的得失。

第一节　西方哲学史上的知觉哲学问题探讨

一、古希腊与中世纪知觉哲学思想

西方哲学史上的知觉哲学思想基本上是知觉的形而上学问题,主要的争论双方是模仿论与反模仿论,双方讨论感觉感知中的显象与知觉对象之间的关系问题,例如知觉如何连接身体与灵魂、知觉的本质问题、各类知觉的本质问题、知觉对象的范围和知觉的意识问题等。语言学研究发现,古希腊人的知觉概念和我们今天的不完全相同。古希腊人经常谈论听觉、味觉、嗅觉和触觉等,但是他们基本上不会把这些感官知觉都纳入柏拉图和亚里士多德所用的 aesthesis(aisthêsis 即 perception)①一词之下,也并不把它们和其他人类活动区分开来。古希腊人将人的心智功能都看作感官感知的一种,包括情感和思想。有学者认为,今天意义上的知觉概念是柏拉图在约公元前 5 世纪在《泰阿泰德篇》(Theaetetus)②中为了哲学目的而创造的,用于定义由感官引起的、本质上被动的、并且与心智活动无关的事物,与灵魂的主动的心智活动相悖。包括亚里士多德的陈述③在内的许多证据表明,知觉概念的演变和哲学的出现有关,古希腊哲学家区分两类心智活动:经验与理

---

①　See D. W. Hamlyn, *Sensation and perception: a history of sensation*, the Humanities press, 1961, p. 1.

②　See Julia Annas, *Plato A Very Short Introduction*, Oxford University Press, 2003, pp. 71 – 72.

③　See Aristotle, *Metaphysics*, translated by Hugh Lawson – Tancred, Penguin Books, 1998, p. 99.

性。前者是容易发生错误的,后者则朝向真理。赫拉克利特、恩培多克勒、巴门尼德和德谟克利特等哲学家都有类似的表述。

前苏格拉底哲学的知觉讨论围绕着知觉的物理学和生理学,发展出各种各样知觉的因果理论。哲学家们试图以此探讨外部世界中的对象是如何通过物理的方式穿越中介物到达感官之中的,以及为了接受外部对象的信息,感官的结构应该是怎样的等问题。例如恩培多克勒在他的诗歌中提到感官机制的运行,他将眼睛看作灯笼,将光发射出去。光穿越灯笼的围幕,将外部世界的黑暗点亮。① 夜行动物之所以能够在夜间活动是由于它们的眼睛能够发出更多的光。这构成了亚里士多德视觉理论的雏形。恩培多克勒将耳朵比作钟,这座钟与外部世界中的声音发生共鸣使得我们听到。德谟克利特探讨了颜色、气味和硬度等知觉性质,他认为原子的微结构可以解释这些性质,铁比铅更轻是由于它包含更多的虚空,更硬是因为原子的排列更加密集。形状与颜色的解释相仿,都是由于原子的通路、构架和聚集情况的差别。他区分四种元色:黑、白、红和黄绿色。坚硬、光滑又笔直的通路加上柔软易碎的质料造成了白色,与之相反,粗糙不平的表面加上曲折的通路造成了黑色。红色来自精细的纹路,黄绿色来自原子和虚空的一系列特定的排列。② 这里我们可以看到,在古希腊哲学家那里,知觉究竟是一种感觉感知对知觉对象的模仿,还是感觉感知对外部世界的一种建构,就形成了一种观点的对立。

柏拉图区分了变动不居的可感的对象领域和永恒不变的可知的形式领域,这一区分界定了西方哲学史知觉问题讨论的基本框架,即二元论。柏拉图强调灵魂的自主性和它相对于身体的独立性,他提出了灵魂不死和转世

---

① See John Shand, *Philosophy and philosophers: an introduction to western philosophy*, UCL press, 1993, p. 17.

② Ibid., pp. 18 - 19.

轮回学说。关于知觉位于哪个世界的问题,柏拉图并没有给出一致性的回答。在《菲多篇》(Phaedo)中,知觉被视为身体的能力,我们应当放弃它,只使用理性,原因是感官知觉会给灵魂带来混乱和不精确的信息,造成错误。[①]这样,知觉就属于身体和灵魂两个领域。在《泰阿泰德篇》(Theaetetus)中,苏格拉底认为我们并不以感官来感知,而是灵魂借由它们来感知,感官只是工具而已。知觉不能以其自身构成知识的领域,因为它无法得到真理。[②] 在《理想国》(Republic)中,柏拉图将感官感知与灵魂对立起来,前者只是传递信息报告给灵魂,但是这些报告可能是自我矛盾的,例如一个东西可能既硬又软,既大又小。这种矛盾只有理性才能解答。[③]

柏拉图探讨了知觉的本质和出现的原因。在《泰阿泰德篇》中,柏拉图考察了知觉的因果理论,以普罗泰戈拉(Protagoras)的相对主义为代表的因果知觉理论认为知觉来自可知觉的对象和知觉者感官的彼此接触和因果联系。可知觉的对象具有作用于感官的作用力,而感官具有被作用的潜能,它们的结合造成了一对"双胞胎",即知觉行为和可知觉的性质,这一对双胞胎也定义了它们的父母:眼睛和对象。也就是说,对象只有在知觉者知觉它们的时候,才有可知觉的性质,因此它们是私人的(private),其他知觉者不可能处于同样的知觉关系中,因此不可能知觉到同样的性质。但是这样一来,知觉的正确和错误不就没有分别了吗?[④] 柏拉图认为普罗泰戈拉最终必然走向相对主义。

另外,在《蒂迈欧篇》(Timaeus)中,柏拉图也探讨了一种因果知觉理论,

① See Plato, *Phaedo*, translated by David Gallop, Clarendon press, 1975, p. 29.

② See Andrea Tschemplik, *Knowledge and Self - Knowledge in Plato's Theaetetus*, Lexington books, 2008, p. 84.

③ See Plato, *Republic*, translated by C. D. C. Reeve, Hackett Publishing Company, 2004, p. 224.

④ See Andrea Tschemplik, *Knowledge and Self - Knowledge in Plato's Theaetetus*, Lexington books, 2008, p. 89.

这种因果理论在上述理论的基础上加上了知觉的机制和可知觉的性质自身的本性。这种观点类似于德谟克利特提出的：知觉性质来自对象的数量和几何学结构对身体的作用。例如感到热是由于火的原子的锋利，能够切入我们的身体。在视觉中，眼睛中有一种火（fire），以视觉流的方式流射出瞳孔，与对象中发射的粒子相遇，形成了一种持续的联系，这种联系能够把物体的变化传递给灵魂，这就是视觉出现的原因。对象中粒子比视觉流中的粒子大，就会合并后者，颜色就会变深，相反，对象中的粒子分割视觉流中的粒子，颜色就会变浅。两种粒子的混合造成了不同的颜色。① 柏拉图的知觉哲学中也保持着模仿论和反模仿论（建构论）之间的张力。

亚里士多德不再关心知识的不可错性，而关心知识是如何得到的，知识的对象是什么。在《论灵魂》（*On the Soul*）②中，他探讨了心灵是否只在灵魂中出现的问题。与柏拉图相反，亚里士多德认为心灵是身体与灵魂共有的，后两者做出或者承受某种相同的事情。一种完整的知觉定义不仅应当考察形式特征，而且应当考察自然哲学家们关心的质料结构。亚里士多德认为知觉的能力——感觉（sense）和感觉器官（sense organ）虽然可以区分，但是两者实际上是同一的，就如同质料和形式的同一一样。但是亚里士多德区分了知觉的能力和知觉的行为。知觉的能力是区分动物和植物的特征，以及两者共同的能力——感受到快乐和痛苦的基础。知觉的行为是能力的实施，即能力的实现。亚里士多德也接受知觉的因果理论，认为知觉是知觉对象以其主动性能力作用于感官的产物。感官感觉行为和知觉对象作用行为是同一个行为，知觉是二者潜能的实现。

---

① See Plato, *Plato: complete works*, edited by John M cooper, Hackett Publishing Company, 1997, p. 1248.

② See Aristotle, *The Complete Works of Aristotle*, translated by Jonathan Barnes, Princeton University Press, 1991, p. 4.

亚里士多德认为知觉性质——颜色、气味、味道、热度和湿度等——在脱离感官的时候依然以潜能的方式存在于世界之中。知觉对象外在于知觉者,因此任何知觉都不是必然的,而是依赖于环境。例如视觉的潜能就是以可以被看见的事物所定义的。可以被看见的事物体现在颜色之中,但是颜色并不等于看见的事物。亚里士多德认为,知觉的对象造成了感觉类似于它自身并使得我们能够被动地接收到知觉性质。但是并不是每一个被动接收者都能接收到这种作用。例如植物由于太阳照射而变热,但是并没有感到热,因为植物缺乏一种"方式"或"平衡性"使得它能够对知觉性质产生敏感性,因此只能受制于知觉性质的质料,并将其转化为一种结果。而知觉与之相反,知觉能够避免质料的影响,接收到知觉对象的形式,就如同用戒指在封蜡印上铭文一样,戒指的质料不出现在铭文之中。这一点在后世引起争论,究竟形式是如何从质料中分离出来的?

亚里士多德区分三种可知觉的性质,[①]第一种是固定对应于某一感官的知觉性质。例如颜色对应视觉,声音对应听觉等。这里我们可以看到亚里士多德持有某种第二性质实在论观念。第二种是超出一种感官的知觉性质。例如运动、静止、形状、广延和聚集等。第三种是非本质的可知觉性质。例如知觉到普遍概念。相关于人类行动和动物行为的许多特征都属于这一类,例如狮子闻到猎物的气味,这一类知觉是最容易出错的。在知觉中,错觉是可能的,但是亚里士多德认为错觉也能知觉到某种真实的东西,只是不是我们将它们当作是的东西。这说明亚里士多德的知觉论假设了个体论的形而上学,作用于我们的个体,而我们将个体知觉视为整体。因此,知觉是一种辅助我们生存和繁衍的能力。亚里士多德在三种知觉关系上有着对立

---

① See Aristotle, *The Complete Works of Aristotle*, translated by Jonathan Barnes, Princeton University Press,1991,pp. 31 – 32.

的两种观点:一方面他假设第一种知觉的背后存在普遍性的知觉能力,高阶知觉和低阶知觉彼此区别;另一方面又有论述称高阶知觉与低阶知觉无法区分,两者彼此融合。

从以上对柏拉图和亚里士多德知觉哲学的论述中,我们可以看出,两人在共同的目的论背景下,分别代表着两条相对的进向,简单地说,可以看作模仿论和反模仿论。知觉既可以看作被动的状态,也可以看作主动的能力。但是两者之间并非截然对立,而是在一定程度上彼此融合。例如在柏拉图知觉哲学中,一方面,感官感知只是灵魂认识的工具;另一方面,知觉并不完全是被动的,而是身体主动探寻世界的行动。在亚里士多德这里,知觉是知觉者和知觉对象主动的互相作用的潜能实现的行为,但是同时,不处于上述知觉关联状态的知觉对象的潜能依然存在,知觉对象的潜能实现造成了知觉。

另外,两人都认同知觉的因果性理论,柏拉图认为知觉一般是非概念的和无内容的,而亚里士多德则在一定程度上承认存在概念性的知觉和知觉内容的存在。但是总体看来,在柏拉图哲学中,知觉的地位是不高的,这也为后来哲学史中的怀疑主义埋下了伏笔。在古希腊知觉哲学中,前苏格拉底哲学家由诉诸理性理解世界出发,考察了知觉的因果机制,柏拉图和亚里士多德开始将知觉与知识论结合起来,但是这里已经凸显出知觉的本质、知觉与身体的交互关系、知觉概念性问题、知觉内容问题、动物知觉等当代知觉哲学的问题。

亚里士多德之后,古希腊哲学出现了三个主要流派——伊壁鸠鲁学派、斯多葛学派和怀疑主义。前两者试图以自然理论来阐述伦理观点,怀疑主义则认为人们应当从无用的沉思中解放自己。这一时期的哲学讨论了幻觉(phantasia)的知觉哲学问题,伊壁鸠鲁学派和斯多葛学派都认为幻觉是真实的和清楚明白的。他们也都区分显像和幻觉，[①]因此也区分了知觉和幻觉。而怀疑主义者们则主张知觉的相对性和不可靠性。三个主要流派的知觉哲学都有着非常强烈的知识论意义，即如何获得具有确定性的知识。

中世纪哲学家们主要关注神学，而不太关注知觉的本性问题。也有少数哲学家考察了我们可感世界的知识与其他知识形式的关系。例如在亚里士多德主义的传统中，托马斯·阿奎那（Thomas Aquinas）和奥卡姆（William Ockham）都在知识论框架下讨论了知觉的对象、能力和确定性的问题。

二、近代知觉哲学思想

近代知觉哲学为当代知觉哲学的讨论奠定了基础。近代知觉哲学提出了一系列经典的问题，并为后来的知觉哲学讨论提供了基本框架。在上文中，我们提到哲学的讨论与科学的发展往往是并行的，古希腊知觉哲学和古代自然哲学的发展相关。正如近代哲学与近代科学特别是近代机械论（mechanical theory）的发展相融合。近代哲学中，在中世纪受到贬低的感觉开始得到重视。但是哲学家们对它看法不一，许多哲学家怀疑感觉呈现外部世界的能力。主要原因是自然科学的发展使得哲学家们都认同一个基本的框架：第一，物理世界是由可以被大小、形状、位置和运动所描述的物质所组成；第二，物理世界可以区分为不可知觉的粒子，描述它们的运动变化就是描述物理世界。这一图景使得我们要重新看待知觉的性质、结构和功能等问题。

我们是如何仅仅通过可知觉的性质（颜色、气味、声音、形状等）就立即

---

① See D. W. Hamlyn, Sensation and perception: a history of sensation, the Humanities press, 1961, p. 31.

能够确定和认识到知觉对象(猫、床、树等)的? 这个问题在柏拉图和亚里士多德哲学中就讨论过,但是在近代哲学科学背景转换、目的论消隐和机械论主导的语境下又重新得以提出。这里同时涉及另外两个问题。第一个是第一性质和第二性质关系的问题;第二个是知觉的对象是事物还是观念的问题。波义耳(Boyle)和洛克(Locke)是最早提出第一性质和第二性质概念的哲学家,但是这一区分在伽利略和笛卡尔那里已经做出了。在亚里士多德的知觉性质分类中也提及了这两类性质的区别。在近代哲学中,第一性质被设想为物体的本质性质,它们以物体所是的方式呈现给人;第二性质则正好相反。一般来说,第一性质与第二性质的区分是一个由机械论出发而建立的本体论的区分,这一区分可以由概念分析先天的确立,也可以由物理学理论建构或内省的后天理由确立。

哲学家们就如何解释第二性质的本体论地位这一问题形成了各种理论。第一种观点是还原论,还原论认为第二性质可以被还原为第一性质。第二种观点是倾向主义(dispositionalism),第二性质等同于第一性质的某种能力(power),这种能力能够造成心灵中的感觉。第三种观点可以看作感觉论(sensationalism),即认为第二性质只是第一性质在人心灵中造成的感觉。持有还原论的人较少,大多数学者支持倾向主义和感觉论。例如倾向主义代表人物洛克认为,第二性质是"不存在于对象自身之中,而是以它们的第一性质的力量,如体积、外形、纹理和不可知觉的部分的运动给我们造成很多感觉"①。波义耳和里德都将第二性质视为一种物体的能力或倾向。伽利略和霍布斯则支持感觉论。伽利略说:"被设想为外部物体的性质的颜色、

---

① John Locke, *the works of John Locke*, Printed for Thomas Tegg; W. Shapre and son; G. Offer; G. AND J Robinson; J, Evans and Co, 1823, p. 121.

气味、味道和声音在我们内部没有真正的存在物,同时在我们外部只有名称。"①也就是说,第二性质只是知觉者身体造成的主观产物,而不是客观的性质。

贝克莱(Berkeley)是为数不多的反对第一性质和第二性质区分的哲学家,他认为这一区分不仅在哲学上站不住脚,而且有悖常识。我们可以设想一个物体,这个物体有大小和形状,但却没有任何颜色或其他第二性质,这是不可能的。贝克莱的这一常识论证并不代表他捍卫常识,他认为形状和颜色也依赖于心灵的感知,即所有可感知的性质都依赖于心灵的感知。

知觉的因果性及其与经验的关系问题也是近代知觉哲学的中心问题。亚里士多德的目的性因果理论被机械论因果理论取代后,解释世界中的知觉性质是如何因果地造成知觉经验的就成为一个问题。因为物体的性质在物理学上是恒定的,它只能是不同大小和形状的粒子的诸种变化,这幅图景下造成某种感觉经验的能力是无法设想的。霍布斯举了一个例子:声音来自运动,但是从钟表的运动到耳膜的震动是如何在大脑中造成声音的呢?开普勒(Kepler)发现,晶状体并不产生感觉,而是起着折射光线、在视网膜上造成二维影像的作用。如何将倒转的影像恢复正常并且恢复三维视野,成为视觉研究的中心问题。笛卡尔试图寻找某种中介,他认为视神经的运动造成了松果腺中的动物精气的流动,使得大脑得到视网膜的图像。但是他也意识到这最终假设了不可解释的"心灵之眼"。

这一问题的核心是:描述完因果过程之后,接下来呢?有意识的知觉经验如何产生?第二性质是如何产生的?三维视野是如何恢复的?近代哲学对知觉因果性问题的处理最有代表性的就是笛卡尔的身心二元论,其他哲

---

① Galilei, Galileo,*The Assayer in The Controversy on the Comets of 1618*,Translated by S. Drake and C. D. O'Malley,University of Pennsylvania Press, 1960,p. 84.

学家也或多或少接受这种想法，即将身心看作不同的实体，再解释如何将二者因果地连接起来。

理性论进向中，除了笛卡尔诉诸"自然之光"之外，还出现了马勒伯朗士（Malebranche）的将身心连接视为上帝偶然连接的偶因论（occasionalism），斯宾诺莎（Spinoza）的身心分属同一实体的不同表达的平行论（parallelism）和莱布尼茨（Leibniz）的上帝事先安排好身心内在连接的前定和谐论（preestablished harmony）。在经验主义进向中，洛克的观念论认为身心连接的中介是观念（ideas）。贝克莱则认为除了上帝赐予的实体观念以外甚至不需要外部实体的存在，休谟则对此问题存而不论，而只承认知觉来自印象（impression）。除了休谟以外，大多数哲学家都认同身心之间存在因果联系。但是如何解释两者之间的联系，这里存在一个解释鸿沟（explanatory gap）。

对于知觉经验本身，哲学家们也提出了很多疑问。首先是知觉中的判断问题。我们是如何从贫瘠的外部输入（二维的颜色片段）中推断出外部世界中的事实（三维的物体整体）的？视觉经验拥有比贫瘠的外部输入更复杂的结构。近代哲学中，这一问题是由心灵对外部输入的感觉做出组合（判断）的产物。例如笛卡尔认为，在判断中，我们能够将第二性质归属于物体，将三维性归属于视觉对象，给予事物以恒定性等。我们不假思索地判断只是因为我们作为成年人，可以习惯地做出判断而已。那么，判断是如何做出的呢？这里哲学家们讨论的焦点是三维视觉的问题。贝克莱在《视觉新论》（*An essay toward a new theory of vision*）中提出了与笛卡尔的"几何学"理智判断相反的观点①：我们知觉到距离，是通过触摸物体或者走向物体等，因而能将我们不同的视觉经验结合起来得知空间的三维性。里德对这一问题的贡献是区分了感觉和知觉，他认为，感觉是非表征的质的特质，而知觉总是表

---

① See George Berkeley, *An Essay Towards a New Theory of Vision*. General Books LLC, 2009, p. 33.

征的,即指向知觉对象并假定它的现实存在。这是两种不同的心灵活动而非两个不同的阶段。知觉判断既非来自理智,也非来自连接,而是来自人类的本性,人类的本性使得感觉能够触发知觉功能,形成"原初知觉"。

关于知觉的判断问题,近代哲学中有一场围绕"毛凌诺问题"(Molyneux problem)的著名争论。爱尔兰哲学家毛凌诺(William Molyneux)①提出了对于洛克哲学的质疑:假设一个人天生眼盲,靠触摸学会了分辨大小相似材质相同的球形和方块,如果某一天这个人突然恢复了视觉,他能否仅仅靠视觉来分辨圆球和方块? 洛克和贝克莱的回答是不能,因为经验联结的方式发生了改变。莱布尼茨的回答是能,因为几何学是先天的,而视觉和触觉只是几何学实现的方式。

知觉的功能问题也是近代哲学的一个核心问题。知觉的对象是事物的观念还是事物? 知觉能否服务于我们认识世界? 近代哲学家一般都是观念论者,观念成了知觉者和外部世界的中介,这也造成了外部世界怀疑论的可能性。笛卡尔的《第一哲学沉思》考察了幻觉、梦和无所不能的魔鬼的可能性,因此怀疑我们凭借感官能够了解外部世界的可能性。机械论的假定使得显像世界和物理实在之间总是存在不可逾越的鸿沟。我们知觉到的对象似乎总是观念的集合而不是事物本身。这一问题似乎伴随着整个近代知觉哲学。那么观念之网能否帮助我们从知觉中获取关于外部物理世界的知识呢?

近代哲学家一般认为,感官知觉不是我们考察物理世界的本质的可靠方式。感官知觉给予了我们关于物理世界的信息,但是这些信息的可靠性是不完全的或需要限制的。第一性质的可靠性是更高的,但是也并不完全

---

① See Marjolein Degenaar, *Molyneux's Problem*: *Three Centuries of Discussion of the Perception of Forms*, Translated by M. Collins, Kluwer, 1996, p. 91.

可靠,错觉和幻觉经常出现。按照洛克的说法,第一性质与物理对象"相似"(resemble),而第二性质却并不如此,我们无法想象物理对象包含这些性质是怎么样的。这显然来自机械论的假设。除了贝克莱以外,大多数近代哲学家都认为,第二性质并没有反映出物理实在的真实性质,并认为第二性质是阻挠我们获得对物理对象知识的阻碍。和理性论者相比,经验论者更加信任第二性质,但是即使是洛克,他也认为感官感知获得的信息是:"无聊且狭窄的(dull and narrow)。"①以此作为基础做出判断很容易产生错误。那么我们为什么要拥有感觉感知呢? 近代哲学家一般认为感觉感知的目的并非是展示物理世界的本质,而是帮助我们以身体的方式在世界中安全地生活,它从环境中提取的有限的乃至可错的信息能够帮助我们更有效地行动。感官感知所带来的一系列的知识论疑难,都来自对这一本质的混淆。

近代知觉哲学受到机械论的巨大影响,这使得知觉不再受目的论的桎梏,而为近代科学打开了大门。但是近代知觉哲学使得感官感知的地位成为一个问题。无论是支持模仿论的还原论和倾向主义,还是反模仿论的感觉论,都无法合理地解释感官感知,近代知觉哲学没有将人类的涉身性的行为作为知觉的载体,因而没有突破机械论的窠臼,将感官感知与人类与其生存环境的耦合关系联系起来。这一问题在当代知觉哲学研究中仍然存在。

三、近代知觉科学的进步及其对知觉哲学的影响

18 世纪、19 世纪和 20 世纪初,知觉哲学中的机械论逐渐退隐,知觉科学特别是其中的知觉生理学和心理学得到了发展。新的自然观和实验方法被

---

① John Locke, *the works of John Locke*, Printed for Thomas Tegg; W. Shapre and son; G. Offer; G. AND J Robinson; J, Evans and Co, 1823, p. 330.

纳入知觉研究中来,传统知觉哲学问题也得到新的可能性,涌现了冯特(Wilhelm Wundt)、赫姆霍兹(Hermann Helmholtz)、赫宁(Ewald Hering)、穆勒(Johannes Müller)和詹姆士(William James)等著名知觉科学和哲学研究者。实验方法的革新造成了理论上的变革。

知觉生理学和心理学的发展主要出现在德国,经验科学的发展使得科学家能够更好地评估知觉主体对刺激的反应,特别是神经的传导作用和原初感觉的产生。虽然科学家们仍然不清楚视觉特征是如何产生的,视网膜仍然被视为视觉刺激的终点,但是科学家们已经了解到两只眼睛由于观察位置不同,存在双眼视差(binocular disparity),而这产生了三维深度视觉。这一发现使得视觉迅速成为生理学和心理学研究的中心。进一步的研究发现,眼睛的运动也起到了丈量视觉空间距离的作用。神经生理学和心理学的发展也改变了哲学反思的路径,视觉生理学的研究超越了机械论的视觉观,机械论认为,视觉即视网膜上的二维影像通过神经到达大脑,由大脑对二维影像进行"翻译"(interpret),得到三维影像。而穆勒则认为,在以上过程的初期,视网膜已经具有感觉到二维影像的能力,并且这种感受会通过神经传递到大脑。例如在图1穆勒－莱尔(Müller-Lyer)错觉图像中,两条长度相等的线由于两端箭头指向的差别显示出不等长的视觉印象。我们的大脑能够纠正这一印象。

还有学者提出,神经、视网膜和大脑中的空间序列不一定能够解释视觉中的空间序列,例如颜色感知就不能通过直接指向空间序列得到解释,不同音高的声音也并没有提示它的位置信息。我们是如何得到三维视觉的呢?洛采(Hermann Lotze)①认为,距离和深度是结合先天的因素和后天学习的因素得到的,但是后期他又接受了经验主义的观点,认为知觉者必须学会依靠

---

① See Rudolph Hermann Lotze, *Outlines of Psychology*, Ginn,1886,pp. 58 – 59.

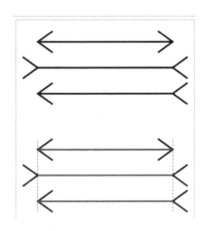

图1　穆勒－莱尔错觉图像

眼睛和身体运动来"测量"（measure）确定感觉的位置，才能知觉到三维空间。与此相反，赫姆霍兹和赫宁分别从经验论和天赋论两个方面得出结论：二维视觉并不是视觉发展中的一个必然阶段，我们并不需要将它看作是感觉的直接结果，而将我们的正常视觉视为第二位。我们应当将三维知觉视为第一位。大多数学者仍然认同贝克莱的二维空间在先说，但是在毛凌诺问题的影响下，很多学者注意到触觉在视觉中的辅助作用。

在视觉光学上，广为接受的牛顿的光谱分析被应用到视觉刺激的物理原理中，牛顿也因此开启了光谱分析的颜色研究路径。通常人们用波长和频率来解释光与颜色，牛顿的光学理论认为白色是最复杂的光，因为通过三棱镜实验，可以将白光由于折射率的不同而分解成不同的光。歌德反对牛顿的光学和颜色学说，他认为白色是最简单的颜色，不能再分析。因为按照我们的绘画技术，各种颜色的颜料加在一起，不可能形成白色，白色是最亮的颜色，其他颜色都是加深（darken）。

歌德同样做了牛顿的三棱镜实验，但是得出的结论是：白色光透过三棱镜仍然是白色光，只有在白光的边缘与黑暗的交接处，才会出现颜色的区别。因此歌德认为颜色就像亚里士多德所说的那样，是明暗交界作用于眼睛而产生的,而不是某种纯粹的物理现象。牛顿的研究切断了眼睛与颜色的内在联系。这里涉及的实际上是牛顿的光谱分析受到的普遍质疑:在颜色混合中,物理的光线关系和知觉的混合关系是不对应的。首先光线的混合没有任何的先天基础,而是完全基于经验研究,而常识中的颜色混合却是规范性的,因此托马斯·扬(Thomas Young)和赫姆霍兹发现的三元色都是基于物理光线的三个知觉敏感点的对应,而与普通的颜色混合常识并不完全吻合,是有所偏离的。因此在物理学的光谱分析中,谈论颜色混合中的错误是无意义的。这样,颜色混合的结果只有对特定知觉者才有意义。很多哺乳动物是双色系的(dichromats),这不同于人类是三色系的(trichromats),双方的颜色空间不同。

在近似的意义上,扬认为,所有的颜色都可以通过红、黄、蓝三种元色的混合达成,赫姆霍兹和赫宁分别确认了颜色空间的三元色说和四元色说。赫姆霍兹认为,三种视锥细胞分别对应于红、绿和紫三种颜色的三种波长敏感,这构成了人类颜色知觉的最初阶段,同时他认为,三元色的混合是一种现象变化,不能够还原为神经活动。而赫宁则认为存在红、绿、黄、蓝四个两组相互对抗的元色,分属两组对抗的颜色:红-绿和黄-蓝,对抗的颜色并不产生混合色,而是彼此兼并,与此对应的是四个元色视锥细胞敏感点。两种不同颜色空间的争论直到今天还在继续。当代科学家们认为两人观点的区别在于,在视觉最初的阶段,赫姆霍兹是对的,三种视锥细胞对应三个颜色敏感点,而赫宁的对抗理论则正确地反映了第二阶段。因此赫姆霍兹的三元色说只是一种生理学的过程,而赫宁的四元色理论更符合接下来颜色混合的逻辑。①

---

① See Nicholas J. Wade, *Perception and Illusion: Historical Perspectives*, Springer Science, 2005, p. 106.

近代科学对知觉生理层面主动性研究的发展给了我们突破机械论知觉观的可能性,即将身体的知觉主动性纳入考量中来,这也为 20 世纪的认知科学发展埋下了伏笔。但是我们依然可以将其视为机械论背景下知觉哲学发展的某种变种,知觉的主动性仍然停留在生理层面,因此它仍然带有着机械论知觉哲学所面对的一系列问题。

第二节　当代知觉哲学理论述评

一、当代知觉科学和知觉哲学的转向

20 世纪以来,由于生理学和心理学的进步,特别是冯特的实验心理学的成功,加之逻辑实证主义的影响,人类对知觉的研究逐渐转向行为主义研究。传统意义上的心灵概念由于缺乏可实证性的内涵逐渐被抛弃,刺激-反应模式成了新的心灵概念的模型和研究范式。这也是近代机械论背景下的知觉哲学发展的必然结果。对心灵主动能力和知觉中身体参与性的弱化使得"语言转向"成为必然,而"语言转向"抛弃了一切不可公共观察报道的概念,将这些概念的语言表达所涉及的现象都纳入行为主义框架下来。根据行为主义代表人物华生的说法,心理学将自身的研究限制于可观察的刺激与可观察的行为反应关系之中。这种想法从表面上看起来解决了传统的身心问题,但是实际上只是掩盖了问题。随着计算机科学、信息科学和神经科学的进步,从 20 世纪 50 年代起,学界开始了对行为主义的反思,心灵重新成了哲学研究的中心议题。四位哈佛大学的学者一齐开启了"认知革命"(cognitive revolution)。心理学家乔治·米勒(George Miller)对人的记忆研究指出了记忆的生理限度是 7 个单元,①而这一生理限度可以使用计算机加以克服。语言学家乔姆斯基(Noam Chomsky)认为语言学习不仅是后天的刺激-反应作用的结果,人类具有普遍语法的先天装备。心理学家布鲁诺(Jerome Bruner)指出人类并不是被动地学习概念,而是始终处在问题-解答(problem - solve)的模式中。语言学家布朗(Roger Brown)发展出一套儿童语言发展的科学。1960 年,布鲁诺和米勒建立了哈佛认知研究中心(Harvard Center for Cognitive Studies),这代表着认知科学对行为主义的"认知革命"正式开始。与之同时,人工智能领域的先驱麦卡锡(John McCarthy)、明斯基(Marvin Minsky)、内维尔(Allen Newell)和西蒙(Herbert Simon)开始了人工智能领域的工作。

传统认知科学最基本的假设是人的心智活动可以设想为心灵中存在的表征结构和在表征结构上进行运算的过程。大多数认知科学家都假设心灵具有类似于计算机的心灵表征结构,以类似于计算机的算法进行运算。心灵表征的形式是多样的,它可以以逻辑公式、规则、图像或类比的方式存在。它采用演绎、归纳、配对或反转的方式进行运算。简而言之,心灵就是大脑中类似计算机运算的过程。大脑中的神经连接起着计算机中的数据结构的作用,神经的触发和连接起着算法的作用。这样,心灵即大脑不再是一个不为他人所知的黑箱或者是灰箱,而是以其不同的实现方式和多样性的算法的可见性变得不再神秘的白箱。认知科学的基本假设作为纲领被广泛应用到众多学科领域,如神经科学、心理学、社会学和语言学等之中。认知科学认为哲学的研究与经验的研究是连续的而非断裂的。哲学的概念研究与心理学的经验研究是可以互相交流和促进的。认知科学哲学或心灵哲学与认

---

① See George A. Miller, The Magical Number Seven, Plus or Minus Two: Some Limits on Out Capacity for Processing Information, *Psychological Review*, 1956, vol. 63, pp. 81 - 97.

知科学中的理论和实验工作有着紧密联系。形而上学、知识论和伦理学的结论不再是仅仅靠思辨得到,而是通过科学的研究得出。不存在传统哲学中的心灵单独发挥作用的领域,心灵的诸多力量都可以被纳入不同的表征计算模块中来。这样,认知科学哲学将机械论贯彻到底,将心灵也视为一台机器,因此探讨心灵的主动性与被动性问题、身体的参与性问题、知觉的对象和功能等不再有必要。传统身心问题似乎由此得以解决。对认知科学哲学的这种"心灵=大脑=计算机"的原教旨主义立场的批判始终存在,例如塞尔(John Searle)的中文房间论证、查尔莫斯(David Chalmers)的意识困难问题和波洛克(Ned Block)关于反转地球的思想实验等,但是也出现了一系列的补充假说,如福多的心理语言(metalese)、米力肯(Millikan)的目的论语义学(teleosemantics)和表征外在论等。认知科学的这一原教旨主义假设并没有被推翻,反而逐渐成了默认观点。

认知科学的革命也影响着知觉科学研究。知觉科学研究也逐渐由行为主义转向认知主义。传统知觉研究将知觉限定在感官接受的层次,而忽略了支撑知觉背后的更复杂的知觉神经系统。在低阶的感官接受层次只存在外部刺激引起的神经变化,而不可能出现高阶的图像、声音或气味等感受性质乃至人物、树木、街道等日常物体,后者是由大脑的不同模块根据低阶感官神经输入加以运算得到的。传统的知觉科学和哲学研究假设感官感觉发生在低阶的感官接受阶段,这样不能解释生活中常见的模糊知觉,并导致了怀疑论。由于确认了大脑在知觉中的核心地位,知觉不再被视为单感官单通道的被动反应,而是多通道多感官的融合(intergration)。知觉不是被动地接受外部的影响,而是始终在无意识地控制、过滤和分析信息,在其中寻找外部发生的事实的指示(indication),追踪外部高阶对象的变化,并试图根据以贝叶斯推理(Bayesian inference)为代表的数据处理模型无意识地进行推理回应环境、改变环境。

然而传统认知科学哲学的这种以表征计算为原理的高阶认知理论是否适合于考察知觉呢？传统认知科学受到心理学模型的影响，实际上是以认知科学中的思想（thought）作为模型来考察知觉，并同时将人类的感官感知与身体视为大脑功能的延展（因此出现了"缸中之脑"的问题）。然而知觉不同于根据有限信息做出的理性推论，知觉关注显像的世界。我们借由知觉能够看到余像（afterimage）、听到美妙的音乐、闻到饭菜的香味、看出服装的合体与否、享受一场沐浴等，在这些活动中，我们并不求助于理性推论。人首先不是机器，而是一个生物。人体是一个生物系统，人体器官进化的目的是给予人体以更好地应对生存挑战和在多变的环境中发展自身，这里丝毫没有降低大脑地位的意义，而是承认生物体不同于机器的独特性质。感官不仅仅是信息接收器，而且是由这些接收器的拥有者——大脑来操控，或者作为为了生物体生存而搜寻信息的机器。感官是根据环境而进化着并与环境相适应的系统。生物体的感官进化总是根据生态环境来调整它的感官敏感度，从而使得它能够更好地根据环境调整其行为开始的。

例如在视觉中，最初的分子是视蛋白（opsins）分子，它产生自光合作用，能够接受光线信息，但最初光线信息对于生活在海底的生物来说作用是有限的，只能够用来调节自身的生理节奏。但是后来的进化使得光线信息对于有机体来说越来越重要，光线信息可以辅助我们探测物体的性质、提示危险和引导觅食等。因此生物体进化出更多和更复杂的神经（视杆细胞和视锥细胞）来增强视觉器官的功能，使其更好地控制行为，生物体也就能够更好地适应环境，生存下来。在大自然看来，这只是进化历程中微小的一步，却造成了不可估量的影响。凭借对光线敏感的优势，一些生物体可以生活在浅海乃至陆地，甚至改变了地球的面貌，而这些生物体也形成了对于视觉的路径依赖。视觉的功能不单纯是接收光线，而是接收物体反射的光线从而帮助生物体识别物体，在这一功能实现时还要努力避免环境光、漫反射、折射和物体自身发光的影响。生物体试图根据光线情况把握物体特征及其所处环境,这就是颜色知觉的起源。这种生物体与环境打交道的维度是我们知觉研究所不可忽视的。生物体有意识地主动探索环境和改造环境,并改造自身,使自身与环境处于内在的耦合关系之中,服务于自身的生存和延续,这一过程在存在论上优先于基因复制和计算推理。

在以上当代科学研究进展及哲学的背景下,我们可以考察当代知觉哲学的诸种进向。在此之前,需要考察当代知觉哲学的基本问题。

二、当代知觉哲学的基本问题

上文提到过,知觉哲学讨论的核心主题是感官感觉,讨论的是我们以感觉器官的方式了解世界的能力,即显像如何通达实在的问题。这一问题在哲学史上影响深远。当代,在自然主义框架成为主流的语境下,知觉是以人为代表的生物体认知过程的重要环节,知觉的目的论地位和由知觉不可信而导致的怀疑论不再是知觉哲学关涉的中心话题,哲学所关注的知觉问题是由错觉(illusion)和幻觉(hallucination)所造成的,如果错误总是可能的,知觉如何成为我们能够通达(openness)和觉知(awareness)世界的渠道? 知觉现象的可理解性与这种可错性的关系是怎样的? 这里涉及感觉材料理论(sense-data theory)、副词理论(the adverbial theory)、意向主义/表征主义(intentionalism/ representationalism)和素朴实在论/析取主义(the naive realism/ disjunctivism)之争。

成功的知觉是指知觉对象被成功地或如其所是地看到。与之相对,错觉和幻觉分别指两种不成功的情形。错觉指的是知觉对象能够被看到,但是并没有被正确地看到或没有如其所是地看到。生活中我们会将一个球形的物体看作是椭圆形的,或者将蓝色看作绿色等。在幻觉中,我们仿佛看到

(see)某物,但是事实上没有看到某物。在知觉、错觉和幻觉中,我们所知觉到的东西是一致的,因此我们不可能正确地分辨知觉、错觉和幻觉,这也就意味着我们不可能知觉到对象,知觉也就不可能。这一论证造成了悖论,问题在于我们该如何区分三者,该如何理解知觉。也就是说,当代知觉哲学的中心问题是,如何确定知觉和知觉判断的真值条件?问题在于知觉、幻觉和错觉中共有同样的心灵状态。我们都可以说经验到了某物(现象学特征)或获得了某种关于(about)其他事物的相关性(表征特征)。而不同的知觉哲学理论正是在讨论以上三者关系时,走向了不同的路径。

近年来,无意识知觉、知觉和注意(attention)之间的关系、我们所能够知觉到的知觉性质(properties)的范围、视觉与其他知觉类型之间的区别、不同知觉类型的融合等问题也成了知觉研究的重点。而围绕这些研究话题的,仍然是以上基本问题中四种主要的知觉理论的争执。

三、感觉-材料理论

感觉-材料最初是 20 世纪初由普莱斯(H. H. Price)、摩尔和罗素(Bertrand Russell)引入的概念。它用来指称我们在知觉中能够直接意识到的东西。这一术语最初用来表达对直接实在论(direct realism)和间接实在论(indirect realism)来说中立的立场,即中立一元论。

感觉-材料理论认为只要对一个主体来说呈现出可感觉的性质,那么就存在具备这种性质的事物。感觉主体和对象之间只要具有逻辑联系、存在一种感觉行动,就存在被感知的事物。这样,在幻觉中也存在知觉性质和知觉对象,即使实际上在世界中没有具有这样性质的对象存在。在错觉中,情形相仿,错觉中也存在具有某种性质的某物,即使实际上在世界中与之对应的对象没有这种性质。因此假如我们接受感觉-材料理论,那么知觉、错觉和幻觉都是具有同一种知觉性质的心灵状态,三者在现象学特征上是不可分辨的;我们也无法分辨出三者之间的转化,因此我们感觉到的并不是日常物体,而是感觉-材料。正如普莱斯所说:

> 两个性质如此相似的实体会完全不同不是不可信的吗? 其中一个应该是一个物质对象的组成部分,完全独立于观察者的心灵和身体,而另一个只是他的大脑过程的偶然产物。[①]

感觉-材料理论看起来和近代以来的怀疑论区别不大,而且它与常识相差甚远。但是它却可以在当代哲学中获得时间延迟论证(the time lag argument)的支持。时间延迟论证将幻觉和错觉的欺骗性案例延展到知觉。它认为即使是在常识中,我们实际上知觉到的性质及对象也是在世界中的对象不存在或改变性质时知觉到的。例如我们看到遥远的星空总是它过去的样子,太阳光总是在8分钟左右才能射入我们的眼睛,而任何物体都是以反射光线的方式使得我们知觉到它们。这就给了我们将周边事物都看成类似遥远星空的物体的理由。虽然在大多数案例中,这一光线延迟可以忽略不计,事物也没有可能不存在或发生改变,但是这种可能性就使得我们可以说,我们实际上看到的不是事物,而总是感觉-材料。

感觉-材料理论的困难有很多。首先是我们的日常语言并不用于描述感觉-材料,而是用于描述外部世界中的对象。斯特劳森(P F Strawson)指出,知觉主体“并不开始于谈论光与颜色,色块与图案。因为他看出这样做将会弄错他实际经验的特征”[②]。另一个问题就是上文中提到的深度的问

---

① H. H. Price, *Perception*, Methuen, 1932, pp. 31 – 32.

② P F Strawson. Perception and its Objects, G. F. Macdonald ed, *Perception and Identity*: *Essays Presented to A. J. Ayer*, Macmillan, 1979, p. 43.

题。感觉-材料理论如何解决视觉经验的深度现象学特征呢？安斯康姆①指出，感觉-材料理论的问题在于接受了现象学特征，由显像存在推论出实在存在的推论模式是不合法的，感觉-材料理论错误地理解了经验的特征。

感觉-材料理论是近代以来知觉问题的极端表现，也把传统知觉哲学始终处于笛卡尔二元论框架下的问题表现出来。如果我们坚持感觉性质的现象学特征（感觉-感觉对象之间必然联系）的话，那么知觉就无法区别于错觉和幻觉，这使得感觉-材料理论成为之后各种知觉理论的主要论证目标：回应感觉-材料理论带来的挑战。如何在一个物理的世界里合理地解释感觉？我们看到，副词理论就以拒绝现象学特征作为其出发点。

四、副词理论

副词理论认同感觉-材料中知觉性质的呈现，但是拒绝接受因此断定存在知觉性质和知觉对象。我们的语言中经常有"看起来""似乎是"等表达式，错误地使用会得出这些表达式阐述的内容所指称对象实际存在的谬误。副词理论认为这些呈现出来的知觉性质是经验自身的某种改变（modifica-tions）。这里可以做的转换是将英语宾语位置上的修饰语副词化，从而保持意义不变。例如，"Zhangsan gave a energetic speech"可以转换为"Zhangsan spoke energetically"；"Lisi took a big bag"可以转换成"Lisi bagged heavily"。当我们说某人有一个红色的经验时，我们经验到红色，但是不是红色的物体。我们实际上所说的不是经验是红色的，而是经验到的东西以红色的方式显现。例如"I perceived a red patch"可以转换成"I perceived redly and patchly"。这就是副词理论名称的来源，副词理论通过语言分析的方式说明

---

① See G. E. M. Anscombe, *Metaphysics and the Philosophy of Mind*, Basil Blackwell, 1981, p. 47.

感觉经验的实际本体论地位,清除掉心灵实体。视觉经验不是正在感觉着的感觉材料,而是以特定的方式进行感觉。

副词理论是在 20 世纪 40—50 年代由杜卡斯(Ducasse)和齐硕姆(Chisholm)提出的,他们试图给出经验的现象学特征与形而上学许诺之间的平衡。杜卡斯说:

> 感觉到蓝色即是以蓝色的方式感觉,感觉到蓝色,就是说,是感觉的一类——一类一般被称为"感觉"的行为。(To sense blue is then to sense bluely Sensing blue, that is to say, is a species of sensing—a specific variety of the sort of activity generically called "sensing")[1]

副词理论认同知觉、错觉和幻觉都有同样的心灵状态。将一根筷子放入盛满水的玻璃容器里,它看起来是弯曲的。这一点在三种情况中都是同样的,但是感觉-材料理论错误地由经验推论出弯曲的筷子的存在,而事实上只是我们以弯曲的方式感知一根直的筷子。红光下的白色物体显得发红,但是这不代表物体是红色的。实际上我们只是以红色的方式知觉这个物体。副词理论因此拒绝了感觉性质的现象学特征,在知觉、错觉和幻觉中,并不存在同样的感觉和被感觉者的关系,后两者中,不存在被感觉者,而只存在物体被知觉的方式。副词理论试图说明任何一种实在都不是感觉事件(event)所具有的,而且经过神经科学的考察,任何一种感觉事件都可以被还原为大脑事件。也就是说,副词理论坚持的是与感觉-材料理论的中立一元论相对的另一种一元论——物理主义。和任何一种严格的物理主义一

---

[1]　C. J Ducasse, Moore's Refutation of Idealism, P. A. Schlipp ed, *The Philosophy of G. E. Moore*, Vol(1), 1942, pp. 232 – 233.

样,副词理论拒绝现象学特征的同时,不可能不给感觉性质(qualia)留下空间,因为感觉事件不等于大脑事件,它是一种不可还原的心灵现象。

副词理论实际上是在物理主义和行为主义的框架下工作,它的问题恰好就是感觉-材料理论所能够解释的,即感受性质的现象学特征。感觉-材料理论认为在感觉-材料中我们知觉到了知觉性质和知觉对象。副词理论反对这一点,认为只是物理过程造成了感觉性质,并没有任何实体的存在被确认。这样,副词理论实际上确认了感受质(qualia),也就是面对物理主义的感受质问题。这就是说,副词理论需要解释感受质的性质是经验所关联的对象的性质还是经验自身的性质,实际上副词理论混淆了感觉(sensation)与知觉(perception),就如同感觉-材料理论将知觉混淆于感觉一样。由于副词理论拒斥了经验的表征特征,这里经验不关联对象,所以经验自身的性质成了唯一的选择。

五、意向主义/表征主义

意向主义将知觉经验纳入意向性理论中来,将其视为意向性的心灵表征形式。因此,意向主义常常被称为表征主义。以下我们简称其为意向/表征主义理论。意向/表征主义重拾常识心理学,认为包括思想、信念、欲望、知觉和想象等在内的心灵状态都是具有意向性(intentionality)的,即它们都是相关于或者指称事物的。因此它们实际上都是信念(belief),或者更精确地说,是命题态度(propositional attitudes),它们可以以命题的标准如矛盾性、真值、精确性和恰当性等来评价。表征指的就是这样一个包含句法特征(内容、指称、真值和真值条件)的对象,这样,心灵状态的意向性即可以通过心灵表征得到定义,而后者是可以通过语义学考察得到分析的。

例如,知觉到天下雨了即是具有一个相关于天下雨了这一事实的感觉经验,这个感觉经验的意向对象即是天下雨了的心灵表征,我们所具有的对这个心灵表征的不同态度即信念或命题态度。同样,想象和思想即具有某些命题的心灵表征。意向/表征理论是伴随着认知科学的发展而发展起来的,认知科学家试图给予心灵以某种自然化的理解,例如将心灵状态解释为大脑或神经系统的特征。而意向/表征理论将心灵状态视为某种命题态度,将其形式化,就给出了认知科学达到其目标的可能性。也就是说,意向性和心灵表征理论更多的是认知科学的一种理论构建和科学假说,为其背后的表征/计算心灵理论提供基石,意向/表征理论将大脑视为类似计算机的运行机制,心灵状态和过程是类似以心灵表征为基本运行机制的触发、传输和存储的信息处理结构。这样,表征/意向理论与物理主义是融贯的,而且与感觉-材料理论和副词理论相比,意向/表征理论进一步地与意识状态撇清了关系,从而使得无意识知觉成为可能。

意向/表征理论的问题在于如何解释知觉经验的心灵状态和心灵表征之间的关系。知觉经验的现象学特征是如何成为心灵表征的表征内容的?有些哲学家认为任何知觉经验都有真假之分,即存在知觉内容。如果一个人有两个现象学特征不同的知觉经验,那么他就会有两个不同的心灵表征和表征内容。即使我们只有感受性质,但是当我们拥有和感受性质一致的知觉经验时,我们就有了可以从感受性质中解读出知觉内容的可能性。因此知觉经验都是意向性的和表征性的。

另外一些哲学家认为,只有拥有一定的表征内容,心灵状态才可能具有一定的现象学特征。例如泰伊就认为,感觉经验需要 PANIC(Poised, Abstract, Nonconceptual Intentional Content)即静止不动的、抽象的和非概念的意向性内容三个条件才可以是有意识的知觉经验。① 另外有哲学家坚持弱

---

① See Michael Tye,*Consciousness*, *Color and Content*,MIT Press,2000,p. 45.

的意向主义纲领,认为知觉经验的现象学特征和心灵表征的表征内容之间没有必然关联,现象学特征的任何变化不代表表征内容的相应变化。例如我们看完了红色事物之后立即看其他的事物,由于红色和绿色是互补色,我们会感到看到的颜色发绿,但是这不代表我们看到了不同的事物。

内容(content)的表征性来自其意向性,知觉的意向性内容,也即知觉内容(perceptual content)作为一个理论预设,究竟该如何理解它也是意向/表征理论的任务。在当代哲学中,知觉的内容指的是由知觉经验传递给知觉主体的东西。例如我们看到一辆自行车,它的颜色、造型和纹理等,即使我们在错觉和幻觉中,这些传递给主体的东西也同样存在。也就是说,意向/表征理论接受感觉-材料理论中的共同心灵状态原则,但是心灵表征的意向性特征也意味着现象学特征的存在设定变得无效。即使错觉和幻觉所指称的对象不存在,但是知觉内容是可以存在的,那么这个存在着的知觉内容是什么呢?我们除了知道它是具备句法特性的非物质对象之外,还应当如何理解它?

这里主要存在四种知觉内容可能性:第一种是罗素所提出的单称词项理论(singular theory);罗素认为内容即包含所指的单称词项和谓词的命题。我们看到一只蓝色小鸟,知觉内容就是一个包含作为主词的所见的蓝色小鸟和蓝色小鸟这种性质的谓词组合而成的命题;第二种是可能世界理论(possible-world theory),可能世界理论代表人物刘易斯(Lewis)认为“我们看到一只蓝色小鸟”这个内容的语言表达,区分了这个命题或真或假的两个可能世界;第三种是弗雷格理论,这种理论认为经验的内容由对象和性质的呈现方式组成,而不是由对象和性质自身组成,呈现方式可以是多样化的;第四种内容理论是索引词理论(indexical theory),因为内容需要索引词在那里(over there)、左边(on the left)、等一会(wait a minute)等指示。例如视觉经验总是需要指示位置和距离。如果有呈现世界的内容总是需要主体的某种视角作为条件,那么描述这种呈现世界的视角就是描述内容的必然条件。

这里,我们看到意向/表征理论在解释其理论预设知觉内容上所遇到的困难,知觉命题如果是以或真或假的命题形式的,那么它就是命题。而如果它不仅仅是命题形式的,那么它就需要更多的假设,因为它需要解释具备语言学特征的内容和非语言学特征的现象学特征之间的关系。知觉到两个不同时间呈现的同一个对象,是否是两个知觉内容? 如果我们认为它们是同一个知觉内容,那么这里已经引入了概念性的成分,那么概念在现象学特征中起到怎样的作用? 概念是否会出错? 这里可能会使得我们坚持这里有两个知觉内容,也即坚持罗素理论。可能世界理论和索引词理论则是引入了命题的模态性,但是问题也是类似的,可能世界理论更像是一幅图画,但它无法解释如上文所述的穆勒－莱尔错觉(一条线看起来既长又短)为代表的视觉现象,因为并不是所有的知觉现象都像一幅图画,而索引词理论则更像是对以上三种内容理论的反思和增补。知觉内容的可能性是多样的,也有哲学家认为不存在一种单独类型的知觉内容。但是这里问题的核心是经验的现象学特征与知觉内容之间的关系,即如何在不陷入感受性质空洞的情况下保持现象学特征的"可读性"? 这也是任何一种自然化的知觉理论都要面对的问题。

除了知觉内容的疑难之外,意向/表征理论所面临的另一个争论领域在于表征内在论(Internalism)和外在论(externalism)之争。意向/表征理论的知觉内容的设定使得人与机器的区分逐渐模糊,知觉局限于皮肤之内显得不再必要。知觉经验不再必须位于知觉主体的大脑、神经系统和身体之中,知觉主体所处的环境也能够起到一定的作用。表征内在论坚持认为,知觉经验内容的物质载体位于皮肤之内,任何外部物理的或社会环境的变化不会造成知觉内容的变化。表征外在论则认为,知觉经验的内容可以由外部的物理和社会因素作为关系项参与到内容的构成之中。因此,物理上完全一致的主体也可能具有不同的知觉内容。表征外在论使得延展认知(extended cognition)成为可能。但是表征外在论和表征内在论都是一种静态的知觉哲学模型,身体的主动性因素没有被纳入考量。表征外在论也面临解释知觉内容的问题。

正如上文中讨论知觉内容的本质时所指出的,意向/表征理论位于心灵自然化的潮流之中,也就自然面临知觉的概念/非概念之争。动物和婴儿很显然也拥有知觉,但是缺乏概念能力的它/他们是如何感知世界的?我们这些成年正常人类是如何处理被纳入概念的感觉经验之外的经验的?大多数意向/表征理论支持者由于其自然化的设定,都反对知觉内容是概念的,但是析取主义者如麦克道威尔认同知觉内容是概念的。[①]最著名的非概念内容支持者是皮考克和泰伊。那么,对意向/表征理论支持者来说,非概念的知觉内容是怎样的呢?我们在自身所处的环境中有一些用概念来表征世界的情况,例如,我们如果不知道晨星和暮星的概念的话,我们就不会将它们等同起来;而意向/表征理论支持者认为在知觉中,我们可以不需要拥有概念,就可以表征世界中的情况。例如,我们不经概念命名就可以识别一种颜色的色度。我们的视觉经验中有无限的细节,这些细节都可以反映在表征内容之中,但是我们并没有那么多概念工具来做到这一点,因此至少部分知觉经验是非概念的。这使得我们想起了维特根斯坦在《哲学研究》中对描述咖啡香气的一段评论:

> 描述咖啡的香味——为什么做不到?是否因为我们没有所需的词汇?为什么没有那样的词汇——然而,认为可能作出这种描述的想法是从哪里得来的?你是否曾经感到缺乏这种描述?你是否尝试过描述

---

① See John McDowell, *Mind and world*, Harvard University press, 2000, p. 47.

咖啡的香味而没有成功?①

意向/表征理论的支持者与维特根斯坦的想法截然相反。例如泰伊②认为,我们有超过4000种可识别的颜色,但是我们的概念能力却仅限于命名少数的几种。在动物和婴儿那里也有经验和知觉内容,但是概念能力却不是它/他们拥有这些的必要条件。这一事实可以反推出成年正常人类的概念能力也不是拥有知觉内容的必要条件。

我们看到,意向/表征理论的争论围绕的核心概念即是知觉内容,知觉内容的设定使得经验的现象学特征和心灵表征的意向性结合起来,而这一理论设定面临着贯通两者的责任,另外,知觉内容的概念与非概念之争、表征内在论与外在论之争也是意向/表征理论讨论的中心问题。由于其在自然主义路径下达成了一种心灵理论和物理主义的融贯,将知觉、错觉和幻觉的共同心灵状态与共同意向性的表征状态结合起来,这就赋予知觉经验一种语言意义上的可评价性(真值、真值条件、可靠性等),这是感觉-材料理论和副词理论都没有完成的任务。毫无疑问,意向/表征主义在当代知觉哲学中占据主流位置,大多数哲学家都在这一框架下工作。

六、素朴实在论/析取主义

当代知觉哲学中,与占据主流的意向/表征理论形成争论的主要是素朴实在论(the naive realism)和素朴实在论在当代的最新进展——析取主义。以下简称素朴实在论/析取主义,代表人物是麦克道威尔、希顿(Hinton)、马

---

① ［英］维特根斯坦:《哲学研究》,陈嘉映译,上海人民出版社,2005年,第189页。

② See Michael Tye, *Ten Problems of Consciousness*：*A Representational Theory of the Phenomenal Mind*, MIT Press,1995,p.139.

丁（M. G. F. Martin）、彼得·哈克（Peter Hacker）、罗格（Heather Louge）和布雷维尔（Brewer）等。素朴实在论/析取主义认为，成功的知觉，不同于错觉和幻觉的是：我们的知觉经验包含着对知觉对象的觉知关系，因此三者心灵状态并非是同样的，也并非是三者选其一的关系，而是"或者我看到的是知觉或错觉，或者我看到的是幻觉"的析取关系。与感觉-材料理论、副词理论和意向/表征理论相反，素朴实在论/析取主义认为经验的现象学特性是通过外部日常对象的实存而得到解释的。这使得知觉和错觉与幻觉的类型完全不同。

我们看到杯子是白色的是因为杯子是白色的，我们将白色杯子看成灰色的也是由于同样的原因，而我们有杯子是白色的幻觉是由于其他原因。外部世界中存在白色性，白色性能够显现在知觉经验之中。我们直接看到白色而不是总是需要包括白色的表征在内的心灵事件的参与。素朴实在论/析取主义认为知觉是一种知觉者和被知觉对象的关系，因此知觉对象不是我们在知觉的时候可有可无的东西，而是必须在场，从而使得主体的知觉心灵状态成立。在典型的素朴实在论知觉中，没有意向内容也没有心灵表征，而是自我对世界的直接觉知。

在面对当代知觉哲学的主要问题时，素朴实在论/析取主义与意向/表征理论的区别在于：在错觉论证中，前者将知觉和错觉放入一类。这一类是关系性的知觉关系，心灵状态是知觉状态，而幻觉由于缺乏知觉对象则不是知觉状态。在知觉和错觉的案例中，日常物体的特性足以解释知觉和错觉的区别。例如在伸入水中的木棒变弯和特定光线下物体颜色改变的案例中，日常物体的特性足以解释知觉的变化，我们不必设想错觉的心灵表征，这一点引起学界的争论。而在幻觉论证中，素朴实在论/析取主义认为，幻觉不是世界中的事件，因为它可能在与周边环境毫无关联的情况下发生（例如在缸中之脑的思想实验中，一个邪恶的科学家给我的每个视觉印象都加上一个标识）。幻觉与知觉、错觉的发生处于不同的类型。正是在这一问题上使得素朴实在论走向了析取主义。

析取主义并不是说知觉和幻觉中完全没有共同的东西，如普特南（Hilary Putnam）所言，它们没有"共同的性质"（no identical quality）①。析取主义不否认在一定情况下，知觉与幻觉在经验层面是不可分辨的，析取主义否认的是相同的心灵状态能够使得它们同样为真或有同样的真值条件。而且主体的经验不可分辨性不是心灵状态同一的标准，因为经验的不可分辨性是可以随着观察条件而转化的，在暗光下无法分辨的两个颜色，在正常光线下就可以分辨了。

正如上文指出的，对析取主义一个很自然的批判：同样的心灵状态背后是同样的因果状态。例如，我们的视网膜和视神经可能会在没有知觉对象刺激的情况下被唤起，而唤起的状态与知觉对象刺激时的状态一致，之后的大脑状态也会保持一致，这样便会造成同样的经验。素朴实在论/析取主义并不反对会出现这种情况，但是相同的因果关系并不能代替知觉和幻觉中不同的辩护关系。使得知觉不同于幻觉的不是因果关系，在幻觉中，我们不可能像在知觉中那样，用知觉到的日常对象来为自己的知觉做出辩护。

在知觉内容问题上，析取主义者一般拒斥表征内容的存在，但有些析取主义者在拒斥表征内容的同时接受意向主义的意向内容假设，认为知觉拥有不同于幻觉的意向内容，不同点在于前者的意向内容依赖于知觉对象，而后者并不是这样。意向内容的不同区分了知觉与幻觉，也就是说，意向内容包含着真值条件（成真条件），因此我们也可以说，意向内容的不同使得知觉和幻觉的心灵状态不同，即使对于后者来说，两者在现象学特征上是不可分别的。而另外一些析取主义者认为，知觉和幻觉中的现象学特征也是不同

---

① Hilary Putnam, *The Threefold Cord*, Columbia University Press, 1999, p. 152.

的。因为只有在知觉中,我们才拥有经验到世界中的非表征的知觉对象的绝佳案例,我们以知觉经验作为蓝本,才可能有错觉和幻觉的可能。幻觉中的现象学特征不可能和知觉中一样真实和生动,两者可能是不可分辨的,但是不能因此说两者现象学特征完全相同。

素朴实在论/析取主义在反思意向/表征理论的问题中发展起来。它提出的实际上是一种关系理论,将知觉者和知觉对象放入知觉关系中解释知觉,区分了知觉和幻觉。但是素朴实在论/析取主义有逆潮流而动的倾向,事实上它和历史上的倾向主义所面临的情况是类似的,素朴实在论/析取主义的主要问题依然是关于错觉的知觉内容,罗格①指出,析取主义试图指出的是知觉与绝对幻觉之间的对立。但是析取主义如何处理中间的案例,特别是错觉呢? 析取主义反对知觉中存在表征内容,认为知觉对象直接进入知觉经验成为构成性的成分,因而知觉对它不形成表征。但是对于表征理论来说,表征内容的引入是为了解释错觉的,素朴实在论/析取主义需要解释为何知觉经验可能是错误的。素朴实在论/析取主义依赖于知觉报道所建立的规范性使其不同于一般的倾向主义。同时,素朴实在论/析取主义依然面临关系理论的一般疑难,即它始终与一种有意识的注意状态相关,因而容易陷入今天自然化的哲学主流所反对的意识哲学之中,而这是意向/表征理论所着力避免的。

本章考察了西方哲学史上的知觉哲学思想和当代知觉哲学的主要流派:感觉-材料理论、副词理论、意向/表征理论和素朴实在论/析取主义的基本面貌。我们看到,古代哲学中的知觉哲学思想被纳入目的论维度中来,而近代的知觉哲学思想分别受到机械论和生理学模式的主导。在当代,逻辑实证主义和物理主义退潮之后,认知科学和计算机科学又成了知觉哲学研

---

① See Byrne, A&H. Logue, *Disjunctivism*: *Contemporary Readings*, MIT Press, 2009, p. 57.

究的范本,素朴实在论/析取主义强硬地恢复日常对象的知觉地位,但是这一悬设恰恰是意向/表征理论为代表的以科学为蓝本的知觉哲学学说所着力避免的,而这是错觉和幻觉论证及其背后的知觉内容设定的缘故。我们经验的世界和世界自身的面貌是分裂的。怀特海(Whitehead)的一段话有助于说明近代和当代知觉哲学研究的这一面貌:

> 物体被设想为带有在实在中并不属于它们的性质,事实上性质纯粹是心灵的产物。因此自然获得的信赖事实上应当留给我们自己;玫瑰留给自己它的香气;夜莺留给自己它的歌唱;太阳留给自己它的照射。诗人们完全错了。他们应当对自己抒情,而且应当将它们转换为人类心灵的完美的自我陶醉的赞歌。自然是一件枯燥无聊的事物,没有声音,没有气味,没有颜色;只有物质的急促,无休无止,毫无意义。[1]

以上诸多倾向都是维特根斯坦所不能同意的,哲学带有沟通日常理解和科学理解的任务,但并不是说将哲学变成一种以近代科学为标准的准科学。维特根斯坦总结这一倾向时说:"哲学家总是在他们眼前看到科学的方法并且不可避免地试图以科学的方式提问和回答问题。这一倾向是形而上学的真正根源,同时引导着哲学家步入完全的黑暗。"[2]哲学家们总是以科学作为一幅图画指导着哲学,这是错误的。而哲学家的任务,在于清除错误的图画,给出更恰当的图画说明知觉的本质。

---

① A. N. Whitehead, *Science and the modern world*, mentor books, 1948, p. 56.

② Ludwig Wittgenstein, *The collected works of Ludwig Wittgenstein*, Blackwell Publishing, 1998, p. 520.

第二章　维特根斯坦的知觉哲学

　　上一章讨论了西方哲学史上的知觉哲学思想和当代知觉哲学的主要流派,在讨论维特根斯坦的知觉哲学思想与当代知觉哲学的对话前,简单地梳理一下维特根斯坦前后期的知觉哲学思想是必要的。然后我们将考察关于维特根斯坦知觉哲学的主要争论,以及在当代"4E"转向视角下的维特根斯坦的知觉哲学。这里的分析将指出,维特根斯坦知觉哲学的基本特征是反理智主义(anti-intellectualism),而当代知觉哲学研究则在很大程度上陷入了赖尔和德雷福斯意义上的理智主义(intellectualism)。这种倾向妨碍了我们对知觉进行正确的认知。

　　维特根斯坦反对从笛卡尔以来的理智主义传统,知觉既不是特拉维斯所说的一种成就,也不是安斯康姆所说的一种意向状态,其首要方面是在一定语言游戏下的一种反应,一种行动。这种反理智主义的知觉哲学思路与生成论是契合的。维特根斯坦著作中关于确定性、生活形式、自然历史的讨论中的自然主义倾向进一步加强了这一点。以语言能力为媒介的理智生活产生于非理智生活,而不是相反。知觉的本性是拒斥作为行动和感知之外的第三者的表征内容的介入,高阶认知的起源在于赖尔意义上的"知道如何做"(know how)的行动进展中,语言的介入使得赖尔意义上的"知道是什么"(know that)成为可能。为了达成这一目标,首先要讨论的是维特根斯坦前期和后期的面相-观看知觉哲学思想和《论颜色》手稿中的知觉哲学思想。

第一节　维特根斯坦的面相-观看知觉哲学思想

一、维特根斯坦前期哲学中的知觉哲学思想

维特根斯坦的《逻辑哲学论》(*Tractatus Logico - Philosophicus*)关注的不是心灵哲学问题,甚至不是我们通常意义上的知识论和形而上学问题。它作为一部哲学著作首先关注的是命题的本质及其界限。维特根斯坦承认心灵的存在:"如果有人问你名称与被命名者之间的关系是什么,你将倾向于回答说这些关系是心理的关系……这一活动似乎是在心灵这种神奇的媒介物中发生的。"①但是他并不讨论心灵,而是试图绕过不那么清晰的"心灵"去探讨更清晰的命题(语言),并通过后者的清晰来澄清前者的不清晰。"哲学的目标是思想的逻辑澄清。"②知觉显然位于这幅语言哲学的图景之外,《逻辑哲学论》没有以知觉作为话题,其中只是涉及了知觉问题。维特根斯坦的"命题是事实的逻辑图像"思想显示出语言的意义和视觉之间的紧密关联,据说维特根斯坦的命题逻辑图像思想的来源就是他在法庭中用模型车模拟实际交通事故所获得的启迪。1914 年的笔记中,维特根斯坦记录道:"令人迷惑的图像与境况的观看"(Puzzle pictures and the seeing of situations)③,他

---

① ［奥］维特根斯坦:《蓝皮书与褐皮书》,涂纪亮译,北京大学出版社,2012 年,第 6 页。
② ［奥］维特根斯坦:《逻辑哲学论》,韩林合译,商务印书馆,2014 年,第 40 页。
③ Ludwig Wittgenstein,*The collected works of Ludwig Wittgenstein*,Blackwell Publishing,1998,p. 20.

探讨了尼克尔方块(Necker cube)从不同角度看到的不同面相问题,这里构成了和梅洛·庞蒂(Maurice Merleau - Ponty)的知觉现象学中对同一问题不同回答之间的对话。后期维特根斯坦更加重视知觉问题,他在1929年重返剑桥后考察了"视觉空间"(visual field)问题,在《哲学研究》第二部分和1946—1949年写作的一系列心理学哲学手稿中将面相知觉作为一个核心写作话题。这里将首先考察维特根斯坦前期知觉哲学思想。

(一)尼克尔方块

在心理学中,尼克尔方块是一个用二维影像来表达三维影像引起错觉的案例,这个案例首先是由瑞士晶体学家尼克尔提出的。下面图形中,我们可以以 a 面为下层或以 a 点为下层两种方式来看待这个图形。

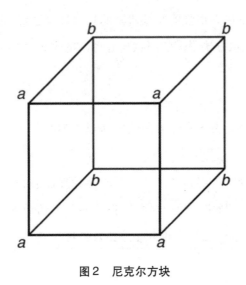

图2　尼克尔方块

也就是说,这是个模棱两可的图形(ambiguous figure),心理学中还包括大量类似的案例,例如下面的彭罗斯三角(Penrose triangle)、魔鬼叉子(blivet)和鲁滨脸(Rubin face)。

这一类案例中,图像被以模棱两可的方式画成,对于知觉主体来说,感

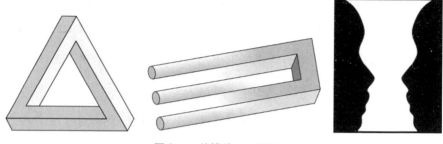

图 3　三种模棱两可的图形

觉到的东西没有改变,但是主体接收到了不同的信息,一般心理学认为这里并非主体大脑被动地接收信息,而是主动地试图给出一种一致性的解释,所以我们并非总是看到模糊的图像,而是看到两种一致性的图像。大脑选择日常生活中最常见的图像给予我们。

虽然这一类案例有很强的知觉研究的相关性,但维特根斯坦在《逻辑哲学论》中引入尼克尔方块段落的用意与心理学的这种框架完全不同,以下即是相关的段落:

> 知觉一个复杂体意味着知觉它的组成部分彼此以如此这般的方式联结着。
>
> 这毫无疑问地解释了为什么存在两种可能的将图 2 视为一个立方体的方式,以及所有相似的现象。因为我们真的看到两个不同的事实。(如果我首先看标记为 a 的角落并且只瞥到 b,那么 a 就显示在前面,反之亦然。)①

维特根斯坦的关注点是与心理学完全不同的,他在这里关注的是事实

---

① [奥]维特根斯坦:《逻辑哲学论》,韩林合译,商务印书馆,2014 年,第 87～88 页。

与判断的问题。按照辛迪卡（Jakko Hintikka）①的解释，维特根斯坦是继续罗素试图发现亲知中的基本原子并以语言意义提供载体的路径。罗素的答案是亲知的对象，辛迪卡认为《逻辑哲学论》中的基本原子也是直接经验中的亲知对象。问题是同样的物理对象的组合为何会造成不同的知觉经验，回答是现象学对象（知觉对象）的不同配置（configurations）构成了不同的事实。这里表面上看起来维特根斯坦与罗素同样持有一种类似感觉-材料理论的进向。但是维特根斯坦关注的问题首先是事实和命题的本质特征。《逻辑哲学论》中引入尼克尔方块的有关段落首先出现在命题态度的逻辑分析和心理学主体地位的上下文之中，维特根斯坦在这里提出的主要是对罗素的批评。罗素一直为命题的联结（unity of the proposition）的知识论问题所困扰，从 1903 年到 1914 年，他的多重关系理论（multiple relation theory）经历了多次的修订和重述。

最初，罗素认为，判断是一个心灵和一个命题两个实体之间的二元关系，使得命题成为一个统一体的是动词的联结作用，这一理论的主要问题是假设了命题这一实体。1910—1912 年，罗素又提出了一种新的多重关系理论，他认为判断不是心灵和命题之间的二元关系，而是多项关系，是做判断的心灵将各个体项联合起来。例如"奥赛罗相信苔斯迪梦娜爱卡西欧"②这个命题涉及的就是奥赛罗、苔斯迪梦娜、卡西欧、爱四个关项，信念关系使得这四项联合成一个整体。心灵的力量将四者联合成一个整体，但是心灵的力量何以能将四者结合起来？这使得判断神秘化了。1914 年，罗素写作了《知识理论》（*Theory of knowledge*）一书，他接受了维特根斯坦的批评，又对多重关系理论作出修订，他认识到命题各项之间有内在关系，除非它们在逻辑

---

① See Jakko Hintikka, *Ludwig Wittgenstein：Half - Truths and One - and - a - Half Truths*, Kluwer Academic Publishers, 1996, p. 180.

② Bertrand Russell, *The problems of philosophy*, Henry Holt and company, 1912, p. 197.

结构上已经联结在一起,否则没有什么力量能够使得它们联结。但是罗素依然认为心灵在联结中起着判断作用,他没有指出各项组成的命题不同于名称的特征,而是将组合而成的句子简单地视为"复合物"（complex）①。

罗素将知觉视为一种判断,多重关系理论在这里也是适用的。一个知觉判断是知觉者和处于某种关系中的关系项的一种关系,在错误的知觉中,虽然关系项都被给出了,但是它们以不同于真实知觉的方式关联在一起。知觉即一种亲知（acquaintance）到的主体和一个复杂对象的关系。知觉判断是注意（attention）的结果,注意将对象视为复合物,对复合物的简单知觉和对复合物的复杂知觉是同一回事,只是注意整体和部分的区别。对于复合物的分析就在于将注意由其整体转向部分,以及从部分到关系和整体,一个完全得到分析的知觉判断可怀疑的只有亲知的感觉材料的可错性,但它就其所知觉到的对象来说一定为真。对亲知复合物分析的必要性使得罗素的多重关系理论能够兼顾到知觉判断的知识论基础,在知觉之后进行的就是由大脑主导的解释（interpretation）和推论（infer）的过程,在这一过程中错误总是可能的。

维特根斯坦认为,罗素的判断理论没有区分命题态度的表面形式和真正的逻辑形式,按照维特根斯坦的说法,"A 相信 p"的真正形式是"'p'说 p",前者是一个事实,而后者是一个命题。对后者的处理已经假设了前者预先结构的存在。维特根斯坦研究界关于如何分析"'p'说 p"形成了一场争论:一种是以罗素②、安斯康姆③、皮彻（Pitcher）④、布莱克（Max Black）⑤、戴

---

① Bertrand Russell, *Theory of Knowledge：The 1913 Manuscript*, Routledge,1984,p. 43.

② See Ludwig Wittgenstein, *Tractatus logico - philosophicus*, Routledge &Kegan Paul,2002, p. xxi.

③ See G. E. M. Anscombe,*An introduction to Wittgenstein's Tractatus*,Harper&Row Publishers,1959, pp. 87 - 90.

④ See G. Pitcher,*The philosophy of Wittgenstein*,Eaglewood Cliffs,1964,p. 149.

⑤ See Max. Black,*A Companion to Wittgenstein's 'Tractatus'*,Cornell University Press,1964,p. 299.

蒙德(Diamond)①为代表的"本质"解释。他们的立足点在于"'p'说p"的真值二极性(truth/false bipolarity),即它的非重言式(non - tautology)特征。他们认为"'p'说p"是一个命题;而另一种解释以安斯康姆的学生肯尼(A. Kenny)②为代表,与第一种解释相比,它占有较为优势的地位,支持者包括了戴顿(Dayton)③、帕斯奇(Perszyk)④、莫里斯(Morris)⑤、柯亨(Cohen)⑥、普雷德利(Predelli)⑦、诺曼(A. Nordman)⑧等人。他们肯定了由科贝(Copi)提出的对于"'p'说p"的一般解释。但是他们认为维特根斯坦在这里提出这一点是要强调命题态度句的无意义。"'p'说p"是似是而非的命题(pseudo propositions)。在此不打算对这一问题进行详述,但是无论如何,在《逻辑哲学论》中,命题即是一个事实,不存在罗素意义上简单的判断主体,判断者必然是拥有与被判断事实同样的逻辑形式的命题。在命题中表达者和被表达者拥有同样多的可分开的部分,而且命题的诸多元素如同锁链一样内在关联在一起。

罗素将命题视为一个可分开的判断者、对象、性质和关系的组合,它们之间的关系是偶然的,判断者是简单的,这样就没有达到这一要求。在罗素的判断理论"A 相信 p"中的"p"一定能够是一个命题。而在《逻辑哲学论》

①　See Cora. Diamond, 'Does Bismarck have a beetle in his box? The private language argument in the Tractatus', A. Crary and R. Read, *The New Wittgenstein*, 2000, pp. 267 – 273.

②　See Anthony Kenny, *Wittgenstein Revised Edition*, Blackwell Publishing, 2006, pp. 79 – 80.

③　See Eric B. Dayton, Tractatus 5. 54 – 5. 5422, *Canadian Journal of Philosophy*, 1976(2), pp. 275 – 285.

④　See Kenneth J. Perszyk, Tractatus 5. 54 – 5. 5422, *Philosophia*, 7(2), pp. 111 – 126.

⑤　See Michael Morris, *Routledge Philosophy Guidebook to Wittgenstein and The Tractatus*, Routledge Taylor&Francis Group, 2008, pp. 254 – 262.

⑥　See Michael Cohen, Tractatus 5. 542, Mind, Vol. (83)331, pp. 442 – 444.

⑦　See Stefano Predelli, A Czar's Ukase Explained: An Analysis of "Tractatus" 5. 54 FF, *Philosophical Studies: An International Journal for Philosophy in the Analytic Tradition*, Vol. 71(1), p. 93.

⑧　See Alfred Nordman, *Wittgenstein's Tractatus: An Introduction*, Cambridge University Press, 2005, p. 51.

中,知觉一个复合物即是知觉一个事实,它的成分是由事实决定的,而不是像罗素所说的通过注意到复合物后再分析其部分和关系,知觉到部分以如此这般的方式联结着即是知觉到复杂对象。因此在知觉判断中不需要心灵的组合作用,也不需要解释为何复合物是一个统一体。因此辛迪卡的理解仍然是罗素式的亲知对象的配置,维特根斯坦关注的是命题的本质特征——事实性。

这一知觉的事实观点与尼克尔方块模棱两可图形的讨论相关。辛迪卡认为眼睛的转动所做的不同解释应当对同一物理对象的两个不同心理事实负责,而眼睛所看到的现象学对象是不变的和唯一的。与之相反,维特根斯坦认为我们并没有看到唯一不变的知觉对象,而是看到两个事实。这与罗素截然相反。维特根斯坦为此提供的进一步论证是:"如果我首先看标记为 a 的角落并且只瞥到 b,那么 a 就显示在前面,反之亦然。"我们看不同方向导致看到的方块不同,这两个方块是不同的事实,它们彼此具有互不依赖的独立性,我们完全可以只看到其中一个而始终没有看到另一个。这样,罗素所说的大脑或心灵的解释作用就消失了。

维特根斯坦中后期对于面相-观看问题的看法基本与此一致,即认为我们并没有一个心灵或大脑进行选择和解释的过程,而是知觉到两种不同的事实,即两种不同的面相(aspect),看到事实的逻辑形式说明了它自身。维特根斯坦此时还没有意识到"看"(see)的第二种用法"看作"(see-as),而是将面相-观看都放入到"看"的第一种用法之中。

(二)复合物与事实的老问题

在 1929 年重返剑桥之后的一段时间,维特根斯坦没有再讨论尼克尔方块知觉,而是在《哲学评论》(*Philosophical Remarks*)和《哲学语法》(*Philosophical Grammar*)中作了很多关于"复合物与事实"(Complex and Fact)的评论。从上文中可以看出,复合物与事实之间并没有得到真正区分。肯尼①和波特(Potter)②指出这两者不需要做出区分,维特根斯坦想说的就是事实不是对象的复合物。吉奇(Geach)和普洛斯(Proops)③则认为维特根斯坦与罗素一致,认为复合物即是事实。这个问题是维特根斯坦在 1915 年的笔记中提出来的,他说:"复合物与事实的老问题!"(The old problem of complex and fact!)④但是一般来说,维特根斯坦区分了两者。在这段评论的起初,维特根斯坦就说:

> 复合物不像事实,因为比如我可以说一个复合物而不是事实从这里移动到那里,但是这个复合物位于此地是一个事实。(Complex is not like fact. For I can, e. g., say of a complex that it moves from one place to another, but not of a fact. But that this complex is now situated here is a fact.)⑤

他还说:"'一个事实是对象的复合'是一个引人误解的表达式。"而且这里的对象也是引人误解的。⑥ 这里维特根斯坦所做的是一种语法评论,即说明两个表达式用法之间的区别。我们说描述一个事实,是不同于说描述一只动物的。前者不是在描述一个时空中的复杂对象,而是具有独立于所指的意义。我指称一个对象,对象总是在它所在的对象结合之中,即处于事实

---

① See A. Kenny, The Ghost of the Tractatus, G. Vesey, *Understanding Wittgenstein*, *special topic*, Royal Institute of Philosophy Lectures: 1973, pp. 1 – 13.

② See M. Potter, *Wittgenstein's Notes on Logic*, Oxford University Press, 2009, p. 44.

③ See Ian Proops, *Logic and Language in Wittgenstein's Tractatus*, Garland Publishing, 2000, p. 102.

④ See Ludwig Wittgenstein, *The collected works of Ludwig Wittgenstein*, Blackwell Publishing, 1998, p. 35.

⑤ Ibid., pp. 241 – 242.

⑥ Ibid., p. 242.

之中,因此指出一个对象即是指出它所处的事实,但是指出一个事实实际上只有把事实看作一个对象才能做到,因为事实中的配置不同于对象的组合,指称前者就意味着指称事实的逻辑形式,而它是不可表达的。例如在命题态度句"我期待 p"中的"p"必须是一个有意义的命题,或一个事实,而不是一个物体。一个陈述包含一个事实不同于一个陈述包含一个对物理对象的描述,我所期待的事情不能够在时空中运动和静止。这一转变使得《逻辑哲学论》中引入尼克尔方块的相关问题不区分事实和复合物的观点不能再继续维持。事实与复合物是同一的,眼睛看待图像的方式决定了我们看到的图像不同。这里实际上还是罗素的复合物理论的思路,只不过我们是用眼睛运动的解释作用来取代了心灵的解释作用。

复合物和事实的语法区别使得维特根斯坦逐渐认识到看见事实是不同于看见对象(复合物)的另一种面相,正如上文中我们所论述的,我们可以用手指出周边的一个复合物,但是不能指出一个周边的事实,因为后者即意味着断言某个句子。它们之间的区分不是事件种类的区分,而是语法的区分。

二、维特根斯坦后期的面相-观看知觉哲学思想

后期维特根斯坦虽然没有再返回《逻辑哲学论》和尼克尔方块,但是很明显,后期的知觉哲学思想来自前期。例如维特根斯坦始终探讨面相知觉中眼睛的运动和瞥视(gaze)在面相改变中的角色。而使得他进一步思考知觉哲学问题的契机是格式塔心理学(Gestalt psychology),特别是科勒(Wolfgang Köhler)的影响,维特根斯坦开始重新考察视觉图像的组织问题,并且将其面相-观看思想始终处于与科勒的想法的对话之中。在系统讨论维特根斯坦后期的知觉哲学思想之前,我们首先考察一下科勒的面相知觉思想。

(一)科勒与格式塔心理学

科勒与库夫卡(Kurt Koffka)、维特海姆(Max Wertheimer)被并称为格式塔心理学学派的奠基人。他们受到胡塞尔现象学的影响,于1912年在法兰克福大学和柏林大学建立了这一学派。在一个著名实验中,维特海姆将两个受试者放置在两个迅速互相交替的闪光灯前,在一定的条件下,两个受试者得到了一种虽然没有东西真的移动,但是却能看到运动的现象学运动(phenomenal movement)的经验,改变两个闪光灯出现的时距能够使受试者看到两者彼此重合和向性运动。维特海姆称之为"似动现象"(phi - phe-nomenon)①。1929年,科勒出版了《格式塔心理学》一书。维特根斯坦大约在1946年阅读了此书,这使得维特根斯坦产生了对心理学哲学的兴趣,开始写作《哲学研究》的第二部分和后来被编纂为《心理学哲学评论》(*Remarks on the Philosophy of Psychology*)、《关于心理学哲学的最后著作》(*Last Writings on the Philosophy of Psychology*)在内的笔记。

科勒的《格式塔心理学》讨论了当时主要的心理学流派,包括内省主义(introspectionism)和行为主义(behaviorism),并由此提出心理学作为科学的可能性问题。科勒认为,内省主义将意识作为心理学的主题,受到训练的内省作为研究方法,以对直接经验的"观察"作为研究手段。与之相反,行为主义拒斥对直接经验的"观察",而是以对行为的观察取而代之。科勒认为内省主义和行为主义看起来彼此对立,但是实际上它们对直接经验(direct experience)的理解并无二致。直接经验在科勒这里即是非反省的朴素经验(naïve experience),而不是位于内省主义者理解的需要清除掉各种意义的遮蔽的纯粹经验,因为这种纯粹经验排除了我们的普通日常经验。行为主义不满意内省主义处理经验的方式,但是却走向了另一个极端,即认为不存在对直接经验进行研究的科学。因为任何观察都是外在于被观察的系统的,

---

① B. Smith, *Austrian Philosophy*: *The Legacy of Franz Brentano*, Open Court, 1994, p. 62.

因而对直接经验的观察是不可能的,当我们对某种经验采取观察的态度时,这种经验就倾向于消失了。即使内省是可靠的直接经验的研究方式,我们也不可能观察他人的心灵。直接经验不是科学研究的合适对象,但是行为可以是。我们可以在行为中考察一个活着的系统的反应。这里内省主义也会同意,由于经验报告的不一致性的可能性,行为主义似乎成了经验研究走向科学的必然出路。但是即使在科学中,报告的不一致性也是可以容忍的。科勒认为行为主义是一种挑剔的怀疑论(choosy skepticism)①,它想当然地肯定了物理世界的存在,却怀疑他心的存在。

按照科勒的理解,内省主义假设感觉和知觉的区分,感觉指的是未经中介的感觉经验材料,而知觉是心理学的理论构建,是我们将我们的知识投射到经验之中的产物,因此知觉才有意义(meaning)。内省主义认为,知觉有复杂的起源,并且表现的是我们感觉材料的偶然特征。因此我们应当摆脱知觉而直接考察纯粹的感觉,考察的方式就是训练人们的内省能力,使得人们能够摆脱知觉的干扰获取真正的非对象性的纯粹经验,这些纯粹经验区别于带有意义的知觉经验。例如,一栋白房子在光线下实际上发灰,而我们则始终将其视为白房子。内省主义者认为经过训练,这里的错觉可以消失。这种训练是通过在环境中定位、分离形状、形式和亮度等来实现的。这些训练能够说明知觉经验不是真正的经验,而是学习的产物。科勒认为内省主义这样就将日常的非反省的经验从研究中排除掉了,剩下的只有固定刺激和固定反应的固定联系。科勒称这一联系为稳定性假设(constancy hypothesis)②,当两者缺乏固定联系时,内省主义者就会将其排除出感觉。科勒认为这种感觉虽然存在,但是日常感觉的价值不能被抹杀,有意义的感觉在我们

---

① See W. Köhler, *Gestalt Psychology*, Liveright, 1947, p. 32.

② Ibid., p. 97.

的生活中起到更重要的作用。稳定性假设仅仅是假设,它并没有说明自身是唯一的经验可能性的方式。另一方面,内省主义者的态度决定着到感觉经验的纯粹性,但是这种态度和日常生活中面对经验的态度相比,并没有更重要的意义。科勒说:

> 只要内省主义的态度取得优势,那么心理学将不会严肃地研究形成我们的整个生活的那些经验。相反,它将观察和讨论稀有的并且不常见的经验的特性,虽然人们认为它们持续地位于我们的朴素经验下层,但是似乎它们隐藏地如此之好以致于它们的存在总是与我们实际经验的生活无关。①

科勒重视朴素经验在心理学中的基础地位,不仅仅把它看作常见的经验,而且将其视为科学研究的对象。他认为行为主义和内省主义虽然在方法论上不同,但是在对待朴素经验的态度上是一致的。行为主义排除了所有的直接经验陈述,将它们视为非科学的,而内省主义则只将受过训练的心理学家的陈述视为科学。那些不能区分感觉和知觉的人们的陈述就是非科学的。这两种想法只是程度上的区别,但是在否认日常朴素经验重要性和日常的非反思生活的优先性上是一致的。

科勒将以上观点应用到感觉组织(sensory organization)问题上。内省主义和行为主义都忽略了在感觉组织问题上的某些特征。而格式塔心理学注意到了这些特征。组织的问题在于:感觉是如何从视觉刺激的无限秩序可能性中被组织成实体的? 组织是天赋的还是后天学习的? 科勒认为,组织的基本特征是感觉空间的秩序(order)。

---

① W. Köhler, *Gestalt Psychology*, Liveright, 1947, p. 86.

在大多数视觉空间中一定区域的内容"归到一起",以便我们圈起或绑定我们面前的元素,把它们的周边物排除出去。[1]

一棵树与天空隔离开,同时这一隔断使得这棵树的组织变得紧致,而环境则变得松散和空洞。科勒用格式塔[2]来称呼这种组织特征,这一特征不仅意味着从连续性的整体中分解出部分,而且还能够将分离的部分组成整体。例如我们在拼图游戏中将各个部分组合成一个完整的图像。这种常见的特征被内省主义和行为主义的理论家们忽视了,因为这一特征太普遍和太自然。科勒说:"大多数的格式塔心理学观察的都是这一类:它们触及我们日常生活中的一般性的事实,我们在它们中看出值得注意的有些困难。"[3]组织不仅局限在视觉经验中,而且在听觉、触觉等案例中都存在。组织的方式永远不是唯一的,即使在我们认为最稳固的案例中,组织也不只有一种可能性。组织现象应当进入心理学考察之中。

传统心理主义在经验主义和天赋论的框架下运作,而忽略了最常见的和有力的现象存在。赫姆霍兹开启的经验主义路径使得心理学家们很自然地认为视觉是学习得来的,而以赫宁为代表的天赋论则认为视觉是人类的天赋机制。经验主义使得心理学家们假设组织不属于感觉经验,科勒认为即使组织是学习的产物,我们也不应该把内省主义者所说的纯粹经验视为首要的,因为朴素经验中就包含组织。更何况如果组织是学习的产物,那么我们就只能够识别明确认知的对象,而未知的对象就不能被识别,这是与常

---

① W. Köhler, *Gestalt Psychology*, Liveright, 1947, p. 149.

② See W. Köhler, *Gestalt Psychology*, Liveright, 1947, p. 192.

③ W. Köhler, Some Tasks of Gestalt Psychology, C. A. Murchison, *Psychologies of 1930*, Clark University Press, 1930, p. 146.

识相悖的,我们常常讨论未知对象的组织。例如我们会指着一个未知的东西问:"那是什么?"知觉者的知识并不决定知觉对象组织的存在,而没有结构的视觉经验是不可想象的,对于天赋论来说,结构虽然可以在直接经验中出现,但是结构并不是一成不变的。经验论和天赋论都陷入了机器模型。科勒认为应当放弃固定的刺激与固定的反应模式,而我们应当作为一个有机整体,以整体的方式对整个情况进行回应(response)。对视觉经验的组织是一个动态的、流动的、有秩序的生理过程,经验论和天赋论都不能解释它。组织是原初的(original)或自然的(natural),是我们神经系统的一个标志性成就(characteristic achievement of the nervous system)。① 而且它不是外在于感觉经验的,而是属于感觉经验。在科勒看来,格式塔心理学提供了代替知觉机制解释的理论,经验论和机械论都将大脑视为一台机器,而科勒则认为视觉刺激不是独立的成分,而是需要与整个动态系统一起来完整地解释视觉经验。"经验到的空间中的秩序是与之对应的生理过程的动态的环境的秩序的表征"(Experienced order in space is a true representation of a corresponding order in the underlying dynamical context of physiological processes.)。② 也就是说,组织是经验中的一种事实,而不是某种理智建构。

　　那么格式塔心理学如何解释组织的改变呢? 科勒让我们设想实际出现的组织是诸多组织可能性中的一种,而组织的改变即是经验到"固定的、真实的"形式的变化。比如,我看一幅地中海的地图,一开始因为没有发现半岛的形式,而没有看到意大利,只看到了亚德里亚海和陆地的奇特关系,因而将地中海看作是一个具有形式的图像,反之亦然。这一切都不是由视觉刺激决定的,同一个刺激产生两个不同的形式。组织改变的另一个特征是

───────────────

① See W. Köhler, *Gestalt Psychology*, Liveright,1947,p. 174.

② W. Köhler, *Gestalt Psychology*, Liveright,1947,pp. 64 – 65.

只有一个形式能够出现,众多的形式不能在视觉空间中并存,我们看到其中一个,另一个就被环境所吸收掉而失去形式。坚持稳定性假设的人可能会认为在组织改变中没有经验改变,只能由对之前未注意的感觉的注意来解释这一改变。科勒认为固定的刺激与固定反应之间的联系是不存在的,刺激的唯一作用是形成群组(constellations)①,在群组中刺激之间的关系决定了它们的特征。另外科勒认为,感觉不是日常经验中的一部分,而是错误地分析构建的理论实体。有组织的整体才是真正的经验。那么,什么造成了组织的改变呢? 是态度的改变。态度不是一种经验,而是背后的神经过程造成的感觉事实,两者的关系是因果的,任何外部的影响都需要对此因果关系起作用才能造成组织的改变。

科勒试图将组织看作是知觉经验的本质特征之一,而并非解释的产物。他通过格式塔心理学转变心理学研究的方向,以便心理学能够处理知觉的动态性、流动性和整体性。这一转变引起了维特根斯坦对心理学哲学的兴趣。

(二)后期维特根斯坦的转变

在科勒的影响下,《逻辑哲学论》中引入的尼克尔方块相关问题在 25 年后(1946 年)又被维特根斯坦重新提起。事实上,在上文中提到的维特根斯坦中期"复合物与事实"阶段,他就开始注意到关系与形状、颜色等性质的类型不同,将事实理解为复合物的做法使得二者混同起来,犯下了范畴错误。在事实中,关系是通过逻辑形式显现出来的,不能像颜色、形状一样被指示出来,就如同"I am tired"这个命题不能分解成一个复合物的两个成分 myself 与 tiredness 一样。② 因而维特根斯坦在这个角度对罗素的多重关系理论和

---

① W. Köhler, *Gestalt Psychology*, Liveright, 1947, p. 183.

② See Ludwig Wittgenstein, *The collected works of Ludwig Wittgenstein*, Blackwell Publishing, 1998, p. 242.

摹状词理论进行了批评。而科勒的格式塔心理学理论讨论的核心问题即是组织的地位,这也是引起维特根斯坦阅读和讨论兴趣的缘故之一。

与《逻辑哲学论》中引入尼克尔方块的相关问题相反,维特根斯坦在《心理学哲学评论》中认为眼睛的运动不再是不同的面相被看到的必要条件。维特根斯坦指出面相-观看的一个语法特征即是面相观看是服从于意志(subject to will)的或自愿的(voluntary)。①

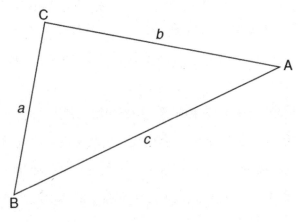

图 4 不同的三角形面相

在上图中,维特根斯坦认为,我们可以将 c 作为底线并把 C 作为顶端,或者把 b 作为底线并把 B 作为顶端,这样可以看出两个不同的三角形,但是我们在这样做的时候并不清楚我们实际上是怎么做到的。眼睛的瞥视可能起到作用,但是我们也可以不用瞥视或者以其他的方式瞥视也能看出两个不同的三角形。② 眼睛瞥视和凝视的方向可能伴随着我们的观看,我们也可能拥有关于眼球移动对视觉影像影响的知识,但是我们在这里不能够说我们"知道"我们如何看到两个不同的三角形,因为我们实际上并没有意识到

---

① Ibid.,p.1218.

② Ibid.,p.1103.

眼球运动和凝视的方向。对眼球和凝视的描述与我们对面相的描述没有贡献,我们在日常生活中也并不以描述前者的方式来描述后者。眼球转动和凝视的方向确实是以因果的方式影响着面相的观看,但是在我们的语言游戏(language games)中并不以眼球转动和凝视的方向来描述观看面相,前者至多以辅助性的方式启发和引导观看者,但是这样的方式有很多,这些引导和启发的活动在面相的语言游戏中可能产生影响,但是远远不是充分条件。眼球的转动和凝视在语言游戏中所起到的作用不超过想象一个音符即是空气中的一阵涟漪。① 维特根斯坦还比较了"现在这样来看这个图像"和"现在看到这片叶子是绿的"之间的区别,前者是服从意愿的面相-观看的情况,而在后者中则不是。我不能对一个已经看见的第二种用法中的"看见"的东西进行观看,而只能从一种用法中的"看"中看出第二种用法的"看"。②

在我们的语言游戏中,我们教会他人看出某种面相的方式不是教给他转动眼球和凝视,这些方式不可能教会一个人看出某种面相。我们更多的时候是采用某种类比,用这个人之前已经学会了的其他游戏与这一游戏的类似性来启发他。例如在上文中的三角形中,我们告诉他这个三角形就像一个倒放或者正放的物体。这一类比伴随着眼球的转动,但是眼球的转动不是看到三角形的充分条件。学会看到新的面相相当于学会新的概念。维特根斯坦在《逻辑哲学论》中由于案例的唯一性而忽略了面相的多样性。他认为将某物看做某物即是看出它与其他事物的关系,也即它在语言游戏中与其他要素之间的关系。面相知觉是诸多语言游戏中的一部分。我们看出两张脸之间的相似,一个数学形式与另一个数学形式的类比,一幅模糊图画

---

① See Ludwig Wittgenstein, *The collected works of Ludwig Wittgenstein*, Blackwell Publishing, 1998, p.1193.

② 参见[英]维特根斯坦:《哲学研究》,陈嘉映译,上海人民出版社,2005年,第67页。

中的人脸,一幅图画中的人形等。这些案例彼此相似,又彼此不同。① 在面相知觉中,我们的注意不应当停留在视野中的图像之中,而是应当关注这一幅图画的类比性用法所依赖的周边环境。

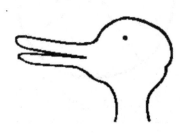

图5　鸭兔图②

　　按照科勒的观点,我们将上图中的鸭兔图看作一只鸭子是由于我们看到的视野中的组织,组织是视野中和颜色与形状同类的一个事实。我们看到一只兔子的面相和我们看到黑色和白色是同样的。维特根斯坦称之为面相改变的东西在科勒看来是一种感觉的改变。也就是说,看到的图像的变化是一种感受到的性质的改变。维特根斯坦对科勒的兴趣在于,科勒在阐明了内省主义和行为主义以及两者背后的经验论及天赋论的错谬之后,发展出另一套知觉理论。维特根斯坦感兴趣的不是科勒所发明的理论,而是科勒对于包括"组织""组合"(grouping)、"群组"(constellation)等在内的语言的使用。③

---

① See Ludwig Wittgenstein, *The collected works of Ludwig Wittgenstein*, Blackwell Publishing, 1998, p. 1133.

② 参见[英]维特根斯坦:《哲学研究》,陈嘉映译,上海人民出版社,2005 年,第 231 页。

③ See Ludwig Wittgenstein, *The collected works of Ludwig Wittgenstein*, Blackwell Publishing, 1998, p. 1205.

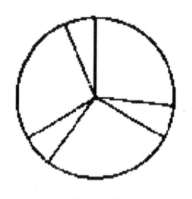

图6　悬臂

比如,我认为当科勒描述这个图形的自发的面相时说以下话是错的:在一个面相中属于同一个悬臂的,现在属于不同的悬臂。这里听起来好像有问题的又是将这些半径组合在一起的一种方式,毕竟,之前组合的半径又组合在一起了,只是一会儿它们组成一条"悬臂",一会儿组成一个间隔的空间。①

问题在于科勒陷入了维特根斯坦在《褐皮书》(Brown Book)中做出的关于面相的及物的(transitive)和非及物(intransitive)的用法的混淆。② 科勒的组织概念似乎是及物的,表达了关于所见的视觉信息,但是同时又是非及物的。这里我们应用个体这个词的方式有两种,在前者中,一个词可以作为某种先声,以便做出进一步的详述(specification)、描述和比较,而在后者中,我们应用个体这个表达只用于强调,而没有进一步的信息可以提出,也就无法详述、描述和比较它。

---

① Ludwig Wittgenstein, *The collected works of Ludwig Wittgenstein*, Blackwell Publishing, 1998, p. 1206.

② See Ludwig Wittgenstein, *The collected works of Ludwig Wittgenstein*, Blackwell Publishing, 1998, p. 526.

在一些情形下,语词表面上看起来以及物的方式使用,但是它们的真正用法是非及物的。例如我们说一块肥皂"具有一种特别的香味,可用于儿童"和"这块香皂味道很特别!"两个表达式,后者表达感叹和惊讶,就是非及物的,它不需要进一步说明。这一及物/非及物的用法区别可用于说明科勒对组织一词的使用。我们说一个视觉图像的组织改变了,和我们说某个公司的组织改变了是不同的。① 一个公司组织的改变可以通过图表的方式表现出来,用于比较和描述,而视觉空间中的一个面相的改变却不可比较。因为我们没办法表达(绘画、图表、文字)这种改变。面相改变的前后图画是一样的,我们没有可能做出进一步的说明和比较。科勒总是以及物的用法来使用"组织""组合""压迫一部分并使得另一部分变得更显著"等表达式,仿佛我们在讨论某种时空中的物体一样,然而在这里,我们并没有任何可以描述的东西。科勒却采取了一种及物的用法来使用这些表达式。科勒所举的"一个人看不出地中海地图中的亚平宁半岛而只看到亚得里亚海的造型"的案例中,看出亚平宁半岛并不需要给出不同于这幅地图的另外一幅地图,这里实际上不是两个不同的对象。科勒没有给出"组织"这一表达的及物用法,但是他指出的面相改变的知觉哲学问题无疑是重要的,只是面相的改变不是以他所述的知识论的方式进行。

维特根斯坦通过对科勒知觉理论的研究认识到了自己在《逻辑哲学论》中所犯的错误。这使得维特根斯坦认识到面相-观看的悖论的解答产生自表达式的混淆,我们在非及物用法中并不描述时空对象,而是表达视觉经验,后者是一种表达而非描述。这也使得维特根斯坦开始重新系统地思考面相-观看的问题。

---

① Ludwig Wittgenstein, *The collected works of Ludwig Wittgenstein*, Blackwell Publishing, 1998, p. 1153.

（三）后期维特根斯坦的面相-观看讨论

后期维特根斯坦关于面相-观看的讨论开始于《哲学研究》第 2 部分第 11 节中,这一话题突兀的出现似乎与《哲学研究》整体的主题不符合,这也成为很多编纂者将《哲学研究》第 2 部分排除出本书的缘故。因为后者的主题更多是心理学哲学的讨论,而且人们对于维特根斯坦为何讨论这一问题感到困惑,这一困惑使得学界关于维特根斯坦的面相-观看思想形成了许多不同的解释。

例如,斯坦利·卡维尔(Stanley Gavell)在他 1979 年出版的《理论的断言:维特根斯坦,怀疑主义,道德与悲剧》(*The Claim of Reason: Wittgenstein, Skepticism, Morality and Tragedy*)一书中,认为维特根斯坦的面相-观看是《哲学研究》第二部分中主要片段中的最首要的话题,并认为这一思想基于他对于自我和他心知识的面相学(physiognomy)的思考,知道一种面相学即意味着"经验到某种意义"(experiencing the meaning)[1]。而辛迪卡则认为面相-观看讨论体现出维特根斯坦后期思想中关于我们如何在一种物理学语言中讨论现象学物体的案例。[2] 斯蒂芬·穆尔哈尔(Stephen Mulhall)则写成了关于面相-观看问题的专著《论在世:维特根斯坦与海德格尔论看见面相》(*On Being in the World: Wittgenstein and Heidegger on Seeing Aspects*),阐述了维特根斯坦思想与大陆哲学之间的亲缘关系,并认为在面相-观看思想中,持续的面相知觉(continuous aspect perception)是更基本的人在世界存在之中的现象。[3] 丹托(Arthur Danto)则认为维特根斯坦的面相-观看知觉有一定程

---

[1]　Stanley Cavell, *The Claim of Reason: Wittgenstein, Skepticism, Morality, and Tragedy*, Oxford University Press, 1979, p.354.

[2]　See Jaakko and Merrill Hinttikka, *Ludwig Wittgenstein: Half - Truths and One - and - a - Half Truths*, Kluwer Academic Publishers, 1996, p.182.

[3]　See S. Mulhall, *On Being in the World: Wittgenstein and Heidegger on Seeing Aspects*, Routledge, 1990, p.126.

度上的语言唯心主义(linguistic idealism)。古德(Justin Good)①认为维特根斯坦的视觉概念研究说明了视觉知觉的概念复杂性,这种复杂性不能被当代认知科学哲学中的自然主义和建构主义所掩盖。而近年来,麦金(Marie McGinn)与特拉维斯就面相-观看中的视觉概念是否具有意向性特征展开了争论。②巴茨则对穆尔哈尔的持续的面相知觉的首要地位提出质疑,③并认为面相的转变(aspect change)起到了更为基本的作用。

以上讨论都为我们阐述维特根斯坦的面相-观看思想提供了宝贵的思想资源和有益尝试。但是对我们来说,首要的还是回归到维特根斯坦的文本,考察维特根斯坦实际上是怎样论述面相-观看知觉哲学思想的。维特根斯坦从《哲学研究》第二部分开始,讨论了"注意到面相"(noticing an aspect)、"持续地看见面相"(continuous seeing of an aspect)、"面相的闪现"(lighting up)、"面相盲人""看"与"想"等一系列问题。

在《哲学研究》第二部分中,维特根斯坦在讨论面相问题时引入了两种"看"的用法的区分。

> 第一个:"你在那里看到什么?"——我看到这个(接着是一个描述、一幅绘画、一幅复制品)。另一个:"我看到这两张脸之间的相似"——让我告知这一点的人如同我一样清楚地看这张脸。我沉思一张脸,然后突然发现它与另一张脸之间的相似。我看到它没有改变;但我看到的不同了。我称这个经验为"注意到一个面相"。④

---

① See Justin Good, *Wittgenstein and the theory of perception*, continuum, 2006, pp. 102 – 109.
② See Michael Campbell & Michael O'Sullivan, *Wittgenstein and Perception*, Routledge, 2015, p. 3.
③ Ibid., p. 6.
④ [英]维特根斯坦:《哲学研究》,陈嘉映译,上海人民出版社,2005年,第229~230页。

第一种用法的回答是我看到某物,然后给出某种描述,一幅图像或某种复制品。它是《逻辑哲学论》中的用法,即看的及物用法。另一种用法是我在这里回答说:"我看到这两张脸之间的一种相似",然后让其他人像我一样看这两张脸。这种用法即是维特根斯坦考察过的非及物的用法。看到一张脸和看到相似之处的差别在于,前者我可以向他人指出所见之物,而在后者中,我不能指出所见之物或用图画的方式告知他看见的东西。我只能让他像我这样看并提示他看的方式。第二种用法中,我们看到了除了第一种看见之外的东西。按照詹姆斯所代表的内省主义的想法,在这里我们看到的东西没有改变,但是我们看到的东西发生了变化。而按照科勒所代表的格式塔心理学的想法,我们在这里看到的相似类似于组织,是我们视觉印象的某种性质,它和形状、颜色是同类的。

这里维特根斯坦涉及的第二个问题是我注意到面相的时候发生了什么,因为我能够持续地看着一张脸,能够画出这张脸,但是对于相似性却视而不见。并且面相的改变并非是一个主观的视野中的改变,例如我们在远处看一个东西和在近处看一个东西,看到的不同就是这种改变。按照上文中当代主流知觉哲学的想法,我们视觉经验的改变总是来自对象的改变或我们与对象时空关系的改变。但既然对象没有改变,而我们又没有做出什么来改变主观的视野,那么注意到一个面相时发生了什么呢? 当然我们始终可以引入一些物理的运动项做出因果的回答,但是假如维特根斯坦的论述是正确的,那么这里的变化与这些运动项无关,因为它们都不是面相改变的充分条件。这些问题引起的是关于视觉知觉的哲学问题。

维特根斯坦举了大量的关于面相-观看的例子。

(1)将平面图片中的阶梯看成凸面和凹面面相,或者看到下图中的双十字章(double cross):黑底上的白十字或者白底上的黑十字。①

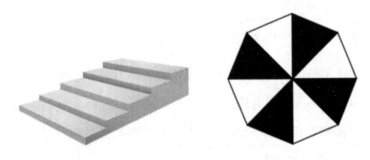

图7 阶梯和双十字章

(2)我将平面上的几个点放置成其中几个相互接近,因而将接近的看成
一组。②

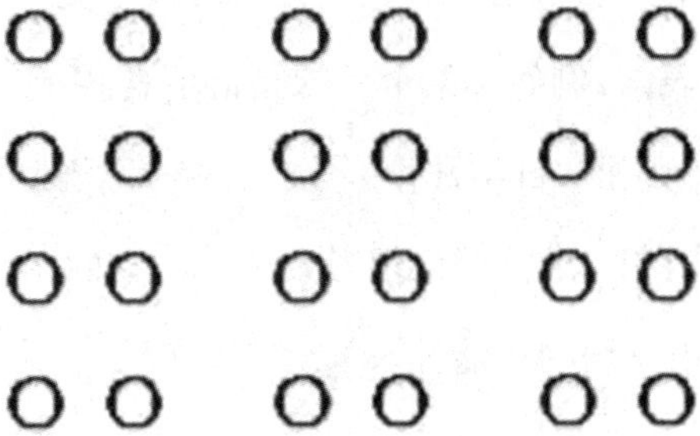

图8 接近的点

(3)我在听音乐或者看绘画的时候认为某段音乐很严肃,以及被教给
"你要这样看""你要这样听""把这两个音看成一组"或者"把这条线条看成

① Ludwig Wittgenstein, *Philosophical investigations*, G. M. Anscombe, P. M. S. Hacker and J. Schulte, Trs, Wiley – Blackwell, 2009, p. 218e.

② Ludwig Wittgenstein, *The collected works of Ludwig Wittgenstein*, Blackwell Publishing, 1998, p. 1317.

一道阴影"。[①]

（4）尼克尔方块中，我看到一个俯视的正方体或一个仰视的正方体。[②]

（5）我将一个随意的书写符号 ![symbol] 看成外语字母，或者把它看成写错了的字母（由于笔打滑了写错了），或者是法律文书所用字体等。[③]

（6）我把一系列线条看成一张脸。[④]

（7）我将雅斯特罗（Jastrow）《心理学中的事实与虚构》（*Fact and Fable in Psychology*）中的鸭兔图看成鸭子或者看成兔子。[⑤]

（8）我突然看到两张脸之间的相似性，而这两张脸没有改变。[⑥]

（9）我将 ¬（¬ p∧¬（¬ r∧¬ q））∧¬（¬ q∧¬ r）这一公式看成是同一个逻辑连接词，即∧与¬ 的联合重复运用。[⑦]

（10）我将软弱的人看成是某种偏离正常的或不完整的人。[⑧]

（11）认出一种表情，例如说某个人的笑很不真诚。[⑨]

维特根斯坦的《心理学哲学评论》写于 1946 年 5 月到 1947 年 11 月，在其第一部分第 1066 节中，维特根斯坦考察了我们在面相-观看中采用的语言将两种用法归入其中一种的可能性。

---

① Ludwig Wittgenstein, *Philosophical investigations*, G. M. Anscombe, P. M. S. Hacker and J. Schulte, Trs, Wiley – Blackwell, 2009, p. 213e.

② Ibid., p. 206e.

③ Ibid., p. 221e.

④ Ibid., p. 206e.

⑤ Ibid., p. 204e.

⑥ Ibid., p. 203e.

⑦ Ludwig Wittgenstein, *Wittgenstein's Lectures*, *Cambridge 1932 – 35*, A. Ambrose eds, Blackwell. 1979, p. 181.

⑧ Ludwig Wittgenstein, *The collected works of Ludwig Wittgenstein*, Blackwell Publishing, 1998, p. 1163,

⑨ Ibid., p. 1384.

"我看到孩子想要触摸狗,但是不敢。"我如何能看出来? ——这个对所见的描述与对移动的形状和颜色的描述属于同一层次吗? 一种解释是可疑的吗? 好,也回忆下你要模仿一个人想要触摸某物,但不敢。并且你模仿的只是行为的一个片段。但是你可能只能在一个更宽广的上下文中给出这个行为的特征模仿。①

对第一句中的问题有几种不同的回答,分别来自素朴描述(naif description)、纯化论者(purist)、格式塔心理学、行为主义及行为主义的批评者。纯化论者认为素朴描述是可疑的,我们不能从动作表情中看出这个孩子的恐惧。行为主义的批评者也持有类似想法,他们质疑素朴描述的精确性。而格式塔心理学则赞同素朴描述,认为我们可以看出孩子的恐惧。维特根斯坦在这里考察了纯化论者的意图所在,当纯化论者怀疑接受素朴描述的我们是否真的看见恐惧的时候,我们在这里应该考察我们称之为"看见"的是什么。

他想要说不同于"看见"的另一个词更加精确吗? 我相信他只想要引起对概念区别的注意。对于语词"看见"是如何联结知觉的呢? 我指的是:它会用眼睛联结它们为知觉;因为我们在眼睛中并不觉得看到了。但是坚持我们正常言谈方式的正确性的人似乎是说:一切都位于视觉印象之中了,主观的眼睛也拥有形状、颜色、运动、表达和瞥视(朝外)。可以说,在别的地方,此人没有觉察到瞥视。但是那并不意味着"眼睛中的别的地方";它意味着"视觉图像之外的某处"。但是对它来

----

① Ludwig Wittgenstein, *The collected works of Ludwig Wittgenstein*, Blackwell Publishing, 1998, p. 1200.

说之外的某处是怎么回事？可能因此我说："在眼睛中我看到这样那样的形状，颜色，运动——那意味着它目前看起来友好。"比如，好像我做出了一个结论。——可能某人会说：知觉之瞥的位置是主观的眼睛，眼睛自身的视觉图像。①

这里展开的是素朴描述和纯化论之间的对话。纯化论者可以看作以罗素为代表的感觉-材料理论和詹姆斯心理学的某种版本。维特根斯坦认为纯化论真正要说的是我们需要考察被素朴陈述所隐藏着的"看"的描述的相似与差别，但纯化论从这些区别出发由反思形成唯我论、唯心论和实在论等知觉哲学观点。与纯化论相对，素朴描述指的是日常语言使用者和日常知觉者，他们是没有产生哲学和理论问题的普通人。普通人从来也不会对"我看到了某种相似"感到惊讶，也从来不会提出"我看到的究竟是什么"这类哲学问题。事实上，提出纯化论的哲学家们在日常生活中也是支持素朴描述的普通人，他们并不对这些视觉现象提出怀疑，只有他们在进行哲学或心理学反思的时候才会提出这些问题，他们在日常生活中也不会问他人这一类问题，而是毫不犹豫地接受素朴描述。这样，素朴描述者因为没有哲学的诉求，因而不能称之为一种知觉理论，只能被视为展现出看的不同概念。单纯指出素朴描述不能被用来对抗纯化论的反驳。在《蓝皮书与褐皮书》(*Blue and brown books*)中，维特根斯坦说：

> 一位哲学家不是一个失去了他的感觉的人，一个没有看到每个人看到的东西的人；在另一方面也不是如同科学家对市井间的粗鄙观点

① Ludwig Wittgenstein, *The collected works of Ludwig Wittgenstein*, Blackwell Publishing, 1998, p. 1204.

那样对常识不满意。哲学家的不满不是基于一种更确切的事实的知识。因而我们必须在其他地方寻找他的困惑的源头。同时并不只有当对一定事实的好奇心没得到满足或没有发现与经验适合的自然法则时,我们发现存在困惑和心灵不适;当记号(notation)令我们不满的时候也这样——可能因为它唤起的许多勾连。我们日常语言所有可能的记号遍布于我们生活的存在,严格地如其所是地锚定着我们的心灵,同时在这个锚定的位置上有时候,它感到拘束,有前往其他位置的渴望。因此比起日常语言来,我们有时候想要强调性更强的使其更明显的记号,或者在一定情况下比日常语言更相似的表达式。当满足这些需要的记号赋予我们的时候,我们的心灵拘束就松开了。这些需要可以是多种多样的。①

维特根斯坦同情地理解纯化论引入一种新记号的渴望。这里"看"的两种用法的相似性使得我们容易将所见的东西视为同类。假如我们不在这里连续使用"看"的表达式,也许会避免在这里造成的困惑。维特根斯坦在这里并没有否认这种可能性。例如,唯我论者可能会想要一种只表达他的私人经验真实性的记号,并且对纯化论的批评时认为,类似唯我论者的纯化论者没有意识到他们对日常语言不满的源头,也没有意识到构建新的记号的结果。

他没有意识到他在拒绝一种约定。他看到了不同于我们在普通地图上划分国家的方法。他感到拘束,比如说使用"达文郡"不指它约定

---

① Ludwig Wittgenstein, *The collected works of Ludwig Wittgenstein*, Blackwell Publishing, 1998, p. 542.

的界限,而是划分不同的地域。他会这样说:"在这里划分界限来使其成为国家不是荒谬的吗?"但是他说的是:"真正的达文郡是这个。"我们可以回答:"你想要的东西只是一种新的记号,同时没有地理学的事实由于一个新的记号而改变。"①

唯我论试图引入一种新的形而上学将个人经验视为真正真实的,但是他所做的事情只是反对我们的通常约定,而没有改变任何事实。采用一种新的记号使得我的经验和别人的经验能够更明显地进行区分,但是并没有改变我的经验和别人的经验的真实性。我们当然不可能具有别人的经验,我们只能看到别人的行为和表情,但是这并不使得他人的经验变得完全不可知,我们还是能够知道他人经验的真实性,不亚于我们对自己经验的确证性。

例如我们看到他人的疼痛,有如疼痛在自己身上一般,但是如果说我们看到的只是表情和行为,他人的疼痛是我推断出来的,那么这种推断出来的确定性似乎就还不够。如果从逻辑上排除掉他人,我们就不可能从严格意义上遵从唯我论的新的记号。纯化论者试图使我们日常语言中两种"看"的区别变得更明显,但它并不否认我们能够看到某个日常对象而不是只看到感觉-材料,我们可以发明一种记号来让两种"看"的区分变得更明显。但是这并不使得我看到某种相似、看到某种结构就变得可疑。与第一种"看"相比,第二种"看"不是一种"看"吗? 这里涉及的是行为主义及其批评者的路径,我们可以模仿试图触摸某物但不敢的人的动作,但是这一模仿既可以支持也可以反对前一观点。我们可以因为行为和表情被模仿而将两种描述视

---

① Ludwig Wittgenstein, *The collected works of Ludwig Wittgenstein*, Blackwell Publishing, 1998, p. 541.

为同一类型,但是由于我们只能在一个更广的上下文中模仿它,例如整体的环境不可能得到精确的描述,因此模仿不可能完全成功。而且我们并不那么简单地把复制品看作对某种情绪的再现,两种情绪的相同性在日常语言中有更丰富复杂的可能。

这些问题使得我们总是可以问:我们是看到了行为中的恐惧,还是只看到了面部的表情?但将第二种用法归结为第一种用法是徒劳无益的。维特根斯坦比较了看到一只狗的动作和看到它的喜悦之间的异同,在后者中,我们可以看出两个"看"不是在同一个意义上使用的,我们总是可以想象在某些情况下,有人看到了狗的动作,却看不到狗的喜悦。但是同时,如果我们闭上眼睛,这两种面相都会看不到。这就是两种"看"的用法的相似与差别。我们也可以将一张照片视为一张相纸上不同形状的颜色块,也可以将其看作一张人物照片,而后者对我们来说更容易。因为我们是以不同的方式学会两种"看"的表达方式,但是毫无疑问,它们都是"看"的用法。

承认存在两种用法的区别是维特根斯坦《哲学研究》中面相知觉讨论的基本出发点。维特根斯坦《哲学研究》第二部分的大部分写于1948年11月到1949年春,维特根斯坦不再考察对第二种"看"产生疑惑的可能,而是直接把两种"看"的用法和看到不同的"对象"视为当然。在这里,维特根斯坦主要比较了在这两种看的语言游戏中的这两种"对象"在范畴(category)上的差别。一个人可能将两张脸描画出来,而另一个人则可以说在两张脸上注意到某种相似,或者说:"我看出他们两个人是兄弟。"一个尼克尔方块在一部书中可能起到多种作用,例如有时候被当作盒子,有时候被当作一个铁丝围成的框,有时候被当作一个二维形状。这时候,可能有人会说我对同一个视觉印象做出了不同的解释。也就是说,看到的总是一样的,而解释给予了它们不同的面相。① 但是：

> 要真是这样，那我必定知道这一点。我必定能直接地而不只是间接地指涉这种经验。（就像我必定能谈论红色而不必把它作为血的颜色来谈。）②

这里维特根斯坦反驳詹姆斯为代表的内省主义心理学，如果存在一个解释和判断的过程，那么我不可能不意识到它，也不可能意识不到直接经验。而实际上，我们直接将尼克尔方块看成盒子或者铁丝框，而没有一个直接经验或解释判断的阶段。就如同我们能够直接将血看成血，而不是将其看成红色的液体状的色块。内省主义的进向违背了我们的日常反应，我们直接地将鸭兔图看成鸭子，而没有犹豫。维特根斯坦将这种现象称之为"持续地看到"某种面相（"continuous seeing" of an aspect），而将注意到某种相似之处称为面相的"闪现"（lighting up）③。

在"持续地看到"某种面相之中，我们对面相做出直接的反应。例如，我直接将一张人脸的图画当成人脸，研究它的表情，孩子可能会对图画中的人说话或将其当作玩具娃娃等。我们并没有经历一个看到直接经验并对其进行解释的阶段。而我们对于别人问"你看到了什么"的反应，也将会是直接说出"这是一只兔子"，然后以谈论兔子的方式谈论它。但是别人依然可以说"持续地看到"某种面相的我："他把那个图形看作兔子。"这里的区别在于，对于我来说，这幅图画就是兔子，我并没有把它看作兔子，这就好像是我

---

① 这里梅洛·庞蒂的观点与维特根斯坦有所不同，梅洛·庞蒂认为存在一个没有面相出现的阶段。

② Ludwig Wittgenstein, *Philosophical investigations*, G. M. Anscombe, P. M. S. Hacker and J. Schulte, Trs, Wiley – Blackwell, 2009, p. 204e.

③ Ibid., p. 204e.

把一把叉子当作叉子,吃饭时并不试图使得嘴有动作一样自然。把…看作…这个表达式只有在发生面相的转变时才会出现,我们所见的图画为何发生了改变,并且可以向他人解释这种转变。"看"和"看作"的区别还体现在,前者是一种知觉的报道,而后者不是,我说"这现在是只兔子"时表达的是面相的改变,而这不是第一种意义上的知觉,因为并没有什么对象对应于面相的改变,面相的改变的表达式是"一种新知觉的表达式和未曾改变的知觉的表达式合在一起"①。但是我称一幅图为"鸭兔图"却是知觉,因为我满可以将这幅图单纯放在兔子中或者单纯放在鸭子中,从而完全看不出鸭兔图是同一幅图来。而我称它为"鸭兔图"则是一种"看作"。

那么既然"注意到面相"和面相的"闪现"不是一种知觉,它是如何发生的呢? 我的复制是无法把握到这种转变的,因为复制品无法将组织显现出来。但是复制品显然也不是一种"内部图画",因为内部图画与外部图画没有区别。科勒的格式塔心理学在这里得到了讨论。如果将组织看作是知觉对象的性质,那么组织无论在"内部"还是在"外部"都无法形成某种摹本,而只能成为一种"私人的"东西。

> 谁把视觉印象的"组织"和颜色形状并列在一起,那她从一开头就把视觉印象当作某种内部对象了。由此自然把这个对象弄成了幻影;一种稀奇古怪地摇来摆去的结构。因为它和图画的相似之处现在被扰乱了。②

仅这点就说明了组织和颜色形状并不是同类的。我们不能将"注意到

---

①　Ludwig Wittgenstein, *Philosophical investigations*, G. M. Anscombe, P. M. S. Hacker and J. Schulte, Trs, Wiley – Blackwell, 2009, p. 206e.

②　Ibid., p. 206e.

面相"和面相的"闪现"视为某种内在图画的作用,因为它们起不到图画的作用。我们向别人描述所见的组织和形状颜色的方式是不同的,我不能通过重现这一所见来帮助别人看到,而只能把所见放入到特定的环境中,例如把鸭兔图放在兔子图画中帮助看不到兔子面相的人看出兔子图画。这里的"看"不单纯是一种看了,而是依赖于思想能力。单纯看是看不出兔子面相的,我们必须思考它。而思想能够帮助我们识别出"组织"。

> 所以面相的闪现似乎一半像视觉经验一半像思想。①

这里,我们看到了不同于近代以来知觉哲学观点的另一种进向,即思想和视觉经验之间的内在联系。无论是洛克、休谟、贝克莱,还是当代知觉哲学中的感觉-材料理论者和表征主义者,乃至于科勒,都将视觉经验与思想严格区分开来,视觉经验被视为某种非概念的、非思想的、被动的自然过程。维特根斯坦指出了思想在"注意到面相"和面相的"闪现"中的内在作用,这一点为麦克道威尔所继承,但是麦克道威尔对概念能力的主动和被动行使的论述同样是令人困惑的,维特根斯坦在这里则将思想能力与人的行动紧密结合起来。

> 一种形状对你浮现出来,对你显得陌生,而我则熟悉这种形状;你这时不可能像我一样准确地描述它吗?这不就是答案吗?——当然一般不是这样。你的描述听起来会很不一样。(例如,我会说"这只动物有长长的耳朵"——而你说"那儿有两个长长凸起的东西",然后把它们

---

① Ludwig Wittgenstein, *Philosophical investigations*, G. M. Anscombe, P. M. S. Hacker and J. Schulte, Trs, Wiley – Blackwell, 2009, p. 207e.

画出来。)

　　我遇见一个多年没见的人；我看他看得清清楚楚，但没认出他来。我忽然认出他来，在他已经改变了的面孔上认出了从前的面孔。我相信我如果会画像的话现在会把他画得不同。①

　　怎么发现人以立体方式来看？你看得见(那儿的)一片地方，我问你那片地方的地势。"是这样子吗？"(我用手画给你看)——"是"——"你怎么知道？"——"又没雾气，我看得清清楚楚的。"——你并没给出这推测的根据。对我们来说最自然的是以立体方式表现我们所看到的；而无论通过绘画还是通过话语来以平面方式表现都要求特殊的训练。(儿童画的特别之处。)②

　　面相的转变需要思想的介入，思想来自我们与世界打交道的经历中形成的诸种实践活动，对这些实践活动的熟悉使得我能够看出某种不熟悉的人所看不出的面相。同样，在持续地看到某种面相中，我们并没有思想而是直接看到面相，由于我们受到某种训练和涉入实践活动的历史，我们直接就能够看出某种面相。我们向一个看不出面相的人解释所见面相时所援引的，正是在我们持续地看到面相时所应用着的。所见的不同体现于所行的差别。正如近代哲学史上著名的毛凌诺问题和三维视觉问题，实际上在生活中就有类似于我们所说的在儿童画的绘画方式案例中所表现出的。我们直接地看到三维空间，而非从二维空间中推论出三维空间，就如同我们如果倒着看或者斜着看图画，或者在杂乱中观看图画可能会看不清楚我们日常所见的一样。我们在直接看到的东西中不再寻求解释，例如我们不把面相

①　Ludwig Wittgenstein, *Philosophical investigations*, G. M. Anscombe, P. M. S. Hacker and J. Schulte, Trs, Wiley - Blackwell, 2009, pp. 207e - 208e.

②　Ibid., p. 208e.

转变中看到的鸭兔图中的鸭子视为某种状态中的兔子图画,我们已经满足于所看见的图画。有人会说这是因为第一种用法中的描述不能够完整地描述第二种用法中的视觉经验,但是任何涉及不完整的,都是以某种完整作为范型的产物。

> "看"这个概念造成了一种混杂(tangled)的印象。是的,是混杂。——我向一片景色看去;我的目光扫过,我看见各种清楚的和模糊的事情;这个印象挺清楚,那个印象却十分含混。而我们看见的又可以显得多么支离破碎啊!好,现在来看看什么叫"描述所见"!——然而,这不过就是我们称作描述所见的那回事儿。这样的描述并没有唯一一个真正的、正式的例子——其他的则还不够清楚,还有待澄清,甚至非得干脆当垃圾扫到角落里去。①

我们的"真正所见"和我们所见的描述的混杂性是一致的,我们将第一种用法视为某种标准,但是在我们的日常语言游戏中,对视觉印象的描述并非如此,而是有着各种各样的标准,或者没有标准。我们可以把一个三角形看成其他几何图形、山、箭头、指向标等,或者看作倒下来的某物,就如同我们可以将鸭兔图看成鸭子或者兔子一样,这里没有标准和规则,只有用法,即我们可以将它们看作不同的东西对应于我们不同的语言游戏中的不同使用,我们对这些图画的直接反应就是我们的"真正所见"。而在这些直接反应中,"习俗和教育"(custom and upbringing)②有一席之地,它使得我们可以将一幅画中静止的马的图画直接看成奔跑着的马,而并没有看成静止的马,

---

① Ludwig Wittgenstein, *Philosophical investigations*, G. M. Anscombe, P. M. S. Hacker and J. Schulte, Trs, Wiley – Blackwell, 2009, p. 210e.
② Ibid., p. 211e.

也没有经历一个"看作"的阶段。

> 视觉印象里的颜色和对象的颜色对应（这张吸墨纸在我看来是粉红的,而它是粉红的）——视觉印象里的形状和对象的形状相应（它在我看来是方的,而它是方的）——但我在面相闪现里知觉到的东西却不是对象的一种性质,它是这个对象和其他对象的内在关系。①

看出某种面相的闪现实际上是看到它在某种语言游戏中具有一个位置并与其他对象处于内在关系之中。但是,这并不意味着面相-观看的能力就为习俗和教育所决定。仿佛面相-观看是某种建构的事实,维特根斯坦指出,看到例子(1)中黑白底十字章中的两个不同面相,就不同于看到鸭兔图中的两个面相,对于前者来说,"人们满可以设想这是儿童的原始反应,甚至他这时还没有学会说话""一个人必须熟悉兔子鸭子这两种动物的样子才能'看到鸭兔面相'。要看到面相组 A 却无须这一类条件"。② 面相-观看是一系列多样而混杂的现象,任何有启发性的图画都只能起到提示的作用,而不能代替我们直接的看见。例如,我们需要想象力才能看到三角形是一个倒下来的东西。但是,熟练的应用一般来说总是我们面相-观看的一个标准,唯有一个人能够掌握某个图画的应用,我们才能说他有如此这般的经验。③

而从第 69 节起,维特根斯坦开始对科勒格式塔心理学中的六角形(hexagon)问题进行讨论。事实上,在前文中,维特根斯坦处理的一方面是内省主义的直接经验和解释理论,在这里维特根斯坦与科勒的格式塔心理学是一

---

① Ludwig Wittgenstein, *Philosophical investigations*, G. M. Anscombe, P. M. S. Hacker and J. Schulte, Trs, Wiley – Blackwell, 2009, p. 223e.

② Ibid., p. 218e.

③ Ibid., p. 219e.

致的,双方都赞同结构是直接被看见的,而不是如同经验论那样经历了解释和推论的过程。另一方面,维特根斯坦在试图指出结构和形状颜色的不同类型来说明格式塔心理学的错误,即结构和形状颜色的"看"不是同一种"看",对两者的混淆使得格式塔心理学走向歧途。而从第69节开始,维特根斯坦第一次提及科勒,并开始以六角形问题为例进行讨论。

> 我在画上看见一个动物被箭穿透。箭从喉咙穿过去,从脖子后面穿出来。设想这幅画是幅剪影。——你看见箭了吗?——抑或你只是知道这两小段东西应该表现一支箭的两个部分?(比较一下科勒的图形:套在一起的六角形。)①

科勒的六角形即是下图:

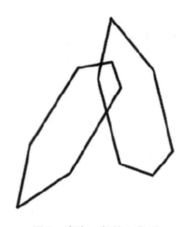

图9　套在一起的六角形

我们是如何知道这是两个套在一起的六角形呢? 这和我们看到一支贯

---

① Ludwig Wittgenstein,*Philosophical investigations*, G. M. Anscombe, P. M. S. Hacker and J. Schulte,Trs, Wiley – Blackwell,2009, p.215e.

穿喉咙的箭有类似的原因。科勒的格式塔心理学试图对这一现象给出某种生理学的解释,但是维特根斯坦指出,这个问题不是因果(casual)问题,而是概念(conceptual)问题。如果让一个人摹画这两幅图画,虽然他们可能摹画得千差万别,但是这些摹本都"多多少少会显示一只动物被箭穿透,或两个套在一起的六角形"。这类似于,我在看下方图形时,一次只把作为直线背景的凹形或凸形看成一个图形,而不是总在变换。①

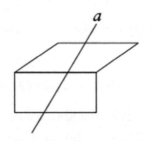

图 10　直线背景的凸形或凹形

也就是说,有些错误是我们不会犯的。如果我没有描画出这些特征,那么我就不是在描画这三幅画面,是在做别的事情。而这些不会犯错的特征正是生理学解释的界限所在,即只能描述正常情况下的事实,而不能描述正常情况的界限,也就是不能描述何为正常情况;后两者是概念问题。格式塔心理学通过人们对所见描画的多样性而判断人的心理类型,但是它无法描画使得各种心理类型成为可能的东西,而是简单地将受试者的姿态、表情、动作等视为因果序列中的环节,忽略了姿态、表情、动作等体现出的规范性(normative character);识别后者不属于生理学的范畴,而是属于"行为的精微层次"(fine shades of behaviour)。后者是概念的而非因果的,它在我们的生活中起着复杂的作用,以至于我们很难从表面中看出。生理学的因果联

---

① Ludwig Wittgenstein,*Philosophical investigations*, G. M. Anscombe, P. M. S. Hacker and J. Schulte,Trs, Wiley – Blackwell,2009,p. 213e.

系是简单的,但是概念联系总是不容易看出。

  "行为的精微层次"——我用正确的声调吹奏一个曲子,从而表现出了对这个曲子的理解;那么这就是这种精微层次的一个例子。①

  格式塔心理学无法处理这种概念问题,只能将这类现象笼统地当作一种生理或心理的现象——组织,但是实际上,组织只是面相-观看多样性现象中的一种,"可以把面相的一个种类称作'组织面相'(organizational aspects)"②。

  从《哲学研究》的第 145 节开始,维特根斯坦讨论了面相盲人(aspect – blindness)的情况。如果面相如同格式塔心理学所说的那样是一种和形状颜色同类的组织特性,那么看不到某种面相就类似于看不到某种颜色的色盲或听不到绝对音高的"音盲"。也就是说,某个人由于某种缺陷而总是看不到某些组织特性。这种情况是存在的,例如在当代认知科学研究中就存在由于日俄战争造成大脑损伤而导致认知缺陷的例子,失认症(agnosias)③患者不能识别任何高阶的物体,只能认识低阶的物体的部分。例如只能识别椅子的组成部分而不能识别整体的椅子。这类案例说明了脑区中处理高阶对象的机制独立于处理组成部分的机制,证实了格式塔心理学对内省主义的批评,承认了组织的独立地位。与此类似,维特根斯坦在这里关心的是一种面相盲和色盲、绝对音高盲的区别。

---

  ① Ludwig Wittgenstein,*Philosophical investigations*, G. M. Anscombe, P. M. S. Hacker and J. Schulte,Trs, Wiley – Blackwell,2009,p. 213e.

  ② Ibid.,p. 219e.

  ③ Mohan Matthen,*The Oxford Handbook of Philosophy of Perception*,Oxford University Press,2015, p. 21.

现在这个问题来了：会不会有人不具备把某种东西看作某种东西的能力？——那会是什么样子？后果会是什么？这种缺陷可以和色盲或和缺乏绝对音高听力相提并论吗？——我们想称之为"面相盲"——并且来考虑这话的意思能是什么？（这是概念上的探究。）患面相盲的人将看不到面相组 A 的转换。但他不也就认不出双十字章包含一个黑十字章和一个白十字章啦？于是他的研究不就不能胜任"在这些图形里指出哪些包含黑十字章"这样的任务啦？不然。他应该能，不过他不会说："现在这是一个衬在白底上的黑十字章！"

他会茫然看不到两张脸上的相似之处吗？——但若是这样，也就看不到相同之处，或近乎相同之处了？这点我不愿断定。（他应当能够执行"把看上去像这个一样的那件东西给我拿来！"这一类命令。）①

维特根斯坦让我们设想面相盲，或称为格式塔盲（gestalt‑blind）②的情况，面相盲还是能够完成一系列依赖于面相‑观看的任务。但是类似于"音乐盲"（lack of a "music ear"），"面相盲"患者对图画的关系会和我们根本不一样。面相盲的概念说明了"看见面相"和"经验到语词含义"的联系。我们问"一个人看不到某个面相，他看到的是什么？"类似于"一个人若经验不到某个语词的含义，他缺少的是什么？"③

面相盲与色盲和听不见绝对音高的音盲的区别在于，在"看"的两种用法中，他可以看到或听到一种面相，但是却无法知觉到第二种用法中的"对

---

①　Ludwig Wittgenstein，*Philosophical investigations*，G. M. Anscombe，P. M. S. Hacker and J. Schulte，Trs，Wiley‑Blackwell，2009，p.224e.

②　See Ludwig Wittgenstein，*The collected works of Ludwig Wittgenstein*，Blackwell Publishing，1998，p.1256.

③　Ludwig Wittgenstein，*Philosophical investigations*，G. M. Anscombe，P. M. S. Hacker and J. Schulte，Trs，Wiley‑Blackwell，2009，p.225e.

象",就好像我们无法将"March"（三月）理解为动词"游行"一样,我们可以学会这个词的新用法,但却看不到它的含义所在,或者不能将"bank"（银行）理解为"河岸"。维特根斯坦认为在这里,"这个词还没有'吸收'这个含义"①。我们为了启发他,可能会用声调的变化和请他注意到一些细节来帮助他,这里和我们在上文中提到的"看"的第二种用法中"思想"的作用相关,我是在启发某人发挥他的想象力,思考意义的转变。

在面相-观看中,如果一个人无法将绿色的叶子看成是一道绿光打在白色叶子上的视觉印象,或者无法将照片上的黄色片段看成金色等,也是类似于缺乏"思想"或想象力的作用产生的面相盲。知觉到鸭兔图中鸭子面相的某人,他关于兔子的思想以某种方式进入到经验之中。问题在于,传统心理学家将思想的引入而发生的面相的改变视为非知觉的,而格式塔心理学试图将其视为视觉经验的性质的改变。当我们看到新的面相,我们就看到了一种新的组织,但是事实上,我们看到的这幅图画没有改变,也没有看起来改变,而且这幅图画也没有以不同的方式组织起来。面相盲人所不能看见的,不同于色盲不能看见的,不是某种知觉特性的缺失,而是某种"思想"启发下用法的缺失。因此面相盲、意义盲与色盲和音高盲不是同一种缺陷。

以上简单地讨论了维特根斯坦在《哲学研究》第二部分和《心理学哲学评论》中的面相-观看思想。维特根斯坦受到科勒的启发,开始关注知觉理论中的面相-观看问题。他始终处于与詹姆斯为代表的内省主义和科勒的格式塔心理学的对话之中。他试图阐明心理学研究中忽视的概念问题即哲学问题,并对"注意到面相""持续地看见面相""面相的闪现""面相盲人""看"与"想"的关系的讨论阐明了"看"的用法的多样性,特别是指出了看的

---

① Ludwig Wittgenstein,*Philosophical investigations*, G. M. Anscombe, P. M. S. Hacker and J. Schulte,Trs, Wiley – Blackwell,2009,p. 225e.

两种用法的区别。看的第二种用法中的所见与第一种用法中的所见属于不同类别,第二种用法中的所见既不是一种由第一种用法中的所见出发进行的推断,也不属于第一种用法中所见的同类,例如在格式塔心理学的例子中,形状颜色与组织是不同类的。"看"的第二种用法依赖于"思想"或想象力引入下所发现的面相的新用法。

(四)维特根斯坦面相-观看思想述评

维特根斯坦所谈论的面相-观看在知觉现象中是非常普遍的,我们从一个人面部的肌肉变化看出他的表情变化;从学生的字迹中看出他写作的情绪;从脚步声中听出是哪个人;从物理的墨迹中读出文字;从一首诗的意象当中读出它所传达的微妙的意境等等。我们在上文中曾提及,知觉哲学研究的是感官感知中的显像和实在的关系问题。而在面相-观看思想中的两种"看"的用法的讨论中,维特根斯坦做出了一种不同于我们在上文中所讨论的古代知觉哲学、近代知觉哲学和当代知觉哲学中的阐述。

首先,并没有什么固定的显像的定义,形状颜色相对于组织是显像,同时一张脸相对于它和另一张脸的相似之处也是显像,一首乐曲相对于其表达的哀怨的情绪也是显像。其次,实在也不再是一个固定的概念,特别是不特指意识以外的物理实在,毋宁说这里的实在是指相对于显像的有待于发现的东西,知觉的一般对象是日常对象。科勒正确地指出了实际视觉经验必然是处于"组织"中的,内省主义的直接经验在实际视觉经验中没有位置。同样,显像与实在这一对概念的二分也产生于这里存在有待发现的实在,例如相对于布质和花纹,窗帘就是实在,相对于窗帘和窗户来说,风格就是实在。再次,我们并非从显像中推论出实在,实在也并非与显像同类。但是实在显然与显像的呈现相关,在某种意义上依赖于显像,例如我们无法教给一个聋人听音乐的技巧,一个闭上眼睛的人也是无法看到诸种面相的。最后,知觉是更为广大的面相-观看现象中的一个子类,而且知觉与其他面相-观看现象之间没有明显的界限,处于连续性之中。

1. 意向主义解释与析取主义解释之争

维特根斯坦的面相-观看思想的论述表面看起来是清晰的,但是维特根斯坦触及的是传统知觉哲学中的根本问题,其深度不足以仅仅通过表面的论述而得到展现,更由于其表达的晦涩而多变。在当代的维特根斯坦面相-观看思想研究中,学界形成了多种多样的解读。在我们对当代知觉哲学的讨论中,我们讨论过当代知觉哲学中的意向/表征理论和素朴实在论/析取主义之间的争论。而在对维特根斯坦的面相-观看知觉哲学思想的研究中,也形成了分别以这两种思路对维特根斯坦这一思想进行解释的进向。

以安斯康姆和玛丽·麦金为代表的哲学家认为,维特根斯坦的面相-观看思想是某种程度上的意向主义。安斯康姆认为"感官知觉的动词都是意向性的或有一个意向性的方面"①,因为即使是在第一种用法中,我也能够回答"你看到了什么"的问题,而且即使我们没有在物质对象意义上看见知觉对象,也能言说其存在。麦金则认为,"看"的第二种用法是意向性的用法。而以奥斯汀(Austin)和特拉维斯为代表的哲学家认为两种用法都不是意向性用法,麦金认为,奥斯汀和特拉维斯的想法与一种特定知觉理论的概念相关。

这一知觉概念认为我直接觉知到的视觉经验的直接内容,从来也不是一个物质对象,而是独立于任何相关的所见的物质的对象的存在与否的东西。(This conception of perception holds that the immediate content of visual experience, what I am immediately aware of, is never a materi-

---

① E. Anscombe, *Collected Philosophical Papers. vol. 2: Metaphysics and the Philosophy of Mind*, Blackwell,1981,p. 11.

al object, but is something such that it exists independently of whether there is any material object of the relevant kind there to be seen.)①

这种知觉理论造成了我们无法区分知觉(物质性用法)、幻觉和错觉(意向性用法)。麦金认为正是这一理论使得奥斯汀和特拉维斯拒绝了"看"的意向性用法,使得特拉维斯将知觉视为成就词(success word),将错觉和幻觉的表达式视为错误的表达式。但是麦金认为奥斯汀与特拉维斯只关注"看"的第一种用法,而忽视了第二种用法,事实上第二种用法是依赖于物质性用法的次级用法(secondary use)。但即使是这样,也造成了意向性用法和意向对象的本体论问题,使得我们设想一种知觉内容的独立存在。

麦金对这里的处理方式是指出语言表达意义上的"看"不能等同于"看似",因为这里并没有指称任何知觉经验,而且它并不意味着我们要因此而推论出某种东西的存在,因为这里看出某种相似,不同于看出某根在水中变弯的筷子。这也并不使得我所看见的为假,我看见某物的标准是我的表达,真实的描述自身就是所见的标准。在鸭兔图中,面相的改变并不意味着存在对应于改变的内容,改变是出自我的表达。麦金认为"看"的第二种用法不是做出某种知觉报道,也不是知觉的一部分,而是"像是看又不像是看",与"梦见""想象"等类似。我在意向性用法中,其描述并不需要其他人的同意,而是表达自己所受到的影响(how it strikes me)。麦金认为维特根斯坦持有这种看法。

特拉维斯反对麦金的这种批评以及"看"的意向性用法。他认为确实存在"看"的不提及经验的意向性用法,例如"我看出你要小题大做了"(I see

----

① M McGinn,two sense of 'see',Michael Campbell & Michael O'Sullivan,*Wittgenstein and Perception*,Routledge,2015,p. 36.

that you plan to make heavy weather of this）[①]，也存在"看"的表达性用法，但是将两者合在一起却很可疑，遭遇意向性（suffer intentionality）的含义并不清楚。维特根斯坦关注的是一系列知觉和很难归类的现象，他并不关心意向性问题。维特根斯坦引入了弗雷格对于"他看到这朵花有五个花瓣"的分析，这里所谈的不是知觉，因为有五个花瓣这种属性并非我们所见的，而是运用思想能力将花纳入一般性（generality）之下的产物。他因此认为所有的知觉动词中都有这种非知觉的用法，后者是认知的（cognitive），而非知觉的（perceptual）。维特根斯坦关心的即是知觉用法和非知觉用法尚未完全分离的案例。

特拉维斯认为即使在知觉用法中，"看"也不是意向性动词（intentional verb），而是成就词。"看"与"知道"存在交互关系，即使我不知道，也存在看到，我可以将某物视为其他东西，例如将一只动物视为威胁，但是我只能将其视为其所像的东西，而不能将其看作任何东西，我不可能将无物（nothing）看作有物。特拉维斯认为维特根斯坦引入看的两种用法的一个用意在于说明我们在这里"应该说什么"（what one should say）。特拉维斯认为，知觉中给出的感觉材料总是贫乏的、易逝的和模糊的，主体的知觉能力（capacity）和补足（uptake）总是必需的，[②]我们无法同时看到鸭子的面相和兔子的面相，光线和距离的远近也会使得知觉变得困难。即使是在最明显的知觉把握的例子中，思想也起到了作用，例如如果我不能回答我是否看见了这个对象，那么就不能将它视为一种知觉的实现；我不能回答鸭子的面相还是兔子的面相就不能确定我看到的究竟是哪个面相。一种描述并不代表着成功的知

---

① C Travis, suffering intentionality?, Michael Campbell & Michael O'Sullivan, *Wittgenstein and Perception*, Routledge, 2015, p. 45.

② See C Travis, suffering intentionality?, Michael Campbell & Michael O'Sullivan, *Wittgenstein and Perception*, Routledge, 2015, p. 51.

觉,而且知觉是可以独立于描述的,所以在"看"的第一种用法中是没有意向性的。

特拉维斯试图重新定义被当代哲学歪曲的"知觉"的含义,他引入了弗雷格关于思想和观念(vorstellungen)的区别,后者只有关涉到前者的时候才值得考察,他认为当代心灵哲学应当在摆脱后者的情况下工作。而在知觉中,被知觉对象的现实存在和我的回应才是本质性的。特拉维斯认为维特根斯坦即是在说明内在图像(inner image)在知觉中的非本质地位,内在图像至多起到草图的作用,因为鸭兔图中的知觉对象没有改变,改变的不是"组织",而是我的回应。这里的变化是"灵魂"(soul)的变化,它只能在思想而非观念中进行。不仅仅在"看作"中,而且在"看"中,思想都是必需的。在这一点上,特拉维斯认为自己和维特根斯坦有所不同,他认为两种"看"的区分并不重要,心理学家可以描画第二种"看"的不同特征。同时这些特征来自思想的补足和回应的变化,而非经验的变化,例如我们看到两张脸之间的相似性,描画相似性的方式是将它们放入到某种一般性中来,而这恰恰是思想的工作。对于经验的意义,特拉维斯认为,看到对象的表征不一定是内在的,而是有多种实现形式,一种仅仅对我呈现的表征是不必要的,给出正确的表征也是纠正错觉的方式之一。

特拉维斯认为维特根斯坦的想法不同于安斯康姆的意向性思想。安斯康姆举出光线射出的时候如同射线一样,但实际上没有射线存在的例子说明意向性的存在,但特拉维斯认为幻觉的例子是无穷无尽的,幻觉不等于知觉,只有值得注意的幻觉才值得被人们所提起。我看到一块脏布,可能是布脏了,也可能是我眼睛脏了,但脏(blurred)在这里是一个形容词或副词,是可以通过多种方式得到的(例如通过透镜看),所以我在这里没有见到我所没有见到的事物。即使是在类似的电子游戏中,我能够言说不存在的事物,但是这也并不意味着意向性,而只是一种对正常用法的模拟。

特拉维斯在这里还引入了汤姆逊·克拉克（Thompson Clarke）提出的"看"是一个组合（unit）的概念，①对它的理解在每一种情况下都不同，这里的问题在于我们的所问是什么。一般来说，我们看到无穷的雪花不是因为存在无穷的雪花作为意向对象，而是因为在这里，我们用无穷来与有限的雪花相对照。谈论独立于境况的思想的补足是无意义的。特拉维斯认为麦金的错误在于违背了析取主义的观点，更重要的是意向性用法违背了弗雷格提出的历史的（historical）和概念的之间的区分。后者是一般性的和可能性的领域，其真值不能得到保证，概念领域不是知觉的对象，不能被"看见"，而知觉是提供亲知的有真假的领域，知觉并不处理一般性。

这里，我们看出，安斯康姆、麦金和特拉维斯的争执要点在于"看"的两种用法的类型，麦金认为第一种用法是物质性用法，第二种用法是意向性用法，而特拉维斯认为"看"的两种用法都是成就词。一种纯粹的意向性用法会为我们将第一种"看"视为意向性用法和将维特根斯坦视为表征主义者打开大门，挑选出经验的意向性特征就会使得"我看到 X"始终为真。因为我们物质性地看到一个对象，也即意向性地看到一个对象。所以第一种用法和第二种用法没有区别，都是意向性用法。物质性用法只是知觉、错觉和幻觉中的一种而已，这完全就是表征主义，安斯康姆不可能避免这种可能性。

麦金在这里处理的方式是将意向性用法视为一种语言用法，即给出一个描述即是给出一种意向性，这样我们就不必在物质性用法中设想我们总是非直接地知觉到某个对象，这优于"看似"用法，因为后者不适用于不可公共观察的"对象"，不能用于"看"的第二种用法。特拉维斯认为即使存在"看"的意向性用法，维特根斯坦也不会认为它是知觉的。面相-观看中可能包含

①　C Travis, suffering intentionality?, Michael Campbell & Michael O'Sullivan, *Wittgenstein and Perception*, Routledge, 2015, p. 60.

知觉,但是知觉必然不是意向性的,而是反映在知觉者反应之中的成就词;另一种可能性是它包含思想,而思想使得感官感觉成为认知,而不是知觉。

我们可以将这两种对维特根斯坦面相-观看论述的解释称为意向主义解释和析取主义解释。老一派的维特根斯坦研究者倾向于用语言能力来说明心灵能力,或取代传统心灵概念,因而会倾向于采取意向主义解释。而新派维特根斯坦研究者赞成语言的重要性,但倾向于将语言视为人类多种反应行为中的一种,从而更强调高阶概念能力的运用使得知觉不同于错觉、幻觉。在特拉维斯这里,高阶概念能力的知觉层面运用实际上是一种认知,而非知觉,这正如麦克道威尔认为知觉实际上是主动的概念能力的被动运用。在这里,以麦金为代表的意向主义解释实际上是老一派维特根斯坦研究的特质的当代版本。意向主义必然涉及意向内容即知觉内容的问题,知觉内容是意向/表征理论的核心假设。麦金区分物质性的首要用法和次级用法,小心限制知觉内容的范围,将其限制于"看"的第二种用法,并视为语言意向性的内容,这看上去走的是析取主义的进路。但是即使是这样,知觉内容依然是无法解释的,因为语言意向性使得两种用法在意向性层面上区别不大,首要用法的意义无法体现出来。

事实上麦金也陷入了她所反对的理论模型,只不过中介变成了"语言"。特拉维斯则试图说明"看"的两种用法区分的意义不如知觉和认知区分的意义更重要:前者不是知觉,而是始终有思想能力的行使。特拉维斯拒绝了知觉意向性和知觉内容的可能性,将"看"的用法中的现象纳入认知中来。但是特拉维斯太过于严格地区分了知觉和认知,实际上如我们上文中所分析的,维特根斯坦并没有严格地说"看"的两种用法是否是知觉。实际上知觉和非知觉的关系是连续的而非断裂的,这才是"看"的第二种用法"像是看又不像是看"的含义所在。特拉维斯严格区分两者的后果是使得知觉更像是动物性的刺激反应,而非知觉则更像是高阶的概念思维。但是即使如此,特拉维斯仍将知觉视为有真有假的东西,也并没有完全拒斥知觉内容。实际上维特根斯坦所指出的两种用法的对照是我们上文中所说的相对而又连续的。意向主义和析取主义解释都用太过简单的理论模型来理解维特根斯坦的面相-观看思想,前者无法合理地解释意向性和知觉内容问题,后者则在拒斥意向性的同时,造成了知觉概念的断裂。对于双方来说,知觉内容都是一个需要解释的问题。

2. 穆尔哈尔的海德格尔主义解释及巴茨的批评

穆尔哈尔的《论在世:维特根斯坦与海德格尔论看见面相》将维特根斯坦的"持续的面相知觉"与海德格尔的《存在与时间》(Being and time)联系起来。穆尔哈尔认为,维特根斯坦在面相-观看中的真正兴趣并不是在于"面相的出现"(the dawning of an aspect),而是在于我们与世界之间的典型交互关系,即"持续地看见面相"。他认为后者:

> 强调了一系列必须在除了这特定的一个以外的上下文中显现自身的关系。这一结论来自于任何面相出现的特定经验,在使得我们觉知到我们可以将一个实体看作一种新的对象类型这一事实中,因此强调了我们已经将其当做一种特定对象的事实。①

在穆尔哈尔看来,这一观点即是维特根斯坦在"看作"讨论中所蕴含着的,这一观点指的是我们在知觉事物及其意义时,"直接的"和"不迟疑的"(lack of hesitance)将这些事物及其意义"视为理所当然"(take for granted)。我们并非"知道"这些事物及其意义,我们并不怀疑它们,并不把它们视为诸

----

① S. Mulhall, *On Being in the World*: *Wittgenstein and Heidegger on Seeing Aspects*, Routledge, 1990, p.136.

多可能解释中的一个。与之相对,"面相的出现"只是"一个人与图像的一般关系为持续的面相观看的一个标准的显现",只有依赖于"持续地面相观看"的背景,我们才能解释它为具有"内在的矛盾性"的"面相的出现"的经验。例如,我们在观看梵蒂冈博物馆里墙上的一幅壁画——拉斐尔的《雅典学院》时,一开始我看到的只是人群中的一张人脸,突然我认出他是苏格拉底,我们可以将这一经验表达为"我现在将他看成苏格拉底"或者"现在他看起来是苏格拉底"。对于穆尔哈尔来说,一块物理的墨迹或者一张普通人脸可以被视为苏格拉底的脸,这说明了我们已经将图画的概念应用于经验之上了。穆尔哈尔认为这一事实说明了世界与我们经验之间的普遍性的关系,我们应当将"持续地面相观看"概念延伸出我们的日常使用,这是因为我们的日常知觉能力即是把事物"视为理所当然",面相概念即是我们将事物看成理所当然的概念。穆尔哈尔这里所反对的知觉哲学观点即我们并没有知觉到对象,而是只知觉到感觉-材料,我们只是将感觉-材料"看作"知觉对象。事实上我们看到的总是某种面相,因为只有面相才能看作其他面相。穆尔哈尔以此批评戴维森(Donald Davidson)的解释理论,认为戴维森也陷入了一种塞拉斯所说的"所予的神话"(the myth of the Given)[1]。

　　穆尔哈尔认为《哲学研究》第二部分第 11 节与《哲学研究》第一部分中关于遵守规则(rule following)的讨论有相同的对话结构,例如对应于《哲学研究》第一部分 201 节的是第二部分的第 113 节。

　　　　我们刚才的悖论是这样的:一条规则不能确定任何行动方式,因为我们可以使任何一种行动方式和这条规则相符合。刚才的回答是:要

---

① 　S. Mulhall, *On Being in the World：Wittgenstein and Heidegger on Seeing Aspects*, Routledge, 1990, p. 96.

是可以使任何行动和规则相符合,那么也就可以使它和规则相矛盾。于是无所谓符合也无所谓矛盾。

我们依照这条思路提出一个接一个解释,这就已经表明这里的理解有误;就仿佛每一个解释让我们至少满意了一会儿,可不久我们又想到了它后面跟着的另一个解释。我们由此表明的是,对规则的掌握不尽是(对规则的)解说;这种掌握从一例又一例的应用表现在我们称之为"遵守规则"和"违反规则"的情况中。

于是人们想说:每一个遵照规则的行动都是一种解说。但"解说"所称的却应该是:用规则的一种表达式来替换另一种表达式。①

这里和第二部分中"我沉思一张脸……"的面相"闪现"的部分表达是类似的,即都是在讨论一种生活中的悖论性现象:规则无法决定我们该如何行动就如同我们所看见的面相既改变了又没有改变。但是实际上只有将知觉的解释理论作为模型,区分所予和意义赋予的二元论的人才会出现这些悖论。在解释理论视角下,面相-观看的问题由于组织的引入而变得更像是理论的空转,内在图画与外部图画的类比失效了,内在的视觉图画不能起到为面相改变负责的作用。维特根斯坦反对解释在面相转变中的作用。穆尔哈尔认为维特根斯坦试图通过对日常生活中的语词用法的综观表现(perspicuous representation)来化解这些悖论图像。"持续地面相观看"与"完全的面相盲人"(total aspect – blindness)是相对立的,处于两者之间的是"面相的闪现"。

虽然"持续地面相观看"在维特根斯坦的讨论中只出现了两次,频率远远低于"面相的闪现"和"面相的改变",但穆尔哈尔仍然坚持认为后两者是

---

① Ludwig Wittgenstein,*Philosophical investigations*, G. M. Anscombe, P. M. S. Hacker and J. Schulte,Trs, Wiley – Blackwell,2009,p. 87e.

辅助性的,维特根斯坦的目的在于说明我们与世界的本质关系是前者——面相的改变总以我们将其视为某种特定对象这一事实为前提。他因此用海德格尔的亲在(Dasein)思想和"在世界之中"(Being in the world)思想来说明维特根斯坦的"持续地面相观看"是为了阐述人栖居于世界之中的本性,而解释理论陷入了否认人栖居于世界的"完全的面相盲人"困境之中。穆尔哈尔认为,我们将鸭兔图中的鸭图看成兔图并不是一个视觉现象,而是我们将其当作一幅兔图,它让我们想起了我们最喜爱的兔子,我们发现这幅兔图的眼睛太小而且分得太开,或者我们发现自己很喜欢这幅画。穆尔哈尔提出的实际上是一种卡维尔式的观点,我们的面相-观看经验实际上是我们与世界的亲密或附属关系。这不同于我们仅仅"知道"鸭兔图可以看成鸭图或兔图,后者看到的与我们不同,后者没有持续的面相知觉,是不栖居于世界之中的"面相盲人"。

因而,穆尔哈尔如同海德格尔一样,将知觉的知识论和现象学问题还原为存在于世界之中的现象学。以"持续地面相观看"为代表的人类知觉不再是基于形状和颜色的假设,而是一种朝向世界中物体的观点。穆尔哈尔认为维特根斯坦将知觉的内部标准转化为外部标准,将我们毫不迟疑地视为理所当然的隶属"行为的精微层次"(fine shades of behaviour)的语言反应作为知觉的标准。这和海德格尔所说的"上手状态"(zuhandenheit)①是一致的。穆尔哈尔认为,海德格尔对亲在的在世状况的描述即是揭示了亲在在世界之中知觉的模式,这既不是一种表征,也不是一种心智活动(mental act)。他又引入赖尔关于"知道如何"和"知道如何做"的区分,认为知觉中的理解与后者更为接近。区别在于,海德格尔试图指出知觉经验的先验条

①　S. Mulhall, *On Being in the World*: *Wittgenstein and Heidegger on Seeing Aspects*, Routledge, 1990, pp. 73 – 74.

件,而维特根斯坦试图指出面相-观看的非知识论的可能性条件。因此,"看作"不是一种知觉,而是我们将对象当作某物的表达和某种技术的应用,即使它们是以经验的形式得以表达的。以上即是穆尔哈尔有代表性的海德格尔主义解释。

巴茨认为穆尔哈尔没有正确地使用维特根斯坦关于两种"看"的用法和与之对应的两种视觉对象的区分。穆尔哈尔只关注我们通常所见的和注意到的面相,没有关注面相知觉的主体间性方面,例如对于我们的面相表达所面对的人、选择表达的理由、对方回应是否合理等等,并没有一个应有的角色。巴茨梳理维特根斯坦所采用的表达后,认为后者是更重要的。

我们如何称呼……? 我们告诉……? 什么使得你想要说……? 说……会是正确的吗? 我们如何理解说……的某人? 请读者说,并因此发现他或她想要称某物为什么,他或她在特定情况下会选择什么词或词组? 并且让读者反思他或她的选择同时试图理解它——这是维特根斯坦主义准则的阐述。①

巴茨认为穆尔哈尔坚持所有的知觉中都包含"看作"是错误的,因为我不能将鸭兔图同时看成鸭图和兔图。如果我说"我将它看成鸭图和兔图",这是不能得到理解的。因为我将某物看作某物,事实上是在说"我在试图将它看成一个……"(I am trying to see it as a …)与"我仍然不能将它看成一个……"(I still can't see it as a …)②,维特根斯坦在这里并不是在说我们与

① A. Baz,*On Learning from Wittgenstein*,*or What Does It Take to See the Grammar of Seeing Aspects*?,*William Day* &*Victor J. Krebs*,*Seeing Wittgenstein Anew*,Cambridge University Press,2010,p. 234.

② A. Baz, What's the Point of Seeing Aspects?, *Philosophical Investigations*,2000(23),pp. 120 – 121.

世界的关系是面相-观看,而是在说我们总是能够看到超出所是的东西。巴茨认为我们实际上看不到面相,而只是看到日常物体,是语言的作用使得我们能够说我们看到了面相。因此我们说"将鸭图看成鸭图"是无意义的,但是我们可以说将鸭图看成兔图。语言表达的无意义使得持续地面相-观看变得在语法上不可能。面相是仅仅出现而不能保持的东西,面相只延续到我以特定的方式观察对象的时刻。面相是短暂的、易逝的。同时,巴茨认为,面相-观看不能还原为我们对待和看待事物的方式,面相-观看超越了我们对待和看待事物的方式。维特根斯坦在第163节中的讨论说明了这一点,我们看到某个面相是不需要进一步说明的,只能在我们"行为的精细层次"中体现出来,例如我可以回答"我看到了……"巴茨认为我们对待和看待事物的方式不是一种有始有终并可以被指出的状态,而是一种朝向世界的态度,维特根斯坦反对将面相-观看视为某种态度,"看"不同于"对待"和"看待",而是一种状态。面相-观看如果是一种知觉,那么它就必然是一种"看"的状态。

巴茨还指出,在《心理学哲学评论》第一部分的第961节中,维特根斯坦提道:

看起来像一个人将一个概念带入到他的所见之中,这个人现在带着这个概念一起看事物,它自身看起来是不可见的,但它将秩序之网传递给对象。①

由于我们将概念纳入所见中来,我们就依赖着这一不在场的事物同时

---

① Ludwig Wittgenstein, *The collected works of Ludwig Wittgenstein*, Blackwell Publishing, 1998, p. 1191.

看到了不在场的事物与在场的事物。因此面相-知觉中存在一定程度的主动性,不可能持续地维持,这就是维特根斯坦将面相-知觉与想象进行类比的原因,这里一半是视觉经验,一半是思想。我们不能将鸭图看作鸭图,而只能将鸭图看作兔图。巴茨认为,穆尔哈尔的海德格尔主义解释使得面相知觉成了熟悉和自动接触对象的方式,而实际上,面相知觉总是隶属于超出我们明显知觉的语言游戏,我们看到的总是不在那里的东西。因此巴茨认为自己与穆尔哈尔对于面相出现的看法完全相反,穆尔哈尔认为面相的出现显示出我们与世界的基本关系是亲密的和确定无疑的,而巴茨则认为我们与世界的基本关系一直处于失掉世界的危机之中(continually in danger of losing our world)。我们需要持续地恢复与世界之间的亲密关系,而不能将我们与世界的关系视为理所当然。这种持续性的危险是在说,如果我们屈从于习惯性的和约定的对待和看待事物的方式,我们将会失去知觉它们的能力。

我们可以很容易看出穆尔哈尔和巴茨的争论虽然是在一个存在论或者本体论的意义上进行的,但是这和麦金与特拉维斯关于"看"的意向性用法的语言哲学讨论是非常类似的,它们都可以看作知觉哲学中意向主义与析取主义之争的某种变种。这两种对维特根斯坦不同解释的部分原因显然是他表述的复杂性和晦涩性。但是不可否认的是,维特根斯坦的讨论存在这两种解释的张力。一方面,维特根斯坦可以看作一个概念论者或海德格尔主义者,他强调知觉的概念性或我们生存在世的在先性,反对感觉-材料理论和所予的神话。另一方面,维特根斯坦也可以看作是一个外在论者,他强调语言、习俗、训练、语言游戏和生活形式对于知觉的奠基作用。这种双重张力给出了解释的空间。也就是说,这里涉及的是构成知觉的部分因素逻辑上"在先"还是"在外"之争。在拒斥了以笛卡尔的二元论为代表的近代机械论的知觉模型之后,我们或者坚持内在论,并预设着继承自天赋观念的多种变种,或者走向倾向主义的当代版本析取主义。以上只是一种粗略的描画,但是问题在于,维特根斯坦知觉思想是否属于这两种倾向中的一种或两种皆有?这里是否会有冲突?我们看到麦金与特拉维斯、穆尔哈尔与巴茨的争论都体现了这种可能性。与此相对应的,知觉究竟是一种状态,还是某种成就?我们在上文中对维特根斯坦的面相-观看知觉哲学思想的总结中,已经从科勒的格式塔心理学的批评角度指出,以组织为代表的"看"的第二种用法是类似"疼"的表达性用法,具有内涵性的内容,该如何理解这种内涵性,也就是说,它是麦克道威尔主义的"第二自然"(the second nature),还是海德格尔主义在世中的领会(理解),或者是弗雷格主义的需要知觉对象补足的思想?这个问题我们将在下一章中进行阐述。我们将阐述,这几种想法都是有失偏颇的,维特根斯坦选择的是以一种行动为中心的方案。

　　这里涉及的另一个问题是面相知觉是否等同于知觉,是否存在面相知觉之外的知觉类型。按照传统的想法,维特根斯坦在这里的回答是"否",因为我们始终在以日常知觉作为某种标准来使用着,作为标准的东西无法像作为被测量的东西那样受到怀疑。但是这里似乎又引入了穆尔哈尔和巴茨的争论,在巴茨看来,我们应当区分普通知觉和面相知觉,后者只存在于人类语言性的回应中,也就是说,类似于析取主义,我们以一种有意识的回应的状态来进行的行为才是面相知觉,而对除此以外的普通物体的觉知不是面相知觉。巴茨曾经引入梅洛·庞蒂的观点,认为在鸭兔图中首先存在一个看到既非鸭图也非兔图的阶段,并非我们直接将其看作鸭图或兔图。巴茨提出了一个重要的问题,如果我们看到周边物体时没有意识,无动于衷,是否可以看作面相知觉?这里巴茨的看法非常不同于学界对维特根斯坦的主流解释,但是他相当于承认缺乏意识的没有高阶心智能力的生物就没有面相知觉。但是非面相知觉的知觉是什么样的?非面相知觉是如何转变为面相知觉的?巴茨并没有给出明确的答案。也许知觉是一系列处于家族相似中的现象,而面相知觉是一种有启发性的考察知觉的角度,并不是给出了某种知觉的定义。这一批评也适用于意向主义和析取主义之争。但是这样就等于把问题留在了元哲学的层面,问题仍然没有解决。一种生成论的知觉哲学会给予我们新的视野,生成论能够缓解意向主义与析取主义关于内容问题的争执。

第二节　维特根斯坦《论颜色》中的知觉哲学思想

以上我们讨论了维特根斯坦的面相-观看知觉哲学思想和当前学界对这一思想的基本争论。可以看出,传统的面相-观看知觉哲学思想研究侧重于以第一性质作为媒介的面相,无论是看出"组织"变化的鸭兔图,还是看出形状变化的尼克尔方块,第二性质(颜色、声音、气味等)一般不被看作面相知觉性质的媒介类型。但是在维特根斯坦的《论颜色》(*Remarks on colour*)手稿中,这一固有的印象却值得怀疑。维特根斯坦在前期和中期没有给颜色知觉问题一个特殊的位置,而是将其视为知觉研究的一般性案例,例如在中期思想中,维特根斯坦虽然发现了《逻辑哲学论》系统中的颜色不兼容问题和概念的逻辑,发展了作为颜色语法的八面体颜色空间(colour octahedron space),但是颜色语法和物理空间语法在范畴类型上并没有二致,颜色空间就如同数学空间,"我们有一个颜色系统如同我们有一个数字系统"(We have a colour system as we have a number system)[1]。以颜色为代表的第二性质知觉虽然不能被还原为第一性质知觉,但是没有特殊的问题需要考察,因为它们都被看作一种类-数学性质(quasi-mathe matical),而数学的终点即是

---

[1]　Ludwig Wittgenstein, *The collected works of Ludwig Wittgenstein*, Blackwell Publishing, 1998, p. 1252.

逻辑。

在《论颜色》中,维特根斯坦发现了颜色语法不同于类-数学性质的特质,即"我们反思颜色的本质(那些歌德想要在他的颜色理论中解决的)时所遭遇的困难深嵌在我们颜色的相同性概念的不确定性中"①。"在每一个严肃的哲学问题中,不确定性深达难题之根。我们必须常常准备好去学习全新的东西。"②如果说在面相-观看中,维特根斯坦发现了科勒所说的组织的或形状的不确定性的话,那么面相-观看这一视角也可以用于颜色为代表的第二性质作为媒介的知觉研究中来,从而使得面相知觉成为一种更具普遍性意义的考察知觉的视角。在此之前,我们讨论西方哲学史上颜色知觉问题的历史是有益的。

一、第一/第二性质区分与当代颜色哲学之争

在上文中,我们已经讨论了近代和当代哲学的主要进向,在近代哲学中,机械论的物理学哲学背景使得颜色、气味、声音等被视为物理空间之外存在。空间特性广延、大小、形状、运动、位置等与颜色、声音、味道、气味、冷热等在 17 世纪科学革命的新自然概念背景下分裂为两种不同类型的性质。人类常识中物理对象的概念变成了机械论意义上的因果对象,第二性质由于对这种因果性不起作用被清除出科学的领域,哲学家们认为它们只属于心灵表象的领域,而没有真实的存在。近代知觉科学的进步使得人们认识到人的生理认知机制在沟通第一性质和第二性质中所起到的作用,但是这并没有缓解反而加强了第一/第二性质的区分。这就是查尔莫斯所说的意

---

① Ludwig Wittgenstein, *The collected works of Ludwig Wittgenstein*, Blackwell Publishing, 1998, p. 1461.

② Ibid., p. 1459.

识的困难问题,脑科学的功能性研究无法涵盖表象中的质的问题。

第二性质不可还原为第一性质。在当代哲学中,阿姆斯特朗(David Armstrong)与斯马特(J. J. C. Smart)等为代表的心脑同一论者认为第二性质为代表的心灵现象与脑现象是同一的,因而持取消论(eliminativism),认为第二性质可以还原为第一性质,科学的发展将使第二性质逐渐消亡。但是很显然,这样的预言是武断的,而且即使这一还原能够成功,第一性质与第二性质仍然存在区分。科学家们试图将颜色还原为第一性质,但是无论是古典时期的光的频率、波长还是现代的作用于视锥细胞与视杆细胞的神经刺激和传导,都只能说明第一性质的因果性,而无法抵达第二性质。

(一)标准条件理论与初始主义之争

基于此,当代哲学不再追求将第二性质还原为第一性质的尝试,而是试图承认第二性质的实在。但是哲学家们对以颜色为代表的第二性质的实在地位有不同的看法。从一个粗略的意义上讲,当代颜色哲学都属于颜色客体主义(colour objectivism),即哲学家们都承认颜色是一种独立于心灵的对象特性,这种特性属于物质对象和光源。

但是颜色客体主义有不同的表现形式。一个形式是将颜色看作简单性质(simple qualities),是简单的、不可还原的特性。这种观点有点类似于我们上文中提到的素朴实在论,我们可以称之为"简单观点"或者初始主义(primitivism)。初始主义实际上就是我们前哲学反思观点,我们在日常生活中,并不会常常将颜色的实在性作为一个问题提出来,也并不会将颜色视为一种有待研究的复杂性质。但是我们该如何捍卫这种观点、如何为其提供辩护,是一个问题。另外一种颜色客体主义的观点是标准条件(standard condition)理论,一些哲学家将颜色看作是其本质被隐藏起来,需要经验研究发现的性质。这里最有代表性的方式就是塞拉斯在对"所予的神话"的批判中,将颜色、声音、气味等第二性质放入理由空间(space of reason)的领域加以理解。

对于标准条件理论,最早的支持者是 18 世纪的苏格兰哲学家托马斯·里德,他说:"所有没有被现代哲学教导的人理解的颜色不是心灵的感觉,这种感觉当未被感知的时候不存在;它是一个特性或物体的一种改变,不管是否被看到都保持同样。"①标准条件理论同样也是哲学反思的产物。如果我们不将颜色视为一种第一性质造成的随附性质(supervenience),那么它只能隶属于物理对象的性质,但是物理对象如何拥有第一性质以外的性质? 里德在这里带有一种反直觉的观点,这种观点的令人怀疑之处就在于认为颜色是一种一定程度上不依赖于感知的特性,也就是说,颜色不是倾向主义的倾向或析取主义的关系项,而是具有真正的客观存在。这样一来,标准条件理论只能走向科学实在论。在当代,里德的支持者是颜色物理主义者麦克洛夫林(Brian McLaughlin),麦克洛夫林认同里德的观点——维护一种功能主义的颜色理论。他与塞拉斯相似,认为颜色是一个具有功能角色的特性。例如,红色使得它的承担者在标准情况下被一个正常的视觉接收者看起来红。② 他认为,科学发现可能具有更强的说服力,因为它更能够解释复杂物理特性的功能角色。因而颜色物理主义(color physicalism)更可能是正确的。

初始主义者对于颜色知觉的辩护条件有着不同的观点,初始主义者会认为,理由空间中的解释只是颜色知觉的辩护条件的一个侧面,日常理解中的其他元素稀释了复杂物理特性的必要性,例如显露的原则(doctrine of revelation),初始主义会认为,颜色的内在本性在具有该颜色的东西的标准视觉经验中被完全揭示出来了,而其他的说明都显得多余。这一点解释了颜色初始主义的特征,即必须在我们的感知经验中显示。

---

① T. Reid, *An inquiry into the human mind on the principles of common sense*, Chicago university press, 1970, p. 99.

② See B McLaughlin, the place of colour in nature, Mausfeld&Heyer, *colour perception: mind and the physical world*, 2003, p. 475.

站在标准条件理论的立场,麦克洛夫林认为显露的原则不能教给我们更多关于颜色本性的知识,而且这里有一个错误,即混淆了颜色与它们看起来的样子,因此它更加适用于讨论颜色经验的现象特性,而不是颜色,颜色总是位于理由空间之中。初始主义者对于这种反驳是不会满意的,因为显露的原则是必须坚持的,而且显露的原则也并非仅仅是颜色的感觉显现,我们的视觉经验显示出颜色本性的某些必要元素或者部分本性,哪怕不是全部,例如我们可以在不同的光线下看到同一个颜色,即识别出物体的真实颜色。正如斯特劳森说:"颜色词是这样一类词,其全部的和本质的本性的特性可以并且完全在给予经验具有的质的特性的感觉——质的经验中显示。"①如果仅仅注重颜色的功能特征,很容易错失这一洞见。但是麦克洛夫林也许会认为,颜色经验只在很有限的意义上,即在我们通过行为造成颜色改变的意义上给予我们颜色的知识。

上文中已经提到过,初始主义立场类似于素朴实在论,初始主义把颜色看作是在形而上学意义上固有的、非关系性的、不可还原的质的特性。值得一提的是国际著名的维特根斯坦研究者哈克(P. M. S Hacker)在《显现与实在》(Apperance and reality)这本书中持有的就是这种观点,并且哈克将初始主义在一定程度上归于维特根斯坦。② 如果说维特根斯坦所做的就是恢复日常颜色概念的话,这是有一定道理的。但是维特根斯坦并没有因此而否认颜色的辩护条件。初始主义避免了颜色物理主义中造成的虚构主义(fictionalism)的后果,而它的主要问题在于上文中所提到的不太容易解释科学背景下颜色在理由空间中的位置。造成颜色经验的性质是复杂的,颜色是物理对象的固有特性则是一个太过简单的定义,例如,在固体与液体的例子

---

① G Strawson, Red and 'Red', *Synthese*, 78(2), p. 232.

② See P. M. S. Hacker, *Appearance and Reality – a philosophical investigation into perception and perceptual qualities*, Basil Blackwell, 1987, p. 102.

中,这些颜色特性是功能性的而非显露性的,即某种物理结构是更为本质性的,颜色反而更像是随附性的。初始主义在这一点上只能求助于素朴实在论与析取主义,因为它无法区分知觉、错觉和幻觉,因而在知觉哲学上是无法维持的。

标准条件理论虽然能够解释颜色的物理学性质,却无法解释颜色的规范性特征,而这恰恰是初始主义所能够解释的。标准条件理论的反对者哈丁和科亨都提出我们应该注意具有颜色对象的条件的多样性事实,以及颜色呈现的观察者类别的多样性事实。颜色实在论者必须回答"标准条件"和"观察者"究竟意味着什么的问题,因为这种标准往往是任意的,颜色显现会随着条件变化变得十分不同,即使是在物理条件没有改变的情况下。如果颜色是随附性的,那么,初始主义除非接受一个物体有多种颜色,否则就无法再论证下去。

(二)物理主义与虚构主义

标准条件理论与初始主义所面临的困境使得很多哲学家选择了更为简单直接的进向,即走向物理主义,认为颜色是一种物质或者光的性质,独立于心灵而存在。这种观点的代表人物是拜恩和希尔伯特(David R. Hilbert)。① 物理主义认为颜色表象的同一性是可疑的。颜色是光的一种特性,我们只能够利用光的发射、散射、反射、吸收、传递的程度和物理表面的发射与吸收情况进行研究,我们没有与一个表面颜色相对应的唯一的反射曲线,而是有很多种。两种不同物质的物理特性不同,但是在一定的照明和观察者条件下,颜色显现可能是一样的。因此标准条件理论和初始主义都没什么道理。哈丁认为,即使是在正常的观察者里,也有不同的数据分布。

---

① See Alex Byrne&David Hilbert,*Readings on Color － Vol. 1*,*Massachusetts*,The MIT Press,1997,p. 32.

但是物理主义也不能否认的一点是,颜色具有逻辑空间的特征。例如我们可以以不同的原则将颜色以色度(shade,hue)、饱和度(saturation,chroma)和亮度(lightness)纳入各种颜色空间中,就像我们在上文中提到过的托马斯·扬的三元色颜色空间和赫宁的四元色颜色空间。我们普通正常人就可以在不依赖于物理知识的条件下识别个别颜色在不同颜色空间中的位置,即它与其他颜色的关系。物理主义在这里或者说明这些颜色经验及其相关的方式是错误的,比如它们可能是视觉空间的特征、事物的特征、感觉的特征等,它们不能反映出世界的本相,走向虚构主义;或者说明这些关系在物理意义上是什么。哈丁、拜恩和希尔伯特认为,颜色空间来自视觉机制中的对抗过程(opponent-process)。[1] 视细胞中的两组敏感度相对的过程解释了红、黄、蓝、绿四色的元色位置和混合色的关系。如果我们可以对这些神经刺激如何作用于表象内容提出解释,那么我们就可以以感觉经验的内容来解释颜色之间的相似性以及区别。我们根据视网膜中的长中短波刺激的波长及其组合,可以定义每类颜色经验的量度和它们之间的关系(相似和差别)。物理主义在这里实际上是在求助倾向主义的路径。

当然,我们也可以选择第一种道路,即认为颜色实际上不能反映出世界的本相,走向虚构主义。因为颜色的物理(生理)机制仍然隶属于第一性质的范畴,无法解释第二性质的质的特征,物理主义第二条道路中实际上是引入了倾向主义,而非始终坚持着物理主义。颜色在外部世界中没有存在,或者更精确地说,物理对象不具有我们日常非反思地认为物体具有的颜色。这种理论常常被当作是"错误理论",主要代表人物是博格斯(Boghossian)。[2]

---

[1] See C. L. Hardin, *Color for Philosophers: Unweaving the Rainbow*, Indianapolis, Hackett Publishing Company, 1988, p. 125.

[2] See Alex Byrne&David Hilbert, *Readings on Color – Vol. 1, Massachusetts*, The MIT Press, 1997, pp. 81 – 104.

这种理论的一般想法是对抗颜色的日常概念,即认为它们并不实际存在,物理对象没有颜色,颜色是它们在知觉中显现的特性。这种想法与颜色的初始主义相对立。虽然虚构主义认为对象没有颜色,但是却认为颜色具有因果效力的性质,通过颜色的感知、识别和统一,我们可以构建包含颜色的空间,但是实际上在自然世界中没有颜色,只是对象在经验中被看作是有颜色的。虽然不存在 X,但是我们可以允许合法的关于 X 的词汇,我们给予这些词汇以虚构的意义表达不同的概念,这里包含着理性重构的作用。我们接受这些虚构的特性是由于不同的概念服务于不同的目的,因而我们可以接受颜色具有一个位置,同时拒绝它们的真实存在。物理主义在这里又走向了标准条件理论。

(三)倾向主义和关系主义

在上文中,我们看到物理主义实际上要么走向标准条件理论,要么走向倾向主义。倾向主义起源于洛克的观念论,倾向主义认为颜色是具有倾向性的特性,倾向性是物体倾向于造成某种主观经验的特性。这种想法源自柏拉图和亚里士多德曾经提出过的知觉理论,即颜色知觉中存在知觉者和知觉对象双方的主动性行为。也就是说,无论在标准条件理论、初始主义还是物理主义中,颜色都被当作客观存在的有待被发现的性质,知觉者则是处于一个纯粹观察者的位置。但是在倾向主义视野中,知觉者的主动性对于知觉对象潜能的实现来说是必需的,也就是说,知觉更像是上文中所说的析取主义解释中的一种成就。但是倾向主义的问题在于,一方面它仍然无法解释日常颜色概念的规范性问题,另一方面,赖尔的行为主义倾向概念中所蕴含的循环论证。倾向主义认为,一个对象是红色的,取决于它在标准条件下倾向于看起来是红色的。也就是说,它取决于在标准条件下倾向于倾向于看起来是红色的,所以问题出在倾向性这个概念上。在这里的问题是,我们依然没有区分视觉空间中的特性和被表象对象的特性。

关系主义与倾向主义类似,科亨①认为我们可以将成为某种颜色解释为两个关系项之间的关系,那么,也就没有像绿色、红色、黄色、橙色等的颜色特性,它们只是关系性质:蓝色——知觉者 A 在环境 C 下,红色——知觉者 B 在环境 D 下。颜色在不同条件下对不同的知觉者变化。但是问题在于,我们可以在知觉变体中选择出一个被当作真实地表象了物体颜色的一个吗?(这意味着其他变体是错误地描述了对象的颜色?)正是由于没有任何充分的理由选择任何一个单独的变体,所以科亨认为,最好的方式是将颜色相对主义化。这样,任何一种颜色实在论都不能维持。这里关系主义的问题依然在于,第一性质与第二性质的关系固然是存在的,但是无法直接兑换。

总体上看,当代颜色哲学仍然没有突破近代以来第一性质与第二性质区分的窠臼,无论是初始主义、标准条件理论、物理主义、虚构主义还是倾向主义与关系主义,都无法良好地处理两者之间的关系。

二、维特根斯坦前期的颜色哲学

在以上哲学背景下重新考察维特根斯坦的颜色哲学是有益的。维特根斯坦前期哲学中面临着与传统哲学中第一性质与第二性质区分相类似的处境,然而维特根斯坦给出了非常迥异的画面,这使得他能够走出前期哲学的迷雾,步入后期哲学,走出第一性质与第二性质区分的困境。在前期哲学中,困扰维特根斯坦的不是第一性质与第二性质的区分,而是形状和颜色背后的逻辑形式或数学形式。正是这一罗素都没有触及的出发点,使得维特

---

① J. Cohen, *The Red and The Real: An Essay on Color Ontology*, Oxford University Press, 2009, p. 24.

根斯坦揭示了机械论所造成的第一性质与第二性质区分背后的包装为数学动机的逻辑完整性要求,而后期的维特根斯坦则指出了这一逻辑完整性要求的谬误,说明了经验命题与逻辑命题的真正区分与相互关系并不是恒定不变的,而是始终处于"相同性概念的不确定性"之中。

在《逻辑哲学论》中,颜色首先是以对象的形式引入的。因为形式主要是指可能性,因此这里提到的颜色并非任何具体的颜色,而是"有色性"。也就是说,我们无法想象没有颜色的对象,对象必然具有某种颜色。这是维特根斯坦前期哲学中的逻辑图像论与机械论或物理学世界观的不同之处,因为机械论或物理学世界观中的实在或对象,是无法成为逻辑图像的。我们可以设想用一套命题记号(事实)来描画物理学世界观中的实在,例如,我们设想只有第一性质且没有第二性质的对象,但是无法成功。也就是说,如果对象是没有颜色的,那么它就是不能被逻辑图像所描画的。

> 空间对象必须位于无穷的空间之中。(每一个空间点都是一个主目位置。)
>
> 视野中的一个斑点尽管不一定是红色的,但是它必须具有某种颜色:可以说,有一种颜色空间环绕着它。一个音调必须具有某种音高,一个触觉对象必须具有某种硬度。
>
> 大体说来,对象是没有颜色的。
>
> 空间、时间和颜色(有色性)是对象的诸形式。①

"对象是没有颜色的"的断言似乎减弱了以上论述,但由于在"空间对象必须位于无穷的空间之中"的陈述,世界的实体只能决定一种形式,任何实

---

① [奥]维特根斯坦:《逻辑哲学论》,韩林合译,商务印书馆,2014 年,第 8~10 页。

质性质都必须在命题中表现出来。也就是说,世界是由事实构成的,因此,对象只有在事实(事态)中才能以"某种颜色"被描述,这就是为什么对象是没有颜色的,因为只有在配置中才能显示出某种颜色,这与"空间对象必须位于无穷的空间之中"的要求是一致的。这里涉及的是可能与现实的区分,而非可感与不可感的区分。对象的有色性和空间、时间一样,都是对象的形式,作为形式的颜色的"无"事实上是在说它没有具体的颜色,也就是说,我们不能描画它,因为它还不是任何一种事实(事态)。

之后,在《逻辑哲学论》中,我们还发现有以下维特根斯坦讨论颜色的码段。

一幅图像可以描画其形式为它所具有的任何实际。

空间图像可以描画一切占据空间的东西,有颜色的图像可以描画一切有颜色的东西,等等。①

一个性质是内在的,如果不可设想其对象不具有它。

(这种蓝色和那种蓝色当然处于一种较明亮和较暗淡的内在关系之中。不可设想这两个对象不处于这样的关系之中。)

(这里,"对象"一词的变换不定的用法对应着"性质"和"关系"这些词的变换不定的用法。)②

这里主要说明两个问题,一幅图像只有通过某种共同的形式,才可以描画某种实际。这里所说的意思实际上是与"空间对象必须位于无穷的空间之中"一致,我们如果要描画机械论或物理学中的对象,就无法用逻辑图像

---

① [奥]维特根斯坦:《逻辑哲学论》,韩林合译,商务印书馆,2014年,第13页。
② 同上,第43页。

去完成,我们应事先将逻辑图像中的某些可能性排除出去,正如同我们用空间图像描画空间时,空间所具有的颜色或透明性就不在我们的考察范围之内,就仿佛军用雷达只能探测到物体的形状,而无法反映出它的颜色一样。因为军用雷达并不具备描画颜色图像的形式。这就是科学命题与逻辑命题的区别所在。第一性质与第二性质的区分也产生于此,我们无法描画事先已经排除了的可能性。也就是说,这里实际上是以经验命题的方式表达逻辑命题,一种在逻辑上被排除了的可能性被视为一种经验的不可能性,这就造成了第一性质与第二性质的区分。

而"一个性质是内在的,如果不可设想其对象不具有它"表达的是内在关系的必然性。类似于两种不同色度颜色之间的关系,即不可想象其不具有这种关系,而这种关系是不能表达的,只能通过两个具备这样性质的对象的关系显示出来,即内在关系通过外在关系显示出来。维特根斯坦在这里说明了颜色的逻辑及其形式。在《逻辑哲学论》中,逻辑命题都是重言式(tautology),是不可表达的,因为它不代表任何东西。逻辑命题只能够通过经验命题表现出来,两个颜色之间的逻辑关系只能够通过两个带有该颜色的对象之间的关系表达出来,这就好像说张三身高 1.75 米比李四身高 1.72 米高一样。颜色的逻辑并没有独立的地位,而是与数学逻辑同类,是一种逻辑必然性。

《逻辑哲学论》中的颜色学说最值得关注的是如下论述:

> 比如,两种颜色同时出现于视野中的一个位置,这是不可能的,而且从逻辑上来说是不可能的,因为颜色的逻辑结构就排除了这样的事情。

> 设想一下这种矛盾在物理学中出现的方式。情况大概是这样的:一个粒子不可能在同一时间具有两种速度;这也就是说,它不可能同时

处于两个位置,即同一时间处于不同位置的诸粒子不可能是相同的。

（显然,两个基本命题的逻辑既不能是同语反复式也不能是矛盾式。视野中的一个点在同一时间具有两种不同的颜色,这个断言是一个矛盾式。）①

这段话最早出自 1916 年 8 月的笔记中。命题必须具有真值二极性(bipolarity),它既不能是一个重言式也不能是一个矛盾式。而在视野中的一个点上有不同的颜色是一个矛盾式(contradiction)。维特根斯坦在这里重申了颜色逻辑和数学逻辑的同类性。虽然在第二段中,维特根斯坦采取的是物理学的表述,但是事实上这里所说的同一时间处于不同位置的诸粒子不可能是相同的阐述的即是数学物理学中的基本公理。

维特根斯坦在这里仍然认为《逻辑哲学论》所阐述的逻辑是完整的和无矛盾的,而这里涉及的颜色不兼容性问题(colour incompatibility problem)只是《逻辑哲学论》一般逻辑的一个特例,维特根斯坦相信可以通过对数学公理的分析来说明其逻辑公理的本质。两个颜色不能出现在同一个点上,并不是一个先天综合真理,而是一个逻辑真理,也就是说我们仅仅通过符号就能认识到它,无须任何推理或想象。两个基本命题是互相独立的,它们的逻辑结果不能是矛盾式或重言式(或译为同语反复式,tautology)。视觉空间中的一个点在同一时间具有不同的颜色,是一个矛盾式。因此我们必然可以按照基本命题互相独立的一般规律,通过逻辑分析排除它。方法是,当"A 是红色的"完全分析之后,我们可以从符号上就很清楚地看出来 A 不是蓝色的。在这里引进物理学的例子就是为了说明,例如,我们可以用类似表达速度和位置的数学(几何学或代数学)来帮助我们理解这个道理,如果我们把

① ［奥］维特根斯坦:《逻辑哲学论》,韩林合译,商务印书馆,2014 年,第115 页。

颜色看成颜色几何学中坐标的度数,就能保证基本命题互相独立的逻辑真理了。

然而对维特根斯坦的这种没有进一步分析的处理,大多数维特根斯坦主流研究者,如拉姆塞(Ramsey)、奥斯汀(James Austin)①、皮尔士(David Pears)②、哈克③和雷·蒙克(Ray Monk)④等都表示质疑,"A 是颜色 a"和"A 是颜色 b"两个命题的合取与"A 是红色的"和"A 不是红色的"之间仍然有着本质的不可还原的区别。后者是一个仅仅从形式上就能看出为假的矛盾式,而前者我们必须求助于颜色空间才能得知它们不能同时为真,我们必须知道个体颜色之间是互相不能兼容的,即使它们有相似和混合,但是当它们作为个体颜色被命名时,彼此是不可兼容的。基本命题的独立性假设因此变得无法接受,因为描述性质的许多谓词在最终分析中都很可能依赖于数字或类-数字,而一旦我们为一个位置指定了颜色空间中的一个坐标点,它就排除了其他点。因此,我们无法避免两个矛盾的基本命题的合取出现。

三、维特根斯坦中期颜色学说的转变

1929 年,维特根斯坦结束了乡村小学教员的生涯,重返剑桥。在与拉姆塞的多年通信中,他意识到《逻辑哲学论》体系所面临的诸多问题,其中最重要的就是基本命题互相独立的假设。维特根斯坦在《哲学评论》中的"码尺与命题系统"(Yardstick and System of Propositions)一节中说:"这与我那时候

---

① See James Austin, Wittgenstein's Solutions to the Color Exclusion Problem, *Philosophy and Phenomenological Research*, 1980(41), pp. 143 – 144.

② See David Pears, Incompatibilities of colours, in *logic and language*, *Antony*, *Flew*, Basil Blackwell, 1953, p. 112.

③ See P M S Hacker, *Insight and Illusion*, Oxford University Press, 1986, pp. 108 – 109.

④ See Ray Monk, *Ludwig Wittgenstein: The duty of genius*, Vintage, 1990, p. 454.

相信基本命题必须彼此独立相关：你从一个为真的事态不能推论出另一个不为真。"①例如，一个人6英尺高，他就不是7英尺高。如果基本命题互相独立的假设成立，这一情况就不能得到解释。在《逻辑哲学论》中诉诸的"颜色的逻辑结构"与这种数字互斥情况相同，而与基本命题互相独立的假设相对立。

从1929年开始，经历了短暂的不成功的现象学时期，维特根斯坦逐渐放弃了自己早期的原子主义和外延主义的颜色陈述逻辑结构路径，魏斯曼（Waismann）和摩尔的谈话记录中都体现了这一点。维特根斯坦逐渐放弃了原子主义的（基本命题逻辑上互相独立的）和外延主义的（非基本命题都是对基本命题进行逻辑函项演算的结果）观点。其主要的原因就是这些《逻辑哲学论》中的主要观点无法使得命题语言能够表达例如颜色不兼容性这种逻辑命题。维特根斯坦开始设想颜色命题是由颜色系统中的位置来决定，因此颜色之间的逻辑关系是不能由它们之间的逻辑结构决定，而应该由包含所有颜色在内的整个系统的逻辑结构来决定。一个常用的例子可以用来说明这一点：单身的人可以由未婚的成年人来定义，单身是一个成年人的充分但不必要条件，而成年人是单身的必要但不充分条件，单身是已婚的既不充分也不必要条件，两者逻辑上彼此相连但是互斥，没有一个成年人可以同时是单身的且已婚，但是每个成年人都必须位于其中之一的状态。在《逻辑哲学论》系统中，单身和已婚的这种逻辑关系需要由否定（negation）和蕴含（containment）来表达，单身和已婚都蕴含着成年，而单身则蕴含着对已婚的否定，反之亦然。也就是说，我们需要知道单身、已婚和成年人之间的这种逻辑关系才能够作出断言。维特根斯坦在这里区分了两种不同的逻辑关

---

① See Ludwig Wittgenstein, *The collected works of Ludwig Wittgenstein*, Blackwell Publishing, 1998, p. 247.

系,单身与成年人之间的关系不同于单身和已婚之间的关系,我们不再可能通过分析已婚来分析单身。

为了描述这种系统结构,维特根斯坦提出了"尺度"(scale)①的概念。尺度类似于一把量尺,将一个刻度放置在被测量对象上,相当于把整个尺子放置在被测量对象之上。尺度指的是一个概念系统,属于它的任何对象都位于其外延之下。例如单身和已婚共同构建了描述一个人婚姻状态的系统。这样,任何一个概念或命题都不比其他概念或命题更为基本,它们都位于尺度之中,而不能独立地描画事实,因而它们处于同一个逻辑层面上。我们不再以一一对应的否定或蕴含方式分析单身和已婚,或者颜色的名称(例如红色不包含绿色以及其他颜色),而是用整个彼此互斥的尺度整体来丈量实在。

表面上看起来尺度的引进是对《逻辑哲学论》系统的一个补充,然而当我们考察更为复杂和多样的系统的时候,就能够看出尺度的引进所带来的变化。例如在颜色中,对任何颜色的分析都只能说明它是其自身且只是其自身,并没有排除掉它不是其他颜色,只有将其放在颜色空间中,才能看出它是一个颜色且只是一个颜色,就排除了它是其他颜色。颜色实际上是可确定的(determinable)值。就如同我们用单身和已婚来描述一个人的婚姻状态一样,我们用"红色""蓝色""绿色"等来描述视野中点的颜色,这些值之间是互斥的关系,这一点不是经验真理,而是语法真理。因此我们在说明某个点是何颜色的时候,不需要再说明它不是什么颜色。就如同我说"现在时间是十二点"时,不必同时说"现在是十二点,同时不是十一点,也不是十点"。当我说出视野中某个点的颜色时,描述已经是完全的了,我不再需要

① Ludwig Wittgenstein, *The collected works of Ludwig Wittgenstein*, Blackwell Publishing, 1998, p. 277.

作出进一步地描述。在这里,我们不再需要确定基本命题的真值,而是整个命题系统的真值。

> 我曾经写道:"一个命题像一把尺子一样衡量实在,只有渐变线的末端真的接触所要丈量的对象。"我现在更倾向于说一个命题的系统像一把尺子一样衡量实在。我意味的是这样:当我将一把尺子放置于对象边时,我同时将所有的渐变线放置于它边上。不是个别的渐变线位于它之外,而是整个尺度。①

在颜色问题上,我们不仅仅说一个颜色与其他颜色之间的互斥关系,我们还说出了它在整个系统之中的位置。例如我们说白色是最亮的颜色;有透明的绿色,但是没有透明的白色;没有纯棕色;没有红绿色等。这些命题不同于我们说"我的衣服是粉色的""这个足球是蓝色的"等经验命题。它们表达的是颜色的概念自身和它们的结构。比较两个物体的颜色是一个经验的过程,但是比较两个颜色则是概念的。使得后者为真或假的不是我们所见的现象,而是我们用来描述世界当中颜色概念的语法结构。维特根斯坦认为历史上的科学家和哲学家们对于颜色的研究都犯了混淆经验命题与概念研究或语法命题的错误。我们不能对颜色的概念做经验的考察,也不能从对颜色经验的考察中得出语法结论。形形色色的颜色空间实际上表达的是颜色的语法,类似于数学表达的是我们关于数字的语法,而不是表达任何经验的发现。

我们有一系列不同的谈论颜色概念的方式,例如最常用的三元色红、

---

① Ludwig Wittgenstein, *The collected works of Ludwig Wittgenstein*, Blackwell Publishing, 1998, p. 247.

绿、蓝为端点的 RGB 系统,以及以青色(cyan)、紫红色(magenta)、黄色和黑色构成的 CMYK 系统,色环等。这些系统都是我们为了一定目的而创造的。这些系统都首先假定了一系列元色(primary colours),并以此定义其他颜色。维特根斯坦发现我们在不同意义上讨论元色和混合色,例如,当我们说绿色是元色的时候,可能我们在叙述一项规则,也可能是在叙述一些语言中的事实,我们不将绿色视为黄色和蓝色的混合色,我们会说黄绿色或蓝绿色,而不说黄蓝色。但是如果我们像歌德一样将绿色视为黄色和蓝色的混合色,那么绿色就位于黄色和蓝色之间,或者我们可以称绿色为黄蓝色。但是维特根斯坦指出,这样做我们就混淆了元色和混合色的概念,因为黄色也位于绿色和橙色之间,每一个颜色都位于两个其他颜色之间,它们都可以既是元色也是混合色。我们可以说绿色是由蓝色和黄色颜料混合而来的,但是我们并不因此必须将绿色排除出元色。

一方面,蓝色光和黄色光的混合并不造成绿色光,而是造成白色光,也就是说,光线颜色空间不同于颜料颜色空间,绿色能在前者中保持着元色的地位。在显示屏中,红色、绿色和蓝色是元色。

另一方面,更重要的是,我们在语言表达中并不将绿色视为混合色,我们说"黄绿色"或"蓝绿色",但是我们不说"黄蓝色",后者与"红绿色"一样是不可能颜色。因为在色环上,黄色与蓝色是对抗色,对抗色不可混合而形成混合色,因为两者之间的位置由绿色所占据。即使黄蓝混合能够形成绿色,但是我们并不在这种意义上说"橙黄色""橙红色""紫红色"和"紫蓝色"。这里,我们实际上又混淆了经验命题与逻辑命题,在一些游戏中,两个颜色混合能够因果地得到另一个颜色,并不使得得到的颜色成为混合色,这里元色和混合色的区分完全来自不同游戏中的不同规则,而不取决于任何经验的混合。我们将绿色看成黄蓝色是一条语法规则,而非某种经验的推导。

在黄色不是红色与绿色的混合的意义上,橙色是红色和黄色的混合,虽然在色环上黄色位于红色和绿色之间——如果我设想将蓝绿色与黄绿色混合,我直接看出这不可能发生,一个组成部分将必须被"消灭"。

我必须知道"颜色 A 与 B 的混合"一般意味着什么。如果某人对我说一个色斑的颜色位于紫色和红色中间,我理解这一点并且能想象一个比给出的更红的紫色。但是,"位于这个紫色和一个橙色之间的颜色"呢? 在其中混合颜色位于其他的颜色之间的方式与红色出现在蓝色和黄色之间没有区别——"红色与黄色构成橙色"并不是说组成部分的量。说橙色与紫色包含同样成分的红色是无意义的。——错误的颜色序列和两个平衡的重量的比较。①

我们应当区别位于元色中间的混合色与位于混合色中间元色的含义,即后者是无法通过混合得到元色的,即使我们把颜色都排列成一行,也想象不出该怎么将混合色混合成元色,然而混合色却可以被想象为与元色具有各种各样远近的关系。对于前者,红色是混合色的组成成分,我们可以设想把橙色与紫色混合,得到的结果当然会有红色,但是由于还有其他组成成分存在,这个混合色一定不是位于红色点上的红色。但是这里我们能够因此说它们具有一定量的红色吗? 维特根斯坦认为,一旦有量,就可以涉及量的加法和减法,然而我们无法说一个红色的量的增减。

① Ludwig Wittgenstein, *The collected works of Ludwig Wittgenstein*, Blackwell Publishing, 1998, pp. 117 – 118.

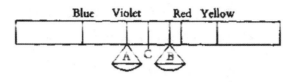

图 11　颜色天平

　　现在相信如果我拥有位于紫色的 A 量度同时移动红黄色的 B 量度到达红黄色的区域,C 移向红色是无意义的。

　　而且关于我放置的量度的重量:当我不是谈论颜料的时候,说"更多的这种红"意味什么吗? 那只能意味着如果我以纯红色理解一定数量的元素,那么数字在一开始就被规定了。但是所有元素的数字只意味着量度处于红色。并且因此相关的数字又一次只是指示一个天平中的点,而不是一个点和一个重量。①

　　天平是一个错误的隐喻,它导致我们以可运算的数量关系理解颜色空间。即使是在混合色中,凡是涉及颜色之间"远近"的关系,也都属于这一类误用。颜色之间的关系是内在关系,不是可计算的外在关系。元色与混合色的区别是逻辑上的区别,混合色之间的深浅关系是内在关系,因为我们不可以设想它们不处于这种关系之中,因为除非出现新的质,否则仅仅靠量的加减,我们无法得到新的质。

　　维特根斯坦对颜色系统性的讨论使得我们认识到,颜色绝非是在初始主义、倾向主义和物理主义中所设想的对象或知觉中的简单性质,或者标准条件理论中的颜色自身。维特根斯坦说:

---

①　Ludwig Wittgenstein, *The collected works of Ludwig Wittgenstein*, Blackwell Publishing, 1998, p. 230.

今天试图将事物看得比它们实际上更为简单的危险度被过度高估了。但是在感觉印象的现象学研究中，这个危险事实上以最高的级别存在着，它们常被视为比它们所是的简单太多。①

对于感觉印象概念的简单设定使得人们认为颜色概念的具体使用只是同一个简单性质不同方式的显现而已。但是我们已经说明了，绿色在不同的语言游戏中既可以是元色，也可以是混合色，而黄色在 RGB 显示屏幕中不是元色，而是由某种亮度的红色与绿色混合而成的。我们不能仅仅由颜色混合的可能而因果地推论出元色和混合色。颜色的逻辑完全取决于具体的使用。在传统颜色概念中，元色和混合色的概念区别是不存在的，个别颜色的概念最终都是通过经验而获得，休谟在《人性论》(*A Treatise Of Human Nature*)第一部分中曾经提出过"失踪的蓝色色度"(the missing shade of blue)的著名论证，并认为存在一种可能，即颜色都是简单的和原子的观念，它们不可进一步分割。虽然如此，颜色之间有相关性。

然而有一个矛盾的现象，可能会说明观念出现于它对应的印象之前不是完全不可能的。设想一个人享有视力三十年，并且对于所有种类的颜色都已经了解的足够多，除了一种特定的蓝色色度，他很不幸地从来没有遇见过它。把所有这个颜色从最深到最浅的不同色度，除了那一个以外都放置于他眼前，很明显他会在所欲求的色度的地方知觉到一片空白。现在我问，从他的想象中，是否可能补足这一缺陷，并且引发特定的色度的观念，虽然从未通过感官传达给他过？我相信即便

---

① Ludwig Wittgenstein, *The collected works of Ludwig Wittgenstein*, Blackwell Publishing, 1998, p. 118.

很少但也会有人会认为他能;这可以作为简单观念并不总是来自于相应印象的一个证据。①

在这个著名的思想实验中,休谟认为这个人可以通过蓝色序列的展示来补足空白,发现失踪的色度。我们在这里用概念与其他概念的关系来确定某一个特定的颜色概念。维特根斯坦与休谟在这里洞见的不同在于,颜色只是看起来是简单的而已,颜色不是不可分析的,因为颜色的可分析性并非是指其空间上的可划分性,而是依赖于它与其他相关颜色之间的关系。简单的颜色不再是简单的,而是具有逻辑上的复杂性和系统性;颜色的混合不等于部分的相加,而是出现了新的质。

尽管在这一时期,维特根斯坦已经认识到了颜色概念的多样性和复杂性,但是他仍然认为颜色之间的逻辑关系可以通过颜色空间来表达。究其原因,这可能是因为他对于颜色的系统性以及其背后的数学类比(更精确地讲,是数字类比,即数字之间的逻辑关联的类比)的坚持。这一点也体现在维特根斯坦对于红色和绿色的不兼容关系、绿色和橙色类型的区别讨论中。维特根斯坦并没有完全放弃《逻辑哲学论》里的系统,中期维特根斯坦的工作主要是为《逻辑哲学论》体系做出补充说明和修正,这就是为什么他严格区分关于颜色的语法命题和经验命题,而淡化颜色游戏的多样性原因,后者只是用来说明前者的案例。

人类很早就发现了颜色概念之间的关系。历史上出现过形形色色的颜色空间,例如牛顿在颜色光学研究中提出的二维色环,颜色之间有明晰的界限,艾宾浩斯(Ebbinghaus)的颜色双锥体(double cone)和孟塞尔(Munsell)

---

① J O Nelson, Hume's Missing Shade of Blue Re‑viewed, *Hume Studies*, 1989(Volume XV), p. 353.

色系等三维颜色空间。这些颜色空间服务于不同的目的,并且彼此之间并非不兼容。维特根斯坦认为霍夫勒(Höfler)提出的八面体(octahedron)颜色空间是颜色的逻辑综观表现(perspicuous representation)。而他对这一颜色空间的改进是将红绿、黄蓝的连线修正为虚线,因为我们的语言中已经排除掉了这种组合。

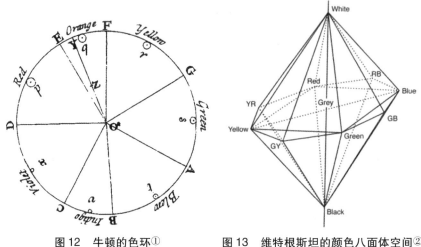

图 12　牛顿的色环①　　　　图 13　维特根斯坦的颜色八面体空间②

　　维特根斯坦认为八面体颜色空间完全表达了颜色的语法。维特根斯坦在 30 年代接受了霍夫勒取自于赫宁的颜色"对抗学说"的八面体颜色空间。在这一学说中,绿色不是混合色,而是元色,黑、白、红、绿、蓝、黄作为元色位于八面体的六个极点上两两"对抗"。维特根斯坦对霍夫勒八面体的修改除了将红绿、黄蓝的实线改成虚线以外,他还将黑白之间的灰色线段拉长,这是为了体现出黑白颜色与彩色处于不同的尺度之中。这就使得灰色不仅成

①　Dennis L. Sepper, *Goethe contra Newton*, Cambridge University Press, 2003, p. 12.

②　Ludwig Wittgenstein, *The collected works of Ludwig Wittgenstein*, Blackwell Publishing, 1998, p. 231.

了黑白的混合色，也成了黑白之间颜色的尺度。同时我们也可以看出，所有的饱和色都可以与白色、灰色与黑色混合。饱和色都位于相反的黑色与白色之间。各个混合色如橙色、紫色、黄绿色和蓝绿色、灰色都是线段而不是点，这就突出了颜色之间的混合关系是质的改变而不是量的加减。我们不可能通过增加红的量而使得一个橙色更红，因为两倍量的同一质的红色仍然是同一质的红色，一个更红的橙色与一个更黄的橙色之间的关系不是数量加减的关系，而是质的逻辑关系。

维特根斯坦在这里针对的是自古以来形形色色的颜色空间设想。人们总是会设想将颜色的逻辑关系与经验可观察的属性在同一个空间中表现出来，通过色环或颜色渐变图等。但是这些考察都没有注意到这些基本概念的区分。比如大多数颜色空间都以均质的方式建立起来，仿佛颜色之间的渐变都按照等量的步骤进行，但是现代视觉科学发现不是如此，有些颜色之间渐变的步骤会更少，而有些会更多。这里并非推崇任何一种渐变排列方式，而是指出，我们以数量计算来作为颜色坐标的确定标准事实上是引入了经验命题作为参照系，而颜色空间是逻辑空间，它不包含一种量的比较。

维特根斯坦的这种想法是与当代自然主义视角下诸多哲学流派相悖的，因为很多哲学家会认为颜色是自然世界中的偶然现象，在其中没有任何必然的规则存在，颜色中的一切都是偶然。正如我们在上文中所讨论的标准条件理论、物理主义和倾向主义等学说中所预设的，颜色是科学发现的领域，在其中没有概念分析的余地，维特根斯坦所提出的颜色空间系统也只是一种可能的系统而已，它达不到它所声称的必然性。

物理主义者杰克逊提出的一个论证很有代表性，杰克逊让我们设想一个叫弗雷德的人能够区分其他人不能区分出的一种颜色色度，对于杰克逊来说，设想这样一种色度在理论上是毫无难度的，因为很可能存在我们没有知觉过的颜色色度。如果这样的色度存在，那么我们的颜色空间总是可能需要修改因而达不到必然性。而如果维特根斯坦所断言的颜色八面体是颜色语法的话,那么颜色空间就是一个闭合的系统,不允许修改。也就是说,问题不在于一个颜色与其他颜色之间是否有相关性,而在于这种相关性是否是可修正的,以及这种修正的方式是怎样的? 在这一问题上,维特根斯坦的中期颜色哲学与自然主义颜色观的大潮出现了尖锐的对立,而这一对立将在他晚年的《论颜色》阶段得以缓解。

四、维特根斯坦的《论颜色》与颜色八面体空间的瓦解

颜色与形状一样,是我们日常知觉中最为有代表性的种类。但是不同于形状,颜色一般被视为第二性质,即只在知觉中出现。哲学家们要么试图将第二性质还原为第一性质,要么走向倾向主义或者标准条件理论。维特根斯坦显然反对以上用科学的方式去理解颜色的尝试,因为科学的方式过于简单地理解颜色,而没有认识到颜色所具备的系统性和逻辑性,颜色所具备的系统性和逻辑性提示其概念性,它不可以被还原为简单的感受性质。我们看到一个颜色,事实上是将其放置在某个颜色系统中才看到它是一个颜色和是什么颜色。

但是维特根斯坦在中期思想中,将颜色系统视为一个如同数学系统一样的封闭系统,是可以在逻辑上通过颜色八面体完全得到描述的。在颜色问题上采取自然主义立场,反对概念分析的哲学家们并不否认颜色之间的逻辑联系,但是他们会主张这种逻辑联系是经验的并可以在后天考察中得到修正。例如我们可以发现不同于人类颜色空间的其他动物颜色空间,没有彩色的黑白颜色空间,只有红绿、黄蓝两组对立颜色中一组的颜色空间,或者比我们的颜色空间更为精细的超常色觉者的颜色空间及色盲者的颜色空间。维特根斯坦中期的颜色八面体空间在这些颜色空间中并没有任何优

势地位,它只是人类这个渺小物种发现的诸多颜色空间中的一种,这些颜色空间的成员、成员之间的关系都是可经验修正(或可证伪)而不是逻辑必然的。例如哈丁曾经认为,传统哲学中在逻辑上不可能的红绿色在一定情况下是可能的,奥斯瓦尔多·达·珀斯(Osvaldo da Pos)①等人认为可能存在透明的白色。这些颜色空间背后所依赖的机制都最终可以通过神经科学和光学的研究得以解答,这使得概念分析成为不必要的。

我们可以看到,中期维特根斯坦的颜色学说将颜色类比数学,关于颜色的命题是逻辑、语法和语言游戏中的必然命题,就如同数学一样。维特根斯坦说:"我们有一个颜色系统如同我们有一个数字系统。"(We have a colour system as we have a number system.)我们是否可以设想不同于我们的数字系统的数字系统?维特根斯坦认为我们的数字系统定义了何为数字系统,因此设想其他的数字系统是不可能的,设想不同于我们的颜色系统的颜色系统也是不可能的。但是,对于歌德的《颜色理论》(*Zur Farbenlehre*)、荣格(Otto Runge)关于颜色透明性的论述和利希滕伯格(Lichtenberg)关于纯粹白色的颜色论述改变了维特根斯坦中期的颜色观。他开始在自己的晚年重新拾起颜色这一哲学话题,写作了最终被编纂为《论颜色》的诸多码段。

(一)歌德的《颜色理论》与荣格的颜色球体

维特根斯坦对歌德思想感兴趣由来已久,他在多处谈到歌德的艺术风格问题。在《文化与价值》(*Culture and Value*)这本小册子中,记录了维特根斯坦在1944年左右的一些哲学思考之外的想法。维特根斯坦将贝多芬、歌德、斯宾格勒与尼采并列,认为在他们那里保存着在西方哲学里已经消失的将文化作为史诗(epic)的发展来经验和描述的问题。但是对于维特根斯坦

---

① See Osvaldo da Pos, Liliana Albertazzi &Valerio Villani,White can be transparent:why Wittgenstein is wrong,*Journal of the International Colour Association*,2014(13),pp.84 –90.

自己来说,他的工作是当他处理完世界中的事情时,世界被当作不再有趣的东西被放到一边(the whole outcome of the entire work is for the world to be set on one side),即指出世界中的任何冲突和紧张都不是奇迹,是可以化解的和消失的。[①] 在另外的地方,他提到歌德轻视科学实验,主张进入不羁的自然并从中学习(exhortation to go out into uncontrolled nature & learn from that),并认为自己的研究也与这种思路有关联。[②]。

对于歌德的颜色理论的评论,虽然只有一些零散的段落,但是可以看出,维特根斯坦对歌德的颜色理论非常了解,而且有一些很有心得的评判。例如:

我相信歌德真正寻求的不是一个生理学的而是一个心理学的颜色理论。[③]

颜色对于哲学思考是一个激励(colours are a stimulus to philosophizing),可能这解释了歌德对于颜色理论的热情。

颜色似乎呈现给我们一个谜,一个激励我们的谜语——不是一个触怒(exasperates)我们的。[④]

除了对于歌德的科学实验与不羁的自然关系的表达外,维特根斯坦在上下文中并没有对这三条段落做出更多解释,这更像是他的个人感悟,但是我们可以通过他40年代诸多文稿的其他段落对于歌德颜色理论的评论猜想

[①] See Ludwig Wittgenstein, *The collected works of Ludwig Wittgenstein*, Blackwell Publishing, 1998, p. 794.

[②] Ibid., p. 799.

[③] Ludwig Wittgenstein, *The collected works of Ludwig Wittgenstein*, Blackwell Publishing, 1998, p. 802.

[④] Ibid., p. 827.

他所说的"颜色"与"哲学思考"之间的交互关系。

在同样作为《论颜色》"前史"文稿的《杂论集》(*Zettle*)、《心理学哲学评论》和《论确定性》(*On Certainty*)等作品中,我们发现以下段落:

"没有红的绿色"类似于我们在数学中当做公理使用的句子。

我们用某些概念进行运算而不是另外一些只说明概念工具的种类如何多(我们假设一致性的理由多么地少)。(页边评论:关于颜色的命题类似数学的命题,比如,绿色比白色更深,歌德的颜色理论相关于这一点。)①

"不要寻求现象背后的东西;它们自身是理论。"(歌德)②

哲学研究:概念研究。关于形而上学的本质的东西:事实与概念的研究的区别并不对它清晰。一个形而上学的问题总是显现为一个事实的,虽然问题是概念的。

然而,一个概念研究做什么呢?它属于人类概念的自然史吗?——当然,我们说自然史描述植物与野兽。但是可能植物没有被完全细节描述,这时人们首次觉察到在它们的结构中的类比,事前从没被看到过的类比?而且因此,他建立起了这些描述的一个新的秩序。他说,比如,"比较这个部分,不是这个,而是相当于那个"(歌德想要做这类的事情)。而且在这样做的时候他并不必然谈论推导,尽管如此,新的排序也可能给出一个科学研究的新方向。他在说"这样看它"——那可能有许多种类的优势和结果。③

---

① Ludwig Wittgenstein, *The collected works of Ludwig Wittgenstein*, Blackwell Publishing, 1998, p. 925.

② Ibid., p. 1184.

③ Ibid., p. 1190.

　　对于答案不允许预测的(问题)有一个"为什么"。那就是万物有灵论的方式,比如许多弗洛伊德的解释,或那些歌德在他的颜色理论中的解释,是这一类的。这个解释给我们一个类比。现在这个解释不再孤立:它与其他的相连,我们感到轻松。①

　　从以上段落中,我们可以看出,歌德对维特根斯坦的启发在于,他发现了一种不同于传统自然科学的"秩序",这种秩序给了我们一种新思考的观点,使得我们以全新的视角来看待问题,例如我们用数学概念做类比来思考颜色的问题,给予了我们一个启发,看出了不同的景貌。而这就是哲学作为概念研究所做的事情,而歌德的颜色理论即是这样一种哲学思考的产物。歌德的自然哲学试图在现象中发现事物的元现象(proto – phenomenon),并以此作为理解该类现象的范本,这是和科学挖掘事物背后机制的进向不同的,因为歌德试图不脱离现象而发现现象的本质,就如同他试图用叶子作为植物的本质一样,歌德试图将植物的一切都理解为叶子的某种形态,就如同他用明暗交际这一"秩序"来理解颜色。歌德自然哲学的这种研究方式给了维特根斯坦很大的影响。维特根斯坦所试图做的也是发现哲学问题中近在眼前的清晰。他试图做在哲学中走的最慢的人,因为走的最慢的人才会发觉到普通的哲学思考容易忽视的一些清晰的事实。这里和歌德不脱离现象发现本质的进向是一致的,科学总是迅速地离开现象而寻求本质,而歌德的自然哲学和维特根斯坦的哲学总是在现象之中驻留。

　　那么为何颜色会促进哲学思考呢? 我们从维特根斯坦引用歌德的"不要寻求现象背后的东西;它们自身是理论"中可以推想,颜色使得我们无法

---

　　① Ludwig Wittgenstein, *The collected works of Ludwig Wittgenstein*, Blackwell Publishing, 1998, pp. 1400 – 1401.

脱离现象而思考其本质。这不同于我们通过各种重力现象发现重力的公式及其本质。一种生理学和物理学的解释总是要回到对现象的解释中来。歌德所要揭示的也是这一概念的基本规定性，歌德研究颜色理论的动力也在于此。哲学受惠于这种疑问，激励着我们寻求一种不同于科学考察的方式，而不是急匆匆地走上某一条特定的研究道路。这也是维特根斯坦对歌德《颜色理论》推崇的原因之一。

简要地回顾一下歌德的颜色理论会对我们《论颜色》的研究有所助益。歌德的《颜色理论》发表于 1810 年，其主要思路来自亚里士多德的《天象学》，亚里士多德认为，颜色产生于日光与云影的混合，当白光穿越介质时，对介质不同的调整会产生不同的颜色。在思想史上，这种想法一直处于统治性的地位，但是笛卡尔以来，颜色越来越朝着被解释为一种主观感觉而非具有客观实在性的进向前进。

1666 年，牛顿发现了颜色的序列，即色谱。我们透过一个三棱镜的折射，可以将七色光组合成白光，反过来，我们也可以将白光分解成波长不同的七色光。这就是牛顿和他的支持者们所赞同的颜色理论，即将颜色还原为光的特性，物理学家通过光的波长组成和物体的反射性来解释颜色。写作《颜色理论》的起源在于歌德对于牛顿颜色理论的不满。牛顿的光学理论认为白色是最复杂的光，因为通过三棱镜实验，可以将白光由于折射率的不同而分解成不同的光。而歌德则认为白色是最简单的颜色，不能再分析。因为按照我们的绘画技术，各种颜色的颜料加在一起，不可能形成白色，白色是最亮的颜色，其他颜色都是加深。歌德同样做了牛顿的三棱镜实验，但是得出的结论是白色光透过三棱镜仍然是白色光，只有在白光的边缘与黑暗的交接处，才会出现颜色的区别。因此，他相信明暗变化这种视觉现象与颜色变化有着内在联系。歌德希望能通过一整套颜色理论对牛顿的波长理论进行驳斥。

　　歌德对牛顿的颜色理论提出批评："颜色理论的发展特别受到并且不可估量地被光学混同阻碍着,光学是一门不仅仅满足于数学的科学,然而在严格的意义上,颜色的科学可能会被完全独立于光学的被研究。"①他认为"颜色是一个本质上适应于视觉感觉的基本现象;像所有其他的一样,一个用分离与相反、混合与联合、加强与中立、交溶与溶解呈现自身的现象"②。歌德认为,颜色的光学研究切断了它与眼睛的联系。颜色是属于眼睛的现象,眼睛看到颜色是由于物体的特性与眼睛之间的某种共同性,颜色视觉基于眼睛的行动和反应,同时,它透过无色的中介引起我们的注意,由于个别成分的不同,我们将颜色区分为生理学颜色、物理学颜色和化学颜色。生理学颜色是容易流逝的,而物理学颜色会持续一段时间,化学颜色是永恒的。这三种颜色的差异可以用一个更加广阔的视野得到消除,即光与光的缺失对于颜色产生的必要性。③

　　对于元色的产生,歌德给出了这样一种解释:"接近光的地方,一个我们称之为黄色的颜色出现;接近黑暗的另一个我们称之为蓝。当它们在最纯粹的状态中以恰好相等相混合,它们制造出第三个称之为绿色的颜色。然而两个最初命名的颜色可以以自身的浓缩或加深制造出一个新的色彩——一个红色的显像,它可以提高到如此高的等级以至于原来的蓝色和黄色很难从中认出来。"④歌德认为,我们可以把红色看成已经在蓝色和黄色中存在的。这样,我们就可以通过三个或六个颜色建立一个色环(colour circle)。因此颜色就出现在半光与半影(half light,half shadow)之间,颜色混合的最终结果

　　① Johann Wolfgang von Goethe, *Theory of Colours*, Translated by Charles Lock Eastlake, R. A., F. R. S, John Murray, 1840, p. 287.

　　② Ibid., p. xl

　　③ See Johann Wolfgang von Goethe, *Theory of Colours*, Translated by Charles Lock Eastlake, R. A., F. R. S, John Murray, 1840, p. xli.

　　④ Johann Wolfgang von Goethe, *Theory of Colours*, Translated by Charles Lock Eastlake, R. A., F. R. S, John Murray, 1840, p. xliii.

不是白色,而是灰色。歌德认为,在这样考察完颜色起源之后,就不再有进一步解释的空间,无论是化学家、数学家还是画家都会对这一解释满意。

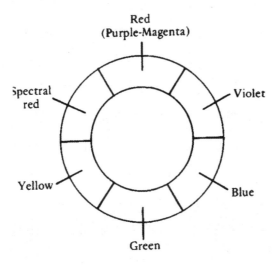

图 14 歌德的色环①

在做出一般性的解读后,歌德分别考察了三种颜色类型。首先是生理学颜色,生理学颜色产生于如上文所述的原理,即明与暗对视网膜的影响产生了颜色,眼睛只有在同时处于不同的甚至相反的状态中时,才能看见有颜色的东西。在这一部分中,最著名的就是歌德对于余像、色影(colour shadows)和晕圈(halo)的研究。歌德认为,余像产生的原因是眼睛看到颜色以后,有色的对象刺激视网膜,使得眼睛产生如同在白色背景下将黑色看成灰色的类似效应,即在眼睛不再看这个颜色的时候,由于视网膜中这种颜色的缺失而产生了明暗的变化,因而看到了这种颜色在色环上的补色(complementary colour)。例如红色的余像是绿色,黄色的余像是蓝色等。

以牛顿为代表的物理学家认为余像是眼睛的错觉或缺陷,但是歌德却

---

① See Dennis L. Sepper, *Goethe contra Newton*, Cambridge University Press, 2003, p. 12.

反而认为这是眼睛和颜色的某种本性,是视觉的法则(the law of vision)。晕圈也与此类似,在黑屋子里看亮光,我们会看到光周边的颜色变化圈,这也是由于视网膜中被光所影响的部分对处于黑暗中的部分的作用,类似于把石头扔进水里产生波纹。物理学颜色是歌德与牛顿争论的核心问题。歌德认为物理学颜色不仅要关注眼睛,还要关注中介的作用,即透明或半透明中介的折射作用。在三棱镜实验中,带颜色的物体被折射,因而改变了位置,在明暗交际的边缘位置产生了颜色。歌德发现经过三棱镜,白色光依然是白色的,只有在白色光与黑暗的交接处才有颜色。因此他认为牛顿的实验结果只是自己实验的一个偶然现象。歌德认为,化学颜色是永恒的颜色。在我们的生活中,化学颜色让我们对它的成分有所掌握,例如黄色意味着酸(acids),而蓝色则意味着碱(alkalis)。① 我们用黄色和白色意味着积极的(active)东西,而深色则是消极(passive)的东西。② 这是与明暗的一般规律相一致的。歌德将这一规律应用到我们日常所遇到的各种事物如太阳、天空、大海、植物的生长规律等,将其颜色作为化学特性表现的性质。最后,歌德总结说,颜色是眼睛、中介和物体特性的关系的一种展现。颜色并非是抽象的,而是在具体的经验中表现自己。

　　以上我们简要地介绍了歌德《颜色理论》的主要观点,我们可以看到,无论是生理学颜色,还是物理学颜色与化学颜色,歌德始终是在现象层面谈论诸种可能性,而不求助于任何背后的东西,如波长、粒子、锥状细胞等。他运用我们生活中的颜色概念来进行解释,并通过一个又一个的例子来证明,而不是求助于普遍化的公式和原理。我们可以清楚地看到歌德的思想方法与维特根斯坦的思想方法之间的类似关系,即把颜色看作在诸多现象中呈现

① See Johann Wolfgang von Goethe, *Theory of Colours*, Translated by Charles Lock Eastlake, R. A., F. R. S, John Murray, 1840, p. 202.

② Ibid., p. 207.

出的概念。在《论颜色》中,我们看到维特根斯坦在颜色研究中继续了这种方法,同时他对歌德形成一个一般性理论的想法并不认同,并认为这依然是一种生理学或心理学的理论。但是维特根斯坦认为歌德确实有重要的需要表达的东西,这种东西将在颜色概念的逻辑中得到真正的澄清。

给维特根斯坦另外启迪的应该是在歌德《颜色理论》中附录中的两封信,即来自荣格和利希滕伯格分别写给歌德的两封信。有学者认为,这两封信真正促使维特根斯坦决定研究颜色问题,在一定意义上比歌德的启发要更为直接和关键。

荣格是德国浪漫派画家,对于颜色问题也有过很多研究,代表作《颜色球体》(Colour Sphere)系统地阐述了以绘画艺术为范本的颜色理论。1806 年7 月 3 日,在写给歌德的信中,他简要地介绍了自己的研究。荣格首先介绍了自己关于将颜色数学化的想法,他的目的在于防止颜色被其他相关科学所占据。他通过对三元色的研究,认为已经可以形成对于颜色世界整体的观点,一个足够包含所有颜色转变和现象的观点。荣格认为,自己在这里研究的是画家眼中的颜色特性。"我的观点将不会与为了在完整性中研究颜色的光学实验的结果相违背,也不会使得它们不必要。"[①]其次,他用 22 个码段来论述理论的基本原理。他引入了三个基本颜色:红、黄、蓝和三个转变色(transition):橙、紫(violet)、绿。同时,他表示蓝橙色、红绿色和黄紫色是不可能的,这种不可能性就如同我们讨论"南西北风"一样不可能。[②] 然后,他引入了颜色混合的规则,即两个纯色可以混合,但是两个中介不可混合,原因是在混合中,第三个颜色也会在混合色中出现,然后变成灰色。在这六个颜色之外,还有黑色和白色,白色使得颜色变淡(fainter),而黑色使得颜色

---

①　我们看到,在《论颜色》中,维特根斯坦几乎原封不动地用同样的句式表达了同样的含义。ROC II 16

②　同上,见 ROC III 94

变脏,黑色加白色变成灰色。黑色和白色的作用在于使得颜色变深或变浅。①

荣格并没有在这里深入地谈颜色空间的形式,我们在他另一部著作《颜色球体》中可以将这种关系以几何图形的方式表现出来。

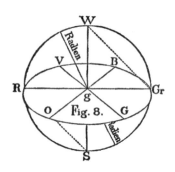

图15 荣格的颜色球体②

在上图③中,我们看到,三个基本颜色和三个混合颜色组成纯色的色环。与歌德将黑白色放在纯色色环的两端不同,荣格将黑色与白色的位置放置于纯色色环之外,与灰色位于同一条直线上,分别位于顶端和末端。很显然荣格所画出的这个球是实心球,因为补色之间仍然可以混合,但是混合的结果是灰色。

荣格还引入了两个重要的概念"透明性"(transparency)和"晦涩性"(opacity)。④ 他提出,例如红色的太阳、红色的织物、红纸等,这些颜色可能在纯度和亮度上一致,但是在透明性和晦涩性上却是不同的。他指出,颜色有透明和不透明两种形式,但白色与黑色必然是晦涩的,例如我们一般不说"白玻璃""白水"(white water),即使说的话也是在表示它们并不纯净。荣

---

① See Rolf G. Kuehni, *Philipp Otto Runge's Color Sphere*, Kapitel Available online: inter – Society Color, Council, 2008, pp. 63 – 67.

② Ibid., p. 67.

③ Ibid., p. 37.

④ Ibid., p. 64.

格认为,晦涩的颜色位于黑色与白色之间,而透明的颜色则位于黑色与白色之外。黑色不同于深色,例如,深色的玻璃可以无穷叠加,使得光几乎不能透过来,但是它依然是透明的,但黑色的煤始终是晦涩的。

光度、深度与透明颜色的关系不同于黑色、白色与晦涩颜色的关系。光度与深度不是一个简单的特性,而是与颜色和清楚度相联。例如琥珀色,它的红色是根据光的量来决定的,光使得不同的颜色显现出来,给予事物以更高的清楚度。也就是说,透明性与晦涩性给予颜色以深度。荣格给予有深度的颜色以更高的评价:"颜色的闪光与彼此嵌入、再生与出现,如同呼吸从永恒到永恒的间歇,从最亮的光到最深的永恒的寂静的音调之中。而晦涩的颜色如同平凡的花朵,并不敢于以天堂来度量自身,但是他们以一边是软弱的白色,另一边是邪恶的黑色的(方式)卷入进来。"①

我们看到,在《论颜色》中,大约三分之一以上的篇幅都瞄准着同一个问题"是否有透明的白色",同样相关的问题是"有没有发光的灰色",这是歌德的颜色理论没有触及的问题。荣格的想法可以说是歌德思想的一个进步,另外的不同在于,荣格以类似数学运算的方式来处理颜色,这是与歌德的心理/生理学颜色理论非常不同的。荣格通过三元色、三混合色加黑白色,经过一系列规则的设定,将整个颜色空间逻辑地表现出来,这是以一个画家的设想来建立的颜色理论,这也很可能促使维特根斯坦对歌德理论进行反思,并以概念或逻辑分析的方法进一步思考颜色问题。因此,我们可以设想维特根斯坦是在阅读了荣格的信件以后才产生了进一步研究这一系列问题的新想法。透明性使得我们意识到事先设定的颜色空间形式的不完整性,因此需要进一步地阐明,这也是维特根斯坦放弃八面体颜色空间的原因之一。

---

① Rolf G. *Kuehni*, *Philipp Otto Runge's Color Sphere*, Kapitel Available online: inter – Society Color Council, 2008, p. 66.

在歌德的《颜色理论》中,作为附录出现的另一封信件是来自利希滕伯格的。物理学家利希滕伯格(Georg – Christof Lichtenberg)的这封信件写于1793 年,利希滕伯格比歌德年长七岁,当时,歌德把自己初步设想的草稿寄给利希滕伯格,希望得到他的支持。可是利希滕伯格是一个比较坚定的牛顿光学支持者,因此他委婉地表示批评。在客套之后,利希滕伯格向歌德推荐了格勒博士(Dr. Gehler)的颜色研究著作,认为书中对于色影有不同于歌德的实验结果,即两个互补的颜色可以同样作为色影出现。而对于歌德的理论,他个人提出的批评是,歌德的理论对于白色的表达是不清晰的,人们常说的白色并不是一个纯的白颜色。

比如,我们平时说的白色的东西放在日光下和不放在日光下,看起来就是不一样的,在日光下更接近白,我们把白色的东西放在不同的环境中,看起来也是不同的。而真正的白是"清澈的日光下,从没有蓝天的反射的高山顶上得来的(雪的颜色)"①。利希滕伯格认为,我们没有意识到我们的颜色判断与视觉感觉混合在一起无法分开了,以至于我们并不真的感知,而是直接下结论。利希滕伯格举例,他的窗外有一座白色的烟囱,两面的受光量不同,因而表现出不同的颜色,但是如果有人被问到这座烟囱是什么颜色时,回答仍然是白色。因此利希滕伯格认为,白色是一种倾向,即一个物体的表面向所有方向反射所有带颜色的光,同时如果那些带颜色的光以恰当的比例、特性与密度落在它上面,它只显现为白色,在其他情况下不是这样。因此白纸在一定的情况下也可能是真的白色。

利希滕伯格所举的例子提醒我们,考察颜色需要考察环境的影响,例如照明、背景等,这些都会影响我们感知颜色。而我们往往忽略了颜色感知与

---

① Joost U. Lee B. B. & Zaidi. Q, Lichtenberg's letter to Goethe on " Farbige Schatten " – Commentary, *Color Research and Application*, 2002, 27(4), pp. 300 – 303.

颜色判断之间的区别,将判断的颜色当成了事物的颜色。这些当然是中肯的批评。但是对于维特根斯坦来说,利希滕伯格所意味的颜色感知实际上是概念所包含的内容,而不是应该求助于观察和实验得到的某种理想化结果。维特根斯坦很可能是将利希滕伯格当作物理学家颜色思考的代表来看待,他对于将一种概念研究当作经验研究的方式一直都持有怀疑甚至否定的态度。因此利希滕伯格的信可以作为促使维特根斯坦澄清颜色研究中的一些普遍误解的缘由之一。

(二)《论颜色》的编纂

维特根斯坦的《论颜色》是他的遗嘱编纂人将他写于 1949—1951 年的手稿中关于颜色问题的讨论摘编出来形成的文本。《论颜色》是维特根斯坦在人生最后十五个月左右撰写手稿的一部分。他的遗稿执行人安斯康姆、里斯(Rush Rhees)和冯·赖特(G. H. Von Wright)认为这些手稿都是关于颜色问题的讨论,因此适合合在一起出版。手稿共分为三个部分:第一部分(共 88 节)来自 MS‒176(Manuscript 手稿编号,下同),第二部分(共 20 节)来自 MS‒172,第三部分(共 350 节)来自 MS‒173。① 在写作时间上,第一部分写于 1951 年 3 月在剑桥期间,而安斯康姆认为,第二部分与第三部分的先后顺序并不确定,原因是只有第三部分的前 130 个码段被标记了时间,写于 1950 年春天维特根斯坦在牛津的时候。1951 年 4 月 29 日,维特根斯坦在比文医生(Dr. Bevan)家中去世,将这部分手稿以及剩余部分(编者认为它们并不直接与颜色问题相关)与后来构成《论确定性》和《心理学哲学的最后著作》第二部分的 MS‒174、MS‒175 与 MS‒177 一同留给了手稿执行人。1977 年,这部书出版了德文版,后来又出版了英文版。②

---

① See Ludwig Wittgenstein, *Remarks on colour*, Blackwell, 1977, p. 1.

② See Andrew Lugg, When and why was Remarks on Colour written – and why is it important to know?, Stefan Riegelnik & Frederik A. Gierlinger, *Wittgenstein on Colour*, Berlin, De Gruyter, 2014, pp. 1‒2.

维特根斯坦为何在 1950 年开始转而研究颜色问题？按照雷·蒙克的说法,①维特根斯坦对颜色问题的兴趣起源于 1949 年 12 月在维也纳度假期间,当时他已经获知自己身患不治之症,但是得到家人很好照顾的他经过休息之后认为自己"我几乎又好的和当初一样了"。他在因为疾病停止哲学工作一段时间之后,重新拿起了歌德的《颜色理论》,早在 1948 年,他就表现出了对于歌德这部颜色著作的兴趣。"颜色激励我们进行哲学思考,可能这解释了歌德对于颜色理论的热情。"他在给学生马尔康姆的信中说:"它的首要的好处,是激励我去思考。"②对这本书的阅读促使维特根斯坦在人生最后一次访问维也纳的这段时光里写下了《论颜色》第二部分的 20 个码段。1950 年 4 月 4 日,维特根斯坦回到冯·赖特在剑桥的家,在那里写下了《论颜色》的第三部分,他认为这部分码段"是一项重复而又费力的尝试,澄清'颜色概念的逻辑',特别是'元色''透明'和'照明'的概念"。

1950 年 4 月 25 日,维特根斯坦来到牛津,住在安斯康姆的家里,在那里度过了整个夏天,继续《论颜色》第三部分的写作。1951 年 1 月,维特根斯坦的病情恶化,不得已住进了比文医生的家,直到去世。2 月底,他得知自己将告不治,并认为自己"我现在要像从未工作过一样工作",在生命的最后两个月,他完成了超过一半的《论确定性》在内的许多码段,其中包括《论颜色》的第一部分(主要从第三部分中选出)。

事实上,《论颜色》的码段是与《论确定性》和《最后的心理学哲学著作》在同一个时期甚至同一个笔记本中写就的。这种出版的分割使得理解维特根斯坦人生最后著作统一性得到削弱。但事实上,维特根斯坦关注的问题是一致的,即逻辑命题和经验命题的关系问题。在这一时期,维特根斯坦逐

---

① See Ray Monk, *Ludwig Wittgenstein: The duty of genius*, Vintage, 990, pp. 922 – 953.

② Ludwig Wittgenstein, *The collected works of Ludwig Wittgenstein*, Blackwell Publishing, 1998, p. 827.

渐摆脱了数学类比所带来的封闭性系统的问题,逐渐走向更加开放的逻辑命题与经验命题的关系。

根据我们在本文导论中的梳理,学界对于《论颜色》的编排问题主要是围绕为何安斯康姆编辑出版这部文稿时没有按照时间顺序从前到后排序出版。但是安斯康姆本人在序言中也没有做出进一步解释,而且她也承认,第一部分是第三部分的一个"选本与修订"(selections and revision)①和一些新内容的加入。

维特根斯坦写作的一般方式是先在一个笔记本中写作,然后在完成一本文稿后在新的本子上写作时,把旧笔记本中的一些码段剪切出来放到新的笔记中。因此我们在维特根斯坦从早年到中年和晚年的笔记中,经常会发现一些段落重复或者改头换面地出现,这就是维特根斯坦在不停地修正自己的笔记,试图以最好的方式将所要表达的含义放置在上下文之中。而在《论颜色》的手稿中,我们也看到一些段落在第三部分和第一部分中都有出现,而且在行文上,第一部分具有更多总结性和结论性的特征,这是与第三部分以疑问和猜想为主的论调相反的。正是因为这一原因,拉格教授(Andrew Lugg)把第一部分作为第三部分之后的建议是合理的。但是安斯康姆的编排法也并非毫无道理,正如阿兰·李(Alan Lee)②指出的,第二部分与第三部分对"透明的白"的讨论有着非常大的区别,第二部分更类似于歌德的想法,而第三部分则摆脱了歌德的影响,展开了与第一部分更为一致的新的思路。如果我们把第二部分编排在最前的话,对于读者来说会在阅读的初期遇到更大的麻烦,即先要面对一些维特根斯坦已经放弃的想法,而不是面对更为成熟的思路。而把第一部分放在开始,则可以让读者直接面对一

---

①　Ludwig Wittgenstein, *Remarks on colour*, edited by Anscombe, Translated by Linda L. McAlister and Margarete Schättle, Blackwell, 1977, p. 1.

②　Alan Lee, Wittgenstein's remarks on colour, *Philosophical Investigations*, 1999(3), pp. 215–239.

些结论性的东西,以一个比较成熟的框架进入文本。

(三)不透明性与颜色空间

维特根斯坦对于"透明的白"的考察在最早写成的第二部开始,时间是1950年1月左右,在维也纳期间。这一时期,维特根斯坦尝试站在歌德颜色理论的立场面对荣格的批评:

> 我们说一个表面的颜色印象,并不意味颜色,而是相当于颜色色度的组成,产生了例如一个棕色表面的印象。
>
> 调入白色从颜色中去除有色性(colouredness);但是调入黄色并不是——这是不能有完全的透明的白的命题的基础吗?①

维特根斯坦首先让我们设想一种用法,想象一种颜色印象,而不是某种颜色,然后让我们设想调入白色的效果。白色去掉各种颜色,这是否就是为何不能有透明的白色的答案呢? 即白色的作用是去掉颜色。如果我们从歌德的颜色理论角度出发,就会设想黑色与白色都不是颜色,而是颜色的两个极端,类似于数学中的零点和无限,在这个区间之内才有颜色。在纯粹的白和纯粹的黑中我们都找不到颜色的显现,因此是否可以从这个角度思考透明性的问题呢? 维特根斯坦马上意识到了这里的危险:

> 但是那是哪种命题呢? 混入白色从颜色中去掉有色性?
>
> 如同我意味的,它不能是一个物理学的命题。
>
> 在这里倾向于相信一种现象学,在科学与逻辑之间的某物,是非常

---

① Ludwig Wittgenstein, *Remarks on colour*, edited by Anscombe, Translated by Linda L. McAlister and Margarete Schättle, Blackwell, 1977, p.15e.

强烈的。①

与 1930 年维特根斯坦现象学时期的颜色研究相反,他首先意识到的是防止这种思想变成现象学。即我们通过观察白色得到白色的某种性质(去掉颜色)。紧接着,维特根斯坦就白色所带来的效果进行了思考。他问:"朦胧(cloudy)的本质特性是什么?"白色为何能够去掉颜色? 这里的回答并非是产生某种现象、某种作用,而是"混入白色擦去浅与深、光与影的区分"。他设想一系列用法,例如我们说黑色的玻璃并不用于将背后的东西看作黑色,就像红色墨镜并不将事物看成红色而是用于减弱光线。② 在相机上我们也从来没有用过纯白色或黑色的镜头。最后,维特根斯坦的结论是:"如果某人没有发现如此,不会是他具有相反的经验,而是相当于我们并不理解他。"也就是说,在这里,不存在不同的经验,只存在用法,即某种不同的规则。我们并非面对某种未知的经验,而是"在这里(比如,当我考察颜色时)仅有一种将概念带入某种次序的类型的无能,我们站在这里如同牛站在新刷了漆的畜栏门口"③。

在第二部分不多的 20 个码段的后半部分,维特根斯坦继续以举例的方式论证透明的白的不可能性。他让我们设想,如果我们在浅蓝或浅红的背景上绘画,出现白色会怎么样? 一般会把它看作是光,而不是背后事物的颜色。我们可以用浅蓝或浅红的光照射这幅画,也许区别在于,在白色的地方,红光的饱和度没有变化。但是如果用白光照射这幅画呢? 白色的地方

① Ludwig Wittgenstein, *Remarks on colour*, edited by Anscombe, Translated by Linda L. McAlister and Margarete Schättle, Blackwell, 1977, p. 15e.

② 维特根斯坦并没有明述,但是我们可以推断说,这里的我们谈到的黑色玻璃是透光的、半透明的(translucent),这不同于我们说的透明的(transparent)。

③ Ludwig Wittgenstein, *Remarks on colour*, edited by Anscombe, Translated by Linda L. McAlister and Margarete Schättle, Blackwell, 1977, p. 16e.

会变得更白吗？红光的饱和度会下降吗？这里的回答是："我们完全不说一道白光落在事物上。"①这些都体现了白色和其他颜色在概念上的重要区别。

在这里，维特根斯坦的主要论敌是光的颜色总是会对事物的颜色产生影响，例如加深颜色的观点，我们并不在这种意义上谈论白色光。如果这种观点成立的话，那么"如果某地以下的境况占上风：一个白热物体的光使得事物看起来亮但是发白，因此颜色弱；一个红热物体的光使得事物看起来浅红等等，会怎么样呢？（只有一个对眼睛来说不可知觉的不可见光源，使得它们以颜色辐射）"②，那么我们想要看到事物的颜色，就只能在黑光下才能看得到了，而这在逻辑上不能成立。白光就是亮光，是我们看到事物颜色的正常光线，这是与其他颜色不同的，因为其他颜色的光会把自己的颜色作用到被照射的事物的颜色上。我们谈论正常光线时不说"白光"，而是直接说"光"。也就是说，维特根斯坦应用歌德的理论区分了白色和其他颜色的光，即白光是用来标示光的亮度的，因此无法透明。

这里维特根斯坦并不是像歌德一样深入到某个特定现象中去观察，而是思考颜色之间的逻辑。维特根斯坦说："现象学分析是概念分析，并且可以既不支持也不反对物理学。"③这就是维特根斯坦应用概念分析方法对歌德理论的一次发展。但是维特根斯坦并没有完全放弃歌德的理论，在这里他仍然维护歌德的学说。对于歌德来说，白光是简单的，用白光（自然光线）射入三棱镜，由于折射而减弱了光的强度，造成"位置的改变"，因而显现出各种光度亚于白颜色的光在平面上是很正常的事，而牛顿则会认为假设各种颜色之间的概念联系是不必要的，一道光被分解成许多光，这必然是一个由复杂体分析为个别简单体的过程。这就是两者之间的区别。维特根斯坦

---

①③ Ludwig Wittgenstein, *Remarks on colour*, edited by Anscombe, Translated by Linda L. McAlister and Margarete Schättle, Blackwell, 1977, p. 16e.

② Ibid., p. 18e.

的论证就是在说明白色去掉其他颜色和由之而来的白色透明物体的不可能性，即说明了歌德的白色简单性的学说。牛顿的光学违背这种概念分析。维特根斯坦还没有把不透明的白色的问题与颜色空间问题结合起来。

《论颜色》的第三部分是全书中篇幅最大的一部分，写于1950年3月和4月左右，共350个码段，内容也最为驳杂，显示出维特根斯坦在不断地实验中试图找到思考方向的尝试。我们可以很明显地发现，维特根斯坦在这一部分中并没有直接承接第二部分关于"透明的白"的讨论，在前130节中，他讨论了例如逻辑与经验的界限、颜色的饱和度、元色与不可能颜色问题、色盲、纯色概念等等，只有少数码段提到了关于白色的透明性问题。

白色在一幅图片中是最亮的颜色。

比如说，在三色旗中，白色不能比蓝色和红色更深。

这里我们有一种颜色的数学。[1]

为什么透明的白不可能？——画一个透明的红物体，接着用白替换红！

黑色与白色自身与我们有的一种颜色的透明的事物有关。用红色替换白，你将不再有透明的印象；就如同如果你将图画 替换为 ，你将不会有稳固性（solidity）的印象。[2]

荣格对歌德说："如果我们要想一个蓝橙色，一个红绿色或一个黄蓝色，我们会具有在一个西南北风的例子中的同样感觉。"

同样的事情，"白色与黑色是不透明的或固体……纯净的白色的水

---

① Ludwig Wittgenstein, *Remarks on colour*, edited by Anscombe, Translated by Linda L. McAlister and Margarete Schättle, Blackwell, 1977, p. 17e.

② Ibid., p. 19e.

如同清澈的牛奶不可知觉。如果黑色仅仅使得事物变暗，它会事实上清澈；但是因为它弄脏事物，它不能如此"。[①]

在以上段落中，维特根斯坦并没有深入探讨透明的白的不可能性的问题。有关颜色的数学的表述是将歌德的生理/心理学颜色理论转换成用语法表达。而"透明的白色"的"印象"和"逻辑"是从不可能性进行探究，指出黑色与白色与透明性的关系不同于其他颜色与透明性的关系。如果白色是可以透明的，那牛奶是否可以是透明的呢？水是否可以是白色的呢？如果白色可以是透明的，那么它与我们的诸多用法相矛盾，例如我们就无法区分牛奶与水。白色不透明与透明不能是白色是作为某些事物本质的一部分，就如同我们谈论三维和二维图像的差别一样，谈论二维图像的稳固性是无意义的。

从第三部分的第131节开始，维特根斯坦开始了对"透明的白色"的不可能性的系统讨论。

一个语言游戏：报告物体的更明或更暗——但是现在有一个相关的：陈述确定的颜色的亮度的关系。（比较：两个被给予的枝条的长度的关系——两个被给予的数字的关系。）

这些命题的形式在这两个例子中是相同的（"X 比 Y 更亮"）。但是在第一个语言游戏中它们是时间性的，第二个是非时间性的。

在"白色"的一个特殊的意义上，白色是颜色中最亮的。

在一幅其中一片白纸从蓝天中获得它的亮度的图画中，天空比白

---

① Ludwig Wittgenstein, *Remarks on colour*, edited by Anscombe, Translated by Linda L. McAlister and Margarete Schättle, Blackwell, 1977, p. 28e.

纸更亮。但在另一个意义上蓝色更暗,白色是更亮的颜色(歌德)。在调色板上有一个白色和一个蓝色,前者会比后者更亮。在调色板上,白色是最亮的颜色。①

维特根斯坦非常重视这两个段落,这体现在他把这两个段落直接挪到了结论性的第一部分中。而第132节可以看作是对第131节的解释。维特根斯坦重视这个段落的原因可能在于,这里和我们在上文中讨论的《逻辑哲学论》中的下述段落形成了呼应关系:

一个性质是内在的,如果不可设想其对象不具有它。

(这种蓝色和那种蓝色当然处于一种较明亮和较暗淡的内在关系之中。不可设想这两个对象不处于这样的关系之中。)

(这里,"对象"一词的变换不定的用法对应着"性质"和"关系"这些词的变换不定的用法。)②

在以上表述中,维特根斯坦依然持有内在关系通过外在关系显示出来的观点,而在《论颜色》中,维特根斯坦对这种观点产生了怀疑,同时我们也可以看作是他对自己在第二部分中依然坚持的歌德式主张的怀疑。我们在色环上得出的非时间性的颜色之间的内在关系,与时间性中的颜色之间的关系是无法直接换算的,白色只有在一个特殊的意义上才是最亮的颜色,而蓝天在图画上一般都会比白纸更亮。因此歌德式的色环或其他颜色空间形式是否与实在具有同样多的逻辑多样性就又成为可疑的了,歌德式的色环

① Ludwig Wittgenstein, *Remarks on colour*, edited by Anscombe, Translated by Linda L. McAlister and Margarete Schättle, Blackwell, 1977, p. 34e.

② [奥]维特根斯坦:《逻辑哲学论》,韩林合译,商务印书馆,2014年,第43页。

和八面体颜色空间一样,白色逻辑上占据着最亮的颜色的位置。我们要思考"透明的白色"是否可能,那就必须要摆脱歌德式色环的影响,寻找新的法则。

> 与其他的颜色类似,一个透过透明的白杯子的白色背景上的黑色将必须显现为未改变,如同一个白色背景上的黑色。因为黑色必须总是黑色的,并且因为白色也是透明物体的颜色,它保持不变。
>
> 我们可以想象一块玻璃,透过它黑色看起来黑,白色为白,所有其他颜色显现为灰色的色度;所以透过它每件事物显现为如同在一幅画中一样。
>
> 但是为什么我应该称它为"白玻璃"?①

这里,我们不再如同荣格一样,试图在原有颜色空间形式的两端为透明性提供空间,或者如第二部分一样,寻求在歌德的颜色空间内部找到根据,而是开始通过对透明性的概念进行思考来解决问题。在通常意义上,一个颜色的物体成为透明的,它就应该用自己的颜色给背后的物体的颜色上色。这里,维特根斯坦让我们想象,透明的白色物体该如何给背后的事物上色呢? 给背后的物体加上自己的颜色就会使得背后物体的颜色加深,而黑色已经是颜色最深的表面颜色,不可能再加深,同时白色也不会使得白色加深,这样,透过一块白色透明的玻璃看,和透过透明的玻璃看没有区别了。

> 在电影院中,常常可能看到事件如同发生在屏幕之后,如同屏幕像

---

① Ludwig Wittgenstein, *Remarks on colour*, edited by Anscombe, Translated by Linda L. McAlister and Margarete Schättle, Blackwell, 1977, pp. 34e – 35e.

一面窗玻璃一样透明。然而,这些颜色会被从这些事件中去掉,只有白色、灰色和黑色会透过来。但是我们仍然不试图去称它为一个透明的、白色的一面窗玻璃。

　　那么,我们会如何透过一块绿色的窗玻璃看到事物? 当然,一个不同会是绿色杯子会消除明与暗的区别,同时另一个不应该对这一区分有任何影响。因而一个"灰色透明的"玻璃会在某种程度上消除它。①

这里展开了"所有其他颜色显现为灰色的色度"的含义,维特根斯坦所指的电影应该是黑白电影。如果存在透明的白,我们是否可以把白色的电影屏幕看作是一块显示背后彩色景象的白色的玻璃呢? 显然不会,因为:

　　并且白色可能事实上出现在一个透明物体的视觉印象中,例如作为一个反射高光。如果这个印象被知觉为透明的,我们看到的白色将不会被简单地解释为一个物体是白色的。

　　我透过一个透明的玻璃看:这意味着我没有看到白色吗? 不,但是我没有看到白色的玻璃。但是这如何发生? 它可以以许多的方式发生。我会用双眼将白色看作位于玻璃之后,但是仅仅靠它的位置我也可以看作一道高光的白色(即使当它不是时)。并且我们在这里处理的是看,而不只是将某物作为如此这般的。为了将某物看作位于玻璃之后而用双眼看是完全不必要的。②

我们当然可以在一个透明物体的视觉印象中看到白色,但是我们会把

　　①　Ludwig Wittgenstein, *Remarks on colour*, edited by Anscombe, Translated by Linda L. McAlister and Margarete Schättle, Blackwell, 1977, p. 42e.

　　②　Ibid., p. 35e.

在透明物体中看到的白色当作是光，而不会把它当作介质的颜色。也就是说，我们对于透明的物体中出现白色已经有了另外的语法，而不是将它作为透明的白色介质来描述。因此我们不可能将黑白电影屏幕想象成透明的白色玻璃，即"一个事实上透明的物体可以看起来白色；但是它不能看起来白色且透明"①。

正是在以上关于透明和光的讨论的基础上，维特根斯坦得出了不同的结论性的东西：

> 多样的"颜色"并不都与三维视觉有着同样的关联。
>
> 这一定是三维性，亮度与渐变间的关联。
>
> 透明和反射只存在于一个视觉影像的深度之中。②

这里提出了与第二部分完全不同的思考方向和结论。第二部分中，维特根斯坦用"调入白色从颜色中去除有色性"，即去掉颜色之间明暗深浅的区别来作为"透明的白"不能成立的原因，而在这里，维特根斯坦提出了"视觉影像的深度"（depth of a visual image）来取代前者。如果说第二部分中的解答依然是停留在视觉空间的二维图像表征系统的话，那么这里则是指出颜色与三维空间的关系。这里应该说是维特根斯坦摆脱了歌德和荣格的影响，对于不透明的白色的问题有了独立的解答方式。传统的颜色空间一般都只适合于二维影像，然而透明性的问题如果仍然用二维几何学来解释的话，就会错失透明性的本质含义，透明、晦涩与发光都是三维空间中的概念。维特根斯坦所要指出的也是这一含义。"一个带颜色的透明介质的印象是

---

① Ludwig Wittgenstein, *Remarks on colour*, edited by Anscombe, Translated by Linda L. McAlister and Margarete Schättle, Blackwell, 1977, p. 36e.

② Ibid., pp. 35e – 36e.

某物位于介质之后。因此如果我们有一个完全单色的视觉影像,它不能是透明的一种。"①同时,"如果所有的颜色都变白,图像将失去越来越多的深度"②。这里维特根斯坦并非提出了一个物理学的命题,即用光学的方式来解释透明,而是"相当于一个我们视觉经验空间解释的规则。我们也可以说,它是画家的一条规则"③。

在第一部分,也就是1951年的讨论中,维特根斯坦不再继续第三部分中游移不定的实验状态,而是把上述当做结论性的内容肯定下来,主要就这一问题所涉及的哲学关切内容进行思考。

> 在每一个严肃的哲学问题中,不确定性深达难题之根。
>
> 我们必须常常准备好去学习全新的东西。
>
> 荣格说(歌德在他的《颜色理论》再版的信中),有透明的和不透明的颜色,白色是一种不透明的颜色。
>
> 这表明在颜色概念中的不确定性,或又是颜色相同性中的不确定性。④

这里维特根斯坦所说的不确定性是针对什么问题而言呢? 他举了荣格的例子。荣格将颜色分为透明和不透明的颜色,然而,这是他事先没有预料到的。在荣格的颜色球体中,事先没有为透明颜色留下位置,这是在新的环境和游戏中发现的,哲学也有类似的特征。我们可以设想维特根斯坦想到了自己对于颜色问题处理的历程,从对象形式的一般设定出发,遇到颜色不

---

① Ludwig Wittgenstein, *Remarks on colour*, edited by Anscombe, Translated by Linda L. McAlister and Margarete Schättle, Blackwell, 1977, p. 40e.

② Ibid., p. 44e.

③ Ibid., p. 41e.

④ Ibid., p. 4e.

兼容性问题,为了解决不兼容性问题而引入了颜色现象学,即通过对现象的研究而排除掉不可能组合。后来又发现颜色空间的逻辑,即颜色系统(八面体)对于可能与不可能颜色的规定性。直到读了歌德和荣格对于颜色问题的探讨,又开始认识到不透明性问题使得八面体颜色空间不完整。维特根斯坦始终处于一个对于语言与实在是否具有同样多的逻辑多样性的问题之中。我们的语言总是无法穷尽实在中的各种情况,因此我们可以看到,维特根斯坦的自我反省使得他认识到任何确定性的图像都意味着相伴而生的不确定性的存在。

因此在荣格提出对于颜色依据透明而进行分类的问题上,他马上就意识到了不确定性问题,他说"又是颜色的相同性中的不确定性",红绿色和黄绿色看起来都是混合色,但是颜色的逻辑排除了前者,透明的颜色与不透明的颜色是否是同一个颜色? 在我们初看起来一致的颜色队列中,不确定性已经存在着了。而哲学问题总是无法避免用一幅一致性的图画来看待世界,例如,我们把透明的颜色看作与不透明的颜色同一个颜色,但是它们真的是同一个颜色吗? 金色、天蓝色、琥珀色在不透明颜色里对应的是什么相同的颜色? 颜色相同性的不确定性让我们怀疑一个一致性的颜色概念是否还能继续维持。

我们应该说什么样的透明玻璃具有和一个不透明的颜色样本有同样的颜色,这一点不是立刻就清楚的。如果我说,"我在寻找这个颜色的玻璃"(指着一片上了颜色的纸),这将会大体上意味着通过这个玻璃看到的某白色物应该看起来像我的样本。

为什么我们不能够想象透明——白的杯子——即使在现实中完全

没有？在哪里透明颜色的杯子的类比走错了路？①

　　透明的白色与透明的红色的杯子之间的区别在哪里？透明的红色与不透明的红色是相同的颜色吗？为何无法类比透明的红色而假定透明的白色？同一个点在同一个时间是否可能有两个颜色？我们事先是无法确定的，只有结合一定的实际情况和一定的使用，我们才知道。

　　　　句子常常被用在逻辑和经验的分界线上，于是它们的意义来回改变并且它们时而被当作标准的表达，时而被当作经验的表达。

　　　　（由于它确实不是一个伴随着的心灵现象——这是我们想象"思想"的方式——而是使用，区分了逻辑命题与经验命题。）②

　　这里就类似于红绿色与黄绿色之间的区别，我们如何知道表达前者的是一个语法命题？而表达后者是一个经验命题呢？仅仅从形式上是看不出来的，就如同透明的白色从形式上与透明的红色是一样的，只有实际的使用能区分它们概念上的不同。这就是维特根斯坦对于"透明的白色"的讨论所要教给我们的。

　　既然透明的白色使得我们很难再继续坚持使用颜色几何学（八面体）来描述颜色空间，那么我们该如何理解颜色空间所表达的诸多颜色命题，特别是颜色之间的关系？在1930年左右的维特根斯坦的研究中，已经提示我们将现象学看作语法，在《论颜色》中，维特根斯坦继续了这条道路。

　　在上文对于歌德和荣格思想的梳理中，我们看到歌德和荣格的颜色几

---

①　Ludwig Wittgenstein, *Remarks on colour*, edited by Anscombe, Translated by Linda L. McAlister and Margarete Schättle, Blackwell, 1977, pp. 5e – 6e.

②　Ibid., pp. 6e – 7e.

何学是不一致的。歌德的色环在基本颜色之间也有亮度的区别：白色亮于黄色，黄色亮于红色(绿色)，红色(绿色)亮于蓝色(紫色)，最深的颜色是黑色。荣格对歌德色环改动的缘由是他发现红色与绿色是相邻的，但是我们一般是不允许红绿色这种组合的，在绘画中红绿混合是灰色，是脏色，不可能形成渐变的序列，而且我们无法将红色的基本颜色地位体现出来。另外，荣格出于画家的立场，他会倾向于认为彩色与白色的混合才是亮度的体现，因此他将亮度序列的中段做出重新排列，形成了颜色球体的颜色几何学。这里就形成了对于黄色地位的争执，即黄色究竟比红、绿、蓝更亮，还是与它们处于同一亮度？

维特根斯坦在第三部分的一开始就思考了这个问题。

但是纯粹的黄也比纯粹的饱和的红色或蓝色更亮。这个命题是经验的事项吗？——我不知道，比如说，是否红色(比如，纯粹的红)比蓝色更亮或更暗；可以说，我本应该看过它们。但，如果我看过它们，我将会一劳永逸地知道答案，就像几何学推演的结果一样。

在哪里我们划下逻辑和经验之间的界线？①

在这两段间隔三天的码段内，显然维特根斯坦注意到了两种意义上的亮度。如果以黑色和白色的关系为准绳，那我们就有了"颜色的数学"，在我们今天大多数的颜色几何学中，都是按照这种意义规定亮度的，其中包括维特根斯坦的颜色八面体空间。因为这种方式给了我们一种颜色数学的模型，即我们可以将色相中立化，而用数字定义颜色的饱和度和亮度。但是维

---

① Ludwig Wittgenstein, *Remarks on colour*, edited by Anscombe, Translated by Linda L. McAlister and Margarete Schättle, Blackwell, 1977, p. 17e.

特根斯坦想要指出的是,饱和的颜色之间也有亮度的区别,这也可以形成逻辑必然性,因此并不能把色相之间的区别看作是经验的。

但是维特根斯坦的反思马上又转向了对于"饱和"或"纯粹"的颜色的怀疑,因为这样我们也并没有走远。无论如何,我们在颜色几何学中所处理的颜色都给了颜色一种非常狭隘的定义。"人们给色环上的一个被给予的点保留了一个特别的位置,并且他们不必须费力记忆这个点在哪里,而是常常很容易发现它。"①但是不同于这种方式的"其他的非时间性的用法是怎样的"? 我们对于饱和色狭隘的规定使得"以这种方式决定的一个概念的用处在这里没有被决定"。

因此我们需要"给出带有'饱和的颜色'的概念的简单的语言游戏的例子"②。例如,我们可以把饱和的颜色的定义用在比较两种化学物质或两种植物的花朵上,花朵颜色的饱和度和它的产地往往有着关联。这样我们就有了饱和颜色的一个用法,我们可以用它来判断花朵的来源或两种化学物质的区别,两个对象的颜色的外在关系就转化为颜色和质料的内在关系,经验命题成了逻辑命题。维特根斯坦所要论证的,就是指出抽象的颜色空间无法涵盖复杂的语言使用,对于颜色空间的迷信很容易使得我们对于颜色概念的误解越走越远。

维特根斯坦把在中期看作是颜色空间中的规则以诸多语言游戏中规则的方式加以重新说明:

> 使得我们怀疑的某事是有些人认为他们看出三元色,有些(看出)四元色。有些认为绿是蓝色和黄色的中间色,比如说,这给我错误的印

---

① Ludwig Wittgenstein, *Remarks on colour*, edited by Anscombe, Translated by Linda L. McAlister and Margarete Schättle, Blackwell, 1977, p. 17e.

② Ibid., p. 18e.

象,甚至不用任何经验。

蓝色与黄色,就如同红色与绿色,似乎对我来说相反——但是可能只是因为我曾经在色环上以相反的点看待它们。

事实上,这一问题如同纯色的数量(问题),对我来说有什么(可谓心理学的)重要性呢?

我似乎看到具有逻辑重要性的某物:如果你称绿色为蓝色和黄色之间的一个中间色,那么你必须也能说,比如,一个轻微的蓝黄色所是的,或一个仅仅某种程度上黄蓝色的东西。而且对我来说,这些表达完全不意味着任何东西。但是它们不可能对其他的某人意味着什么吗?

所以如果某人向我描述一面墙的颜色,说:"它是某种红黄色,"我可能以这样一种方式理解他:我可以从一定数量的样本中近似地选出正确的颜色。但是如果某人以这种方式描述颜色:"它是某种蓝黄色",我不可能给他展示这样一个样本。——我们常常说在这一个例子中我们可以想象这一颜色,但是在另外的(例子)中我们不能——但是这种言说的方式是容易误导的,因为思考出现在内在之眼之前的任何图像都是不需要的。①

我们说看到某种颜色,如果我们不能够具备在颜色样本中挑选出来的能力,或者无法调配出它来,那么任何一种"看到"都变得可疑起来。这样,我们的颜色几何学不再是靠内在之眼面前的图像建立起来的,而是靠我们实际能够使用和可操作的颜色而形成的,我们不知道一种颜色,或者说一种颜色不可能,相当于不知道如何使用它。如果有人对这套系统不熟悉,或者

---

① Ludwig Wittgenstein, *Remarks on colour*, edited by Anscombe, Translated by Linda L. McAlister and Margarete Schättle, Blackwell, 1977, pp. 19e – 20e.

与我们有不同的反应,那么我们就会怀疑他是色盲,或者没有学会我们报告颜色的语言游戏,而这是在我们孩童时代就在练习的,如果某人与我们的反应呈现一种整体性的差异,那么我们就会怀疑他拥有与我们不同的颜色系统,但是只有类似于我们的颜色系统的,我们才会称之为颜色系统,因此我们会不确定或者直接否认是否有其他的颜色系统。颜色空间正是我们对于日常的颜色语法的形式化表达,而不是一种以理想状态要求现实诸多语言游戏的规则。因此我们需要放弃对于纯粹的颜色系统的追求。

利希滕伯格说很少人曾经见过纯粹的白。那么大多数人错误地用这个词了吗? 他如何学习正确的用法? ——相反:他从实际的用法构建了一个理想的用法。我们构建一种几何学的方式,并且"理想"并不意味着特别好的某物,而仅仅(意味)推至极限的某物。

当然这样一种构建可以反过来教给我们关于实际用法的某事。

我们可以也引入一个"纯粹的白"的新概念,比如,为了科学的目的。

(一个这个类型的新概念将因而对应着,比如说,"盐"的化学概念。)①

在日常生活中我们实际上被不纯粹的颜色包围。我们拥有的所有更值得注意的组成了一个纯粹颜色的概念。②

利希滕伯格对于白色的理想化定义与我们日常的"白色"的用法是断裂的,但是这并不代表着纯粹的白没有一种用法,例如为了科学的目的我们也

①　Ludwig Wittgenstein, *Remarks on colour*, edited by Anscombe, Translated by Linda L. McAlister and Margarete Schättle, Blackwell, 1977, p. 21e.

②　Ibid., p. 25e.

可以设定一个纯粹的白色,但是一种用法不能替代另外的用法。颜色几何学作为辅助性的工具,帮助我们认识到颜色之间的关系,但是并非告诉我们关于颜色的全部知识和结论,不能替代实际使用。实际使用往往会推翻颜色空间所支持的一般性的结论,语法不可能性并不能够在颜色空间中得到排除。

在什么程度上我们可以比较黑白与黄、红、蓝,并且在什么程度上我们不能?

如果我们拥有一面带有红色、蓝色、绿色、黄色、黑色和白色正方形的墙纸,我们将不会倾向于说它由两部分组成,"带颜色的"和"没带颜色的"。

让我们假设人们并不将彩色图画与黑白图画相对,而是与蓝白图画相对,比如:蓝色不能被感觉(这就是说,使用)为不是一个实际的颜色吗?[①]

我们一般将红、黄、蓝、绿称作彩色(chromatic colour),而黑、白、灰为非彩色(achromatic colour),我们在颜色空间中的排列也会造成这一点的印象,但是这一点并不是最终结论,而只是颜色空间建立时约定俗成的规则,在实际使用中,两者并不构成绝对的冲突。颜色空间在这里无法反映出足够的逻辑多样性。因此维特根斯坦说"多种颜色概念当然彼此紧密相连,多种'颜色词'有一种相关的用法,但是另一方面,有很多种类的不同之处"[②]。

维特根斯坦在转型期思想中认为颜色现象学即是语法,颜色几何学是

---

① Ludwig Wittgenstein, *Remarks on colour*, edited by Anscombe, Translated by Linda L. McAlister and Margarete Schättle, Blackwell, 1977, p.22e.

② Ibid., p.26e.

由于一些有意义的表达式使得我们试图用一致性的概念将其做成一套系统。但是,这些有意义的表达式不能够穷尽所有有意义的使用。因此对于作为语法的颜色概念,①我们需要摆脱颜色几何学的不良影响。在《论颜色》中,维特根斯坦继续坚持这一想法。

> 对歌德来说清楚的一件事:没有光亮能从黑暗中来——如同越来越多的黑暗并不产生光明。然而这可以被如下表达:比如,我们可以称淡紫色为一个"红—白—蓝"色,或棕色为一个"红—黑—黄"色,但是我们不能称白色为一个"黄—红—绿—蓝"色(或类似的)。并且那是某种牛顿也没有证明的某物。白色在这个意义上不是颜色的一个混合。②

歌德认为白色是最简单的颜色,不同于牛顿认为白色是由各种颜色混合而成的。但是他论证这一点的方式是通过对于白色现象的观察,任何对现象的观察都很可能导致对概念理解的简单化,而不能把握到概念之间的关联和差别。白色在画上是最亮的颜色并不是通过现象观察得到的,而是在平面绘画中,我们缺少一种与白色不是最亮的颜色一致的用法。我们在这里的困难不是需要一种更加完美的实验或现象来获得白色的本质定义,而是与此不同的用法与我们已有的用法相关联的方式并不清楚。

> 倾向于说绿色是一种元色,不是蓝色与黄色的混合在于什么呢?
> 这样回答是正确的吗:"你只能用看着这些颜色直接地知道"? 但是我

---

① See Ludwig Wittgenstein, *Remarks on colour*, edited by Anscombe, Translated by Linda L. McAlister and Margarete Schättle, Blackwell, 1977, p. 26e.

② Ludwig Wittgenstein, *Remarks on colour*, edited by Anscombe, Translated by Linda L. McAlister and Margarete Schättle, Blackwell, 1977, p. 33e.

如何知道我用"元色"意味着和倾向于称绿色为一个元色的其他人同样的东西？不,这里有语言游戏决定这些问题。

有一个多多少少蓝色(或黄色)的绿并且某人被要求去调配出一个更浅黄(或蓝)而不是一个被给出的黄(或蓝),或从一系列颜色样本中选出一个,然而,一个更浅黄的绿,不是一个更蓝的(反之亦然),并且某人也会被给予选择或调配一个既不黄也不蓝绿的任务。并且我说"或者调配",因为一个绿色不是因为靠混合黄蓝做出而既黄且蓝。①

在歌德和荣格的三元色系统中,绿色为何不是元色？原因在于他们都会认为绿色是可以由黄色和蓝色混合形成的。但是即使可以实际混合出绿色,这也与我们的语言用法相违背,绿色被当作中间色,而非混合色来使用,它的各种用法决定了它是以元色的形式出现在语言中,我们一般不会把绿色看作是黄蓝之间的颜色,而是看作与黄蓝同等的颜色,因为我们不说一个黄绿色同时是蓝绿色,反之亦然。我们把一个颜色视为元色,就是把它当做元色来使用,而不是通过经验的混合和调配来证明它是否是元色。

另一个值得注意的问题是维特根斯坦区分了"深"与"黑"之间的语法区别,这种区别并不能够显示在颜色几何学上,例如在八面体中,黑色意味着颜色加深,但是在我们的实际用法中,这两者的区分是很明显的,因此,颜色几何学容易混淆一些实际的使用。

荣格:"黑色脏。"那意味着它带走一个颜色的光亮,但是那意味着什么？黑色带走一个颜色的光明。那是逻辑的还是心理学的某物？有

---

① Ludwig Wittgenstein, *Remarks on colour*, edited by Anscombe, Translated by Linda L. McAlister and Margarete Schättle, Blackwell, 1977, p. 38e.

如同一个发光的红、一个发光的蓝等等的事物,但是没有发光的黑。黑色是颜色中最深的。我们说"深黑"但不说"深白"。

一个"发光的红"并不意味着一个浅的红色。一个深红也可以是亮的。但是一个颜色是亮的在作为它的上下文的一个结果,在它的上下文之中。

然而,灰色,不是亮的。

黑色似乎使得一个颜色浑浊,但是漆黑色并不。深红色会因此持续变深,而不变得浑浊;但是如果它变成黑红色,也会变得浑浊。现在黑色是一种表面颜色。漆黑色不被称作一种颜色。在绘画中漆黑色也能被描绘为黑色。

黑色与比如说暗紫色的区别与低音鼓与定音鼓的声音的区别相似。我们说前者是一个噪音而不是一个乐音。它是无光泽的,并且完全的黑。①

黑色与深红色的区别使得我们意识到深度与黑度并不具有同一性,颜色的变深问题具有用法的复杂性。维特根斯坦在这里提示我们的,绝非是扩大颜色空间来保证一致性,因为任何一种相同颜色的差别的区分,都会带来对于它们同一性的不确定性的疑难,而这是颜色空间的理想模型所不能容忍的。

因此我们看到,在《论颜色》中,维特根斯坦逐渐用颜色概念使用逻辑的考察代替了中前期的颜色空间(几何学)的考察。颜色作为一个复杂性的蔓延至生活形式各个领域的概念,用一致性或单一形式的概念来考察它是不

---

① Ludwig Wittgenstein, *Remarks on colour*, edited by Anscombe, Translated by Linda L. McAlister and Margarete Schättle, Blackwell, 1977, p. 37e.

恰当的,这就是为什么诸多颜色空间的建构最终都没有与实在中的颜色和颜色关系具有同样多的逻辑多样性的原因。

在上文中我们已经谈到了穆勒-莱尔错觉,在物理空间中,两根同样长的线段在视觉空间中由于箭头方向的不同而呈现出不等长的显现。而在颜色现象中,也有类似的情况出现。我们看一个颜色,往往是在它的环境中看,这个环境一方面包括它周边的空间环境,另一方面包括它的语境,两者都会对颜色的显现产生影响,使得同一个颜色呈现出不同的面貌。

在我看到的周边环境中的两个地方,在一个意义上作为同样的颜色,在另外的意义上,一个可以对我来说是白色的,并且另一个是灰色的。

对我来说,在一个上下文中,这个颜色是在一个弱光下的白色;在另一个(上下文)中,是一个强光下的灰色。

这些是关于概念"'白'与'灰'"的命题。①

以上现象还能举出很多,歌德抓住这一点,认为颜色产生于明暗之间。在上述例子中,如果边缘是黑色的,那么位于中心的白就会显得发灰;如果边缘是白色的,那么中心的黑色也会显得发灰。这样,中心的颜色不再以自身的颜色显现,而是显现出明暗交替中的环境色。例如黄色会在暗的背景下变成褐色。如果把这样一个规律作为颜色显现的基本规律,那么我们似乎就无法有意义地谈物体的颜色。同样的例子还有很多,维特根斯坦也举出了一些:

---

① Ludwig Wittgenstein, *Remarks on colour*, edited by Anscombe, Translated by Linda L. McAlister and Margarete Schättle, Blackwell, 1977, p. 8e.

想象一幅画被切成小块的、几乎单色的、被用于拼图游戏的片段。即使当这样一片不是单色的时候,它(也)不应该指任何三维图形,而是应该呈现为一片平坦的颜色小块。仅当与其他片段放在一起的时候,它成为蓝天,一个渐变,一道亮光,透明或不透明等等的一片。个体片段呈现给我们这幅画的部分的真正颜色了吗?

我在一张照片(不是一张彩色照片)上看到一个黑头发的人与一个留着光滑金发的男孩站在一个机床前,机床部分是由喷上黑色的铸件构造的,部分是光滑的轮轴、齿轮等等,接近它的是一个很亮的电镀线圈做的栅栏。我看到完成的铁器表面是铁色的,男孩的头发是金色的,栅栏是镀锌色的。事实是每件东西都被照相纸用更亮和更黑的色调描画。①

一个拼图游戏(Jig – saw game)中的单片组合在一起才构成了整个画面,而单个单片则不具有在画面中的颜色,就如同黑白电影中仅仅依靠黑白就能够显现出各种颜色来一样。在上文我们的讨论中,颜色概念具有不同于颜色空间规定的复杂用法,但是如果每个颜色在不同的场景下会显现出不同的面貌,那么我们如何还能有确定性的颜色概念呢? 例如,我们如何说某个颜色与另一个颜色是同一个颜色呢? 我们是否还能有一致的颜色概念呢? 这里似乎对于我们依赖于用法的颜色概念分析提出了怀疑论的问题。本来用于反对视觉空间中的无上下文的点作为颜色概念样本的用法概念,就会遭遇到了它未曾预料到的困境,这种困境类似于曾经就维特根斯坦的遵守规则问题提出的。如果我们总是需要一个环境来为某种断定做前提的

---

① Ludwig Wittgenstein, *Remarks on colour*, edited by Anscombe, Translated by Linda L. McAlister and Margarete Schättle, Blackwell, 1977, p. 10e.

话,那么我们是否就会遇到无法做出断定的环境？对于这个问题,维特根斯坦也做出考虑,他的回答是这样的：

> 我在这里不是说(如同格式塔心理学所做的),白色的印象以一种如此这般的方式发生。相反问题是更精确的：表达式的意义是什么？这个概念的逻辑是什么？①
>
> 一个颜色在它的周边环境中"发光"(就像眼睛只在一张脸上笑)；一个"淡黑"的颜色——比如,灰——不会"发光"。②
>
> 说白色或灰色的印象在如此这般的条件下(因果地)出现,与说这是一个确定的上下文的印象(定义),不是同样的事情。(前者是格式塔心理学,后者是逻辑。)③

维特根斯坦在这里所做的讨论是针对格式塔心理学的,格式塔心理学强调整体认知,即我们总是在一个动态的整体中获得对某一个事物的印象。维特根斯坦认为逻辑构成优先于因果构成。但是同时我们也可以将这里看作维特根斯坦以一个"逻辑学家"的眼光对于一整套知识论思想倾向所造成的误解的澄清。如果我们以颜色的现象性质(phenomenal property)作为颜色研究的中心,虽然我们不会像用现象性质理解空间形式一样陷入模糊性而失去确定性的窠臼,因为颜色(以及其他"第二性质")的现象性质似乎给了我们一种不会发生错误的确定性,但是却使得我们混淆了"因果"与"上下文"的概念的区别。维特根斯坦举的例子"就像眼睛只在一张脸上笑"给了

---

① Ludwig Wittgenstein, *Remarks on colour*, edited by Anscombe, Translated by Linda L. McAlister and Margarete Schättle, Blackwell, 1977, p. 7e.

② Ibid., p. 9e.

③ Ibid., p. 47e.

我们很重要的启迪,颜色概念的逻辑一方面关系到"显现"的层面,另一方面关系到"面相"的层面,即我们能够把图像看成什么的概念层面。这一点在黑白照片的例子中更为明显,因为我们将某种灰色看成头发的金色并非通过某种联想机制,而是我直接看出来它是一个人的头发,并非推断出它是一个人的头发。前者是逻辑,后者是因果律。在将白色看成灰色的例子中,与此相仿的是拼图游戏,我们看出了颜色之间的渐变关系,因而将白色看作灰色。

　　本节主要围绕《论颜色》的核心问题"不透明的白色"的不可能性问题进行讨论,维特根斯坦在这里瓦解了颜色几何学(颜色空间)的中心地位。八面体颜色空间不再是颜色语法的普遍表达,而只是一种特定的表达。颜色空间总是开放的,并由语言游戏决定。这提示我们颜色知觉和形状知觉一样,不存在一个由所予所规定的感觉-材料阶段,而是始终处于"逻辑空间"之中。

五、《论颜色》与面相知觉

　　上文中,我们讨论了维特根斯坦中期颜色八面体三维颜色空间的颜色语法学说,维特根斯坦在 30 年代接受了霍夫勒取自于赫宁颜色"对抗学说"的八面体颜色空间。在这一学说中,绿色不是混合色,而是元色,黑、白、红、绿、蓝、黄作为元色位于八面体的六个极点上两两"对抗"。40 年代后期,维特根斯坦重读了歌德的《颜色理论》,荣格和利希腾伯格回信后反思了以透明的白色(灰色、黑色)、发光的灰色(黑色)为代表的不可能颜色。透明性和发光性不是八面体颜色空间所展示的二维平面的属性,而是属于另一个维度,也就是空间或深度维度,这也是我们在日常生活中视觉知觉所处理的维度。

从这一角度,维特根斯坦开始怀疑颜色空间的封闭性和普遍性。在《论颜色》中,他开始思考绘画中颜料的透明性与晦涩性问题。为什么有透明的绿色,但是没有透明的白色,在何种意义上透明的颜色和不透明的颜色是同一个颜色? 我们该如何连接深度颜色空间与平面颜色空间? 维特根斯坦在探讨这些问题时采用的方法即是面相-观看。

为了区分颜色的二维和三维尺度,仅仅在同一个情况下将一个颜色的不透明状况和透明状况加以比较是不够的,因为比较黄色、灰色与"金色""银色"的颜色是不确定的,它们属于不同类型的范畴,属于"相同性概念的不确定性",只有一种用法才能给出确定性。

维特根斯坦因此超出了八面体颜色空间的遮蔽,从而摆脱了逻辑命题与经验命题之间截然的区分,走向了更为开放的颜色逻辑。使得这一转变成为可能的深度颜色知觉的能力来自面相知觉。我们可以将黑色视为一个表面颜色或者具有深度的空间,例如我们可以将山洞深处的黑色看成深度的体现;或者将白色视为灰色,例如白色的墙皮在日光下就显得发灰。面相知觉不仅仅可以用于表面和深度颜色的区分,上文中我们已经提到,在颜色空间中,元色和混合色的区别在于逻辑上元色不可能是两个混合色的混合。紫色和橙色不可能混合出红色,蓝色与黄色也不可能混合出红色,但是红色是紫色和橙色共同的组成部分,却不是蓝色和黄色的组成部分。红色面相的改变使得我们认识到红色的元色地位与橙色和紫色的混合色地位。而且正如维特根斯坦所发现的,在不同的上下文中,颜色的逻辑是流动的,我们已经提到过,在颜色光学和颜料混合中,颜色空间是不同的,印刷、摄影、设计和装饰中各自有彼此独立的颜色逻辑。颜色八面体只是我们颜色语言的一种使用梗概而已。我们不可能也没有必要创造普遍性的逻辑空间,而是应该满足于同一颜色概念在不同使用中的相同性的不确定性。颜色空间和颜色样本、标准米尺一样,只有在一定的实践中才有意义。颜色八面体只是颜色语法一部分的"综观表现"（übersichtliche Darstellung）。

我们只有在更宽广的颜色空间中才能够描述颜色的发光、反射和透明性。白色与透明性和发光性有关，而白色与灰色的联系和一定环境下物体的颜色有关。不同的光线使得灰色和白色互相转换。物体的颜色一方面没有改变，另一方面看起来不一样了。我们的颜色概念总是流动的和灵活的，我们甚至可以发明自然史，使得我们看到不同的颜色概念的可能性，而这种可能性就假设着面相知觉的可能性。我们不能设想"透明的白色"的原因就是"透明的白色"与我们的生活形式相悖，它使得我们的很多语言游戏无法进行下去。例如，牛奶如果是透明的，那么我们就会说它是一杯浑浊的牛奶，而不是纯牛奶；我们不说它是一杯透明的牛奶，这一表达式在我们的生活中没有用法，它不是我们颜色概念的一部分。在《论确定性》中，生活形式或我们的世界图景起到了最终的确定性作用，使得我们能够确定类似"透明的白色"这种命题的矛盾性。我们试图将白色视为透明的，因为我们可以将绿色视为透明的，但是发现不可能，这里我们就应用了面相知觉思想。

以颜色为媒介的面相知觉是我们最常见的知觉类型之一。与组织知觉不同，在组织知觉中，我们关注的是知觉对象的形状，并思考它的组织；而在颜色知觉中，我们关注的是知觉对象的颜色，并思考它应当所是的颜色。

如果一个幽灵在夜里对我显现，它会发出一道淡白色的光；但是如果它看起来是灰色，那么光必须显现为好像它来自其他地方。

心理学谈论显现，将它与实在相连。但是我们可以只说显现，或者我们连接显现与显现。

我们可以说，幽灵的颜色是我为了精确画它在调色板上必须调配出的颜色。

我们如何确定精确的图画是什么？

心理学将被经验的与物理学的某物相连，但是我们连接被经验的东西与被经验的东西。①

我将某物看作灰色还是白色，可以取决于我如何看到我周边的被点亮的东西。对我来说，在一个上下文中，颜色在差的光线下是白色的，在另一个好的光线下是灰色的。

上下文构成了我们看见颜色面相的条件，我们并不是像内省主义那样直接地看到感觉-材料，而是通过上下文思考一个物体实际所是的颜色，这里我们实际上即是以面相知觉来对待颜色现象。歌德虽然发现了牛顿忽略颜色现象研究进向的谬误，但是歌德仍然试图在现象中思考某种本质，例如普遍性的颜色空间，而没有完全沉浸现象之中。科勒正确地指出了真正的现象是我们的日常现象，维特根斯坦的面相知觉思想即是在说明日常现象所包含的逻辑，这种逻辑无关于任何位于现象之中和现象之外的本质，而是说明面相所依赖的周边环境和它自身的逻辑。这两者之间的关系不是彼此封闭的，而是互相依赖的。

我看到的在我前面的水桶是光滑的闪亮的白色；我不可能称它为灰色或说"我真的看到灰色了"。但是它有一道比它的表面亮得多的高光，同时因为它是圆形的，因而有一个从亮到暗的逐渐转变，但这里似乎并没有颜色的转变。

在这一点上水桶是什么颜色？我应该如何决定这个问题？

事实上没有如现象学这样的东西，但有现象学的问题。②

---

① Ludwig Wittgenstein, *Remarks on colour*, edited by Anscombe, Translated by Linda L. McAlister and Margarete Schättle, Blackwell, 1977, pp. 47e – 48e.

② Ibid., p. 49e.

我事实上看到在这张照片上的男孩的金发了吗？——我将它看成灰色吗？

我只是推断在这张图片中以这种方式看的任何东西，必然在实在中是金黄色吗？

在一个意义上我将它看作金黄色，在另一个意义上我将它看作更浅或更深的灰。①

想象一幅画被切成小块的、几乎单色的片段，并因此用于拼图游戏中的散片。即使这一散片不是单色的时候，它（也）不应该指示任何三维图形，而是应该呈现为一片平面的颜色小块。仅当与其他片段放在一起的时候它才成为一片蓝天，一个渐变，一道亮光，透明或不透明等等。个体散片呈现给我们这幅画的部分就是真正颜色了吗？

黑白照片时代，我们总是能够通过无色照片看到彩色的原貌。在传统理论中，我们通过纯粹的感觉而得到知觉判断，科勒和维特根斯坦都反对这一内省主义的知觉观，但是实际上我们并没有经历一个内在的心理过程来看彩色原貌。就如同我们在拼图游戏中，个体颜色块的颜色并没有被完全决定一样。当我们指着一幅画中的某个颜色告诉装饰工人，请把我的墙装扮成这个颜色，这是很难理解的。因为脱离了上下文，别人和我都不可能知道我所指的是什么颜色。只有依赖于一定的上下文，我才能说出某几个颜色相同还是不同。这就是颜色相同性概念的不确定性，我们不能事先决定。在这里，逻辑命题和经验命题的关系是灵活的。

---

① Ludwig Wittgenstein, *Remarks on colour*, edited by Anscombe, Translated by Linda L. McAlister and Margarete Schättle, Blackwell, 1977, p. 52e.

句子常常被用在逻辑和经验的分界线上,于是它们的意义来回改变;并且它们时而被当作标准的表达,时而当作经验的表达。

(由于它确实不是一个伴随着的心灵现象——这是我们想象"思想"的方式——而是使用,区分了逻辑命题与经验命题。)①

在组织知觉中,维特根斯坦应用了面相知觉思想分析,格式塔心理学所提出的组织面相是神经层面所捕捉到的结构在意识层面的反应,是知觉到的某种秩序,是一种成就。而维特根斯坦认为,组织与形状颜色不是同类的范畴,形状和颜色是我们直接就能在所见图像中指出的,而组织却不能够作为一个对象而得到指出。我们看到某种组织面相,不是单纯的一种"看见"知觉,而是包含了思想或想象力。但是这绝非是在说面相知觉与形状颜色无关,面相知觉总是以一定的形状颜色作为媒介才能被人所看到。后期维特根斯坦的面相知觉讨论主要针对的是组织面相,组织面相与第一性质有更多的关联,这里我们对维特根斯坦《论颜色》的分析对以第二性质为主要媒介的颜色面相进行了讨论,扩大了维特根斯坦面相知觉思想的普遍性。我们有"透明的白色""发光的黑(灰)色"这类在现实中不存在的事物的语词,但是同时我们会发现并不存在与之相对应的事物。如果我们将晦涩的透光的白玻璃视为透明的,或者我们往清水中放一些白色的颜料,我们很快就会发现我们并不把这些事物称为透明的白色的事物。我们在这里缺乏的不是一种想象力,而是想象力的界限被我们的生活形式所限制。我们将一个颜色视为另一个颜色,在一定意义上,这个颜色没有改变,但是我们看到的却不一样了,这是很典型的面相知觉现象。和对以形状知觉为代表的知

① Ludwig Wittgenstein, *Remarks on colour*, edited by Anscombe, Translated by Linda L. McAlister and Margarete Schättle, Blackwell, 1977, pp. 6e – 7e.

觉现象进行面相知觉分析一样,维特根斯坦在《论颜色》中同样将面相知觉
的思想应用于颜色知觉之上。

第三节　对于维特根斯坦知觉哲学思想的评论

以上我们分析了维特根斯坦以形状和颜色为媒介的两种不同的面相知
觉。维特根斯坦认为面相知觉不同于形状和颜色知觉,是一种依赖于思想
或想象力的知觉,但是面相知觉又不独立于形状和颜色知觉,而是依赖于后
者。这里我们可以总结为,维特根斯坦的面相知觉作为一种对实在的知觉,
总是依赖于显像(如形状和颜色),但是二者在语法上属于不同类型的概念。
我们既不是从显像中推论出面相,也不是脱离了显像而知觉到面相。面相
知觉是我们生活中具有普遍性意义的知觉类型,可以说,我们的大多数日常
知觉都属于面相知觉。

而对于面相知觉的本性,学者们的讨论集中于意向主义与析取主义解
释的争执之中。这和当代知觉哲学主流中的探讨是相似的,知觉究竟包含
一种意向状态,还是一种成就,这一问题在面相知觉中仍然存在。

麦金将意向性用法视为一种知觉用法,而特拉维斯则认为不存在“看”
的意向性用法,面相知觉的第二种用法是认知的,即将个别经验纳入普遍性
中的产物,而非知觉的产物。麦金无法解决知觉内容或意向内容问题,将其
归结于语言意向性,从而只能走向神秘主义。我们当然可以谈论完全不存
在的事物,但是在面相知觉中,我所谈论的事物与显像保持着内在关联,这
不同于我想象一只鸭子或一只兔子。维特根斯坦说这里的表达性用法不同
于纯粹的表达性用法,例如“我疼”只是一种类比,意向内容不能完全归结于
语言表达,意向内容仍然存在。正如特拉维斯将知觉视为成就,但成就也有

真假,这里知觉内容的问题仍然保留着。维特根斯坦看见面相思想中的意向主义解释和析取主义解释看似对立,但是在第二种用法的知觉内容的解释上都是含混的。面相-观看的第二种用法是意向性的还是成就性的区别在于经验对象的构成性,但是如果析取主义在这一点上仍然坚持着真值条件的存在,那么两者的差别就没有那么大,就如同语言意向性没有真正区分知觉用法和表达性用法一样,知觉和认知的区别也显得并不那么重要。穆尔哈尔和巴茨的争论也与此类似,我们将自身与世界之间的关系是视为理所当然还是视为一种成就,只是我们语言游戏中两种不同的知觉状态,而不是真的存在对立关系。

本章的第二节说明了维特根斯坦以《论颜色》为代表的颜色知觉哲学同样运用了面相知觉的概念分析,维特根斯坦发现了《逻辑哲学论》中的颜色不兼容性问题,并在30年代接受了霍夫勒取自于赫宁颜色"对抗学说"的八面体颜色空间。在这一学说中,绿色不是混合色,而是元色,黑、白、红、绿、蓝、黄作为元色位于八面体的六个极点上两两"对抗"。40年代后期,维特根斯坦重读了歌德的《颜色理论》、荣格和利希腾伯格的回信后,反思了以透明的白色(灰色、黑色)、发光的灰色(黑色)为代表的不可能颜色,透明性和发光性不是八面体颜色空间所展示的二维平面的属性,而是属于另一个维度,也就是空间或深度维度,这也是我们在日常生活中视觉知觉所处理的维度。维特根斯坦由此出发提出了颜色相同性概念的不确定性,开始以更为开放的态度看待颜色的逻辑和颜色空间。维特根斯坦认识到,以颜色为媒介的日常知觉同样是一种面相知觉,我们能够持续地看到某个面相,也总是能够超出我们的所见而看到不同的面相,这种面相-观看的能力依赖于我们的语言游戏和生活实践。

上文中我们已经提到,共享的知觉内容假设使得意向主义解释和析取主义解释对我们日常知觉的考察都不完全成立。知觉内容是当代心灵哲学和认知科学哲学研究中一个非常普遍的假设,知觉必然包含内容。在知觉中,世界必然以某种方式得到表征。意向/表征理论成了知觉哲学的基本悬设,即使是析取主义也不能完全避免意向/表征理论中知觉内容的假定。

知觉哲学学者们也自觉或不自觉地将这一假定运用到维特根斯坦的知觉哲学思想的研究中来。正如我们在上文中所提到的,知觉内容的假定被引入得非常隐蔽,克莱恩说:"说任何状态有内容即是说它以一定的方式表征世界,它因此有一个'正确性的条件'——在其中它正确地表征。"[①]即使析取主义也无法否认真值条件的存在,以至于我们想象一个无知觉内容的知觉变得不可能。

知觉内容成了我们普遍性的理论直觉。然而这种想法与维特根斯坦的面相-观看知觉哲学思想中所蕴含的理论旨趣是对立的。

维特根斯坦虽然没有直接谈论内容的问题,但是他考察了内容假定的危险性。维特根斯坦考察了私人经验和视觉印象的诱惑,并希望读者避免这种设想某种作为中介的心灵实体的诱惑。维特根斯坦希望读者意识到,为了说明对同一事物的知觉可能是不同的,接受这些中介实体是非常容易的,正是因为对同一事物知觉多样性的可能,哲学家们设想知觉对象的多样性,从而设立了一个新的知觉对象,并且不可避免地设想不可公共交流的私人内容的存在。我们只能够用不是第一手的媒介作为形式来与他人交流,而不能用内容来与他人交流。维特根斯坦非常细心地考察了这种观点的各个面相,并试图提出一种更好的替代性的哲学解释,同时指出这幅错误的图画是无意义的。

我们提出"我们真正看见的"作为内容存在的缘故是我们为了理论建构

---

① Tim Crane, *The Contents of Experience*: *Essays on Perception*, Cambridge University Press, 1992, p. 139.

而对通常言说方式的歪曲。提出"视觉印象"或"内在图像"的学者们往往试图以一种建构式的方式将不同的语言游戏混同起来。例如,哲学家们试图依赖于以"拥有"(have 或 possess)的观念来理解所见,维特根斯坦在《哲学研究》第 399 节中考察了我们是否能够在内心中"拥有"一间"视觉房间"(visual room)①,而这间房间是不能在其中走动和买卖的。问题在于,我们无法合理地将"拥有"用于谈论心灵实体之上。我们在这里的新用法与日常用法相差太远,这使得我们谈论拥有心灵实体是无意义的,我们使用这些语词,但是我们并不真的理解它们的含义。因为我们的日常语言游戏并没有在这里起到制约的作用,我们采用旧的语词,并没有发明新的语言游戏。这使得哲学走向歧路。当我们在知觉到某物运用"心灵图像"这幅图画时,一开始看起来是没有问题的,我们无非是设想一层透明的媒介而已。但是很快我们就会发现,我们不能将它与任何语言游戏结合起来,因为除了在一些边缘的意义上,我们通常并不设想一个物体是知觉对象的同时还是意识对象。

维特根斯坦明白很多人并不想要听这些,哲学家们即使发现假设的心灵实体最终是无基础的,但是由于理论设定的要求,他们也并不想要放弃它们,而是设想我们需要更多的假设和补丁来完善它。因此这里的困难并不是任何论证,而是维特根斯坦所说的意志的抗拒,我们并不想要放弃心灵实体这幅图像。这里体现出科学和哲学的区别以及哲学受到科学范式影响的深度。

1947 年 8 月 8 日,维特根斯坦与里斯有一场谈话,谈话的题目被命名为"科学与哲学的关系问题"(Question of relations of science and philosophy),维特根斯坦首先提出了一个基本的论断:"在一个意义上哲学是必然反科学

---

① [英]维特根斯坦:《哲学研究》,陈嘉映译,上海人民出版社,2005 年,第 142 页。

的;因为它是沉思的(contemplative)。"①他认为科学在当代被工程学(engi-neering)所占据,直接与技术相连,科学可以在没有哲学的情况下进行得很好。而哲学是沉思的,它关注于其他的可能性,其他的可能完成的方式。科学家并不关心科学是什么的问题。维特根斯坦举了一个例子,这就类似于在城市里开一间公交公司,这间公司在宇宙里看起来如何,并不值得开公司的人注意,他只关心公交公司运行的方式。对于是否存在一个没有公交的世界,他并不感兴趣。又例如一个摩托车竞速选手,他的任务是创造速度纪录,这件事占据了他的生活,他整天考虑着如何提升摩托车的性能等等,但是如果我们对他说:"噢没错,你可以继续创造速度纪录,这会是重要的东西。但是可能它并不那么重要,我们也可以不试图创造纪录。"这些话对于一个摩托车手来说是反动的(reactionary)。哲学家对于科学所指出来的东西不会引起科学家的兴趣。这就是维特根斯坦认为艾耶尔建议科学家学习哲学是没有道理的原因,科学家并没有这种兴趣,他们并不沉思科学。

假设心灵实体的哲学家们并没有所需要反对的东西,维特根斯坦对科学和哲学关系的这种评论就解释了哲学家们一定要采取心灵实体的图画的原因。正如同维特根斯坦一方面认为自己的论述很重要,但是另一方面对这些论述采取某种"寂静主义"或"无意义"的态度。维特根斯坦也没有什么需要捍卫的观点,因为他提出的是所有人都会同意的,支持心灵图像的哲学家们拒绝接受的事实。我们的真正所见是"视觉印象"这一观点是一种错误的尝试,它妨碍了我们正确地看待我们的知觉。维特根斯坦提醒我们注意到我们谈论所见的周边环境和与之相关的行为方式,例如,我们也构建所见的表征,就像我们拍照、画画、写下速记等,这些表征对我们来说有各种各样

---

① Ludwig Wittgenstein, Wittgenstein's Philosophical Conversations with Rush Rhees (1939 – 50): From the Notes of Rush Rhees, *Mind*, 2015(124. 493), pp. 35 – 39.

的用途。这些用途是我们"行为的精细层次"的一部分。表征主义和析取主义都忽视了知觉和我们与知觉相关的行为方式之间的交互关系,析取主义只关注了我们的语言反应,而忽视了更为普遍性的行为反应。"看"(seeing)与"做"(doing)或"能"(can)交互关系更紧密,而"知道"的距离更远。了解我们知觉概念的使用和它与其他概念关联的前提是我们避免思想的自然倾向,即用科学的方式构建某种无意义的解释的尝试,这使得我们忽视更为切近和清晰的事实。维特根斯坦的面相-观看知觉哲学论述让我们意识到,"看"(see)绝不是一个简单的概念。维特根斯坦说:

> 语词"看"的用法绝不是简单的——有时候我们将它视为一个行为词,很难确切指出这一行为——因此我们认为它比它实际所是更为简单,设想它为将某物饮入(drinking in)某人的眼睛,因而如果我以我的眼睛饮入某物,那么毫无疑问存在我看到的某物(除非我被偏见所欺瞒)。①

那么,我们就必须要问,我在这里饮入的行为是怎样的,我饮入的是什么?按照表征主义的想法,我们饮入的是某种内容。不管这种内容是以心灵影像的方式存在,还是以数据的方式存在。

玛丽·麦金和特拉维斯等人都在某种程度上相信经验内容的存在,即使他们试图说明的是心灵图像在知觉中所起到的误导作用和语言游戏的多样性及人类表达的复杂性。例如麦金提出维特根斯坦的面相-观看知觉讨论显示出视觉经验的内容和我们对于知觉对象的反应之间的关系,我们对知觉对象的注意、态度和使用都改变着视觉经验的内容。麦金当然不是在

---

① Ludwig Wittgenstein, *The collected works of Ludwig Wittgenstein*, Blackwell Publishing, 1998, p. 1247.

说维特根斯坦主张一种私人的不可交流的知觉经验的内容,而是在说这里存在着被知觉到的东西。那么知觉到的东西是什么呢?它或者就是知觉对象自身,或者只能是"真正所见",这就使得内容仿佛在知觉者与知觉对象接触之前就已经存在了。很显然麦金否认以上两种可能。麦金认为知觉的内容存在于我们回应和描述所见的不同的方式。但是这等同于没有定义,因为我们没有一种唯一的或一致的回应和描述。这里让我们想起了维特根斯坦的朋友斯拉法(Piero Sraffa)曾做出一个那不勒斯人的手势(Neapolitan gesture)并询问维特根斯坦:"它的逻辑形式是什么?"维特根斯坦无法回答。① 因为对于"何为知觉的内容"这一问题的回答总是不清楚的,内容是神秘的或不必要的。我们只有不同的回应和描述世界中知觉对象的方式。特拉维斯和巴茨都认识到了这一点,但是特拉维斯引入弗雷格的思想来作为知觉的"补足",巴茨则认为面相是易逝的,我们需要面相的出现来维持我们与世界之间的关系。特拉维斯仍然认为知觉是有真值条件的,而巴茨也认为存在我们通常知觉的具有主体间性的状态。这些观点中仍然存在知觉内容的可能。

维特根斯坦试图指出的是,任何这种内容的假定是不必要的,知觉是无内容的,它是我们多样化的回应和描述方式与世界之间的直接关系。维特根斯坦在这里提出的不是另外一种哲学观点,而是一种与理智主义对抗的反理智主义的新的哲学观。这里可以用赖尔所说的"知道如何"和"知道如何做"的区分来说明这一点,后者是更为基础性的,而前者是在后者的基础上形成的。我们并不是知道了某种事实才能够以此做基础推断出我们该怎么做,而是我们直接就会做。正是因为知道如何做很多事情,我才能够形成理智的关于"知道是什么"的事实性的知识。维特根斯坦在这里的论述和他

---

① 　See Ray Monk, *Ludwig Wittgenstein: The duty of genius*, Vintage, 1990, p. 601.

的其他著作中所谈的都是这样一个基本的道理,我们的理智活动之外的直接行动是我们理智活动的前提,并为理智活动中的困惑提供答案,而不是反过来。从这一视角入手,我们可以理解维特根斯坦的知觉哲学思想的内涵,这是意向主义者与析取主义者都没有把握到的实质。

在当代哲学中,很多哲学家依然位于理智主义的框架下,对维特根斯坦提出批评,而没有理解维特根斯坦所提出的新哲学观。例如泰勒·布奇认为维特根斯坦在知觉问题上犯了"过度理智主义"(hyper-intellectualism)的错误。这使得维特根斯坦知觉哲学支持一种个体表征主义(individual representationalism),用博格的话来说,个体表征主义是在说"除非一个个体拥有表征的构成性条件的资源,个体不能够经验地或对象化地表征日常宏观物理事物"[①]。这使得知觉所需的理智资源要求过高。博格区分了两种个体表征主义:一种是从更基本的质料出发构建物理对象的表征,例如感觉-材料理论,这一种个体表征主义是维特根斯坦所明确反对的;第二种个体表征主义是指用新形式包装的第一种个体表征主义,即认为对物理对象的表征必须以一定的表征能力作为构成性条件。这两种个体表征主义都认为表征是从个体的视野中建构出来的,区别在于第一种个体表征主义认为对物理对象的表征不是首要的,而第二种个体表征主义则认为这种表征不是自动进行的。第二种个体表征主义即是过度理智主义。维特根斯坦当然不支持任何一种表征主义,但是博格认为维特根斯坦的观点非常容易支持这样一种表征主义,而且直接受惠于维特根斯坦的弗雷格、卡西尔、克里普克、塞拉斯、达米特、斯特劳森、奎因和戴维森的知觉哲学思想都可以看作这样一种过度理智主义。[②] 博格认为,维特根斯坦强调了看起来简单的指示和命名的

---

① T. Burge, *The Origins of Objectivity*, Oxford University Press, 2010, p. 13.

② See T. Burge, *The Origins of Objectivity*, Oxford University Press, 2010, p. 18.

行动都基于复杂的系统和能力,哲学家们被吸引着去以心理学的、社会性的或语言性的能力来解释这些复杂的系统和能力。

博格的想法让我们想起了我们讨论过的颜色空间的复杂性,在哲学史上颜色一般被视为简单性质,但是维特根斯坦从颜色不兼容性问题到颜色空间的研究,以及晚年对于颜色概念"相同性概念的不确定性"的研究使得我们发现了颜色概念的复杂性,如果我们不具备这种识别颜色概念复杂性的能力或资源,我们就基本上不能进行任何与颜色相关的语言游戏。因为即使是指示和命名,也是在一个颜色逻辑序列中才能进行。另外我们想要表征对象,就已经假设了主体,如果想要表征实在,就假设了显像,因为正如维特根斯坦所指出的,真值二极性是命题意义的条件,我们不能想象显像,也就不能想象实在。也就是说,为了表征对象,我必须能够满足表征的条件,表征的条件也包括共同体的约定和实践。

这样,博格认为维特根斯坦和他的追随者们并没有说明表征的嵌入(embeded)性,也就是表征位于更大的网络之中,而只是说明了表征对于复杂的语言活动条件的依赖性。博格认为很多情况下语言指称确实依赖于更加复杂的背景条件。但是他同时又认为,这种复杂的背景条件并不是所有知觉中的必要条件。因为经验研究说明了人类和动物都能够在不具备这些"必要条件"的时候进行知觉。这样一元论就成了二元论的某种特殊情况。博格的这种观点仍然处于表征主义的框架之下,而没有设想维特根斯坦所提示的另外一种可能性。如果我们将这里的表征主义框架以及知觉内容的假设清理掉,就会发现维特根斯坦实际上并不认为没有参与实践能力的生物缺乏知觉能力。这里的问题与其说是维特根斯坦的过度理智主义,不如说是博格的过度表征主义,以至于博格会认为知觉必然是表征性的,因而必然存在相应的知觉内容。博格认为我们除了科学所告诉我们的表征和表征内容框架以外没有其他的选项。我们不可能将表征内容还原为其他什么东西。博格认为知觉系统的功能就是制造对外部世界的真实的表征。表征系统是自动进行的，即使表征者并不理解这些表征，这些表征仍然存在。博格认为知觉科学已经很好地解释了这一点。

但是我们能够看出，博格的论述已经不再是哲学问题，而是受到科学范式桎梏的问题。例如，我们通常不会想到不同的知觉者对同一个知觉对象知觉的不同，而需要一种科学理解的帮助；我们也不将知觉外部世界理解为接收外部世界中的信息；我们也并不将位于人格下位的表征内容的计算处理视为获得知觉确定性的方式。这些人格下位的事件只有在人格上位的人类活动中起到作用才有意义。博格将不同的语言游戏拼接在一起，形成了一幅奇怪的知觉内容的画面。表征系统之间的交流也由于不同的知觉者所见的不同而成为逻辑上私人的视觉印象。我们如何保证不同的知觉系统之间的信息交流是可能的？这一点往往被认知科学和表征主义认为是不言自明的。另外内在状态一方面传递信息并处理信息，另一方面内在状态并不一定理解信息。更严重的问题来自表征系统内部，表征系统在不同的阶段将信息提取、计算、组合为下一阶段所需的信息，那么我们所指的内容是哪个阶段的信息呢？我们在神经科学中了解到，初级视觉中存在背侧流（dorsal stream）和腹侧流（ventral stream）两条通路，前者处理运动视觉，后者处理识别视觉，[1]知觉内容在这一阶段指的是哪种视觉内容呢？内容和信息处理阶段是不可分的。也许表征主义者会认为内容指的是最终阶段的信息，但是最终阶段的信息往往是大脑计算出来的，而与最初阶段信息并不吻合。

除了以上问题之外，知觉内容的假定所面临的最大问题是协变（covariance）问题。表征主义者常常认为，表征内容和表征对象的关系就如同足迹和人的走动、指纹和人的触摸、年轮和树木的年龄、化石和古生物的活动之

---

① See Bence Nanay, *Current controversies in philosophy of perception*, Routledge, 2017, p. 5.

间的关系一样,前者能够直接反映出后者的变化,两者是协同改变的。如果信息只是一种协变关系,那么内容作为信息的载体,能否谈论它的真值、精确性和可证实性? 毕竟后者属于命题的范畴。知觉内容假定在逻辑上不同于事实之间的协变关系。正是因为以上问题,诉诸于具有语言能力的正常成年人之间交流的类比而设想一套人格下位的表征内容交流系统是困难的。博格了解了以上困难后,又提出了另外一些支持表征内容的证据,例如他提出内容假定可以解释知觉中的错觉和幻觉。上文中所提到的穆勒-莱尔幻觉中,我们的所见与我们的信念是彼此对立的,我们看到两条线是不一样长的,但是我们相信它们一样长。这说明我们无意识地知觉到的东西是独立于我们所具有的有意识的信念。但是这恰恰体现出高阶的认知能力优先于低阶的知觉幻觉的作用,因为只有能够做出概念判断的生物才能够做出这种区分。即使对于低阶的无概念判断能力的生物来说,我们也很难说它始终生活在幻觉中,因为没有高阶概念的认知能力,我们很难说它能够知道如何是幻觉,什么是实在与显像的区分。因此我们设想知觉中总是包含着内容的心灵归属是错误的。

但是与表征主义相对的麦克道威尔的概念论或析取主义就正确吗? 麦克道威尔试图提出一种基于概念论的人格上位的表征内容理论。他认为经验是概念能力被动行使中的心灵状态或心灵片段,我们的经验已经具有了内容,并且不是像博格那样设想无意识的所予作为知觉内容的载体,通过"第二自然"(second nature),我们直接就能够概念地把握内容。① 与戴维森为经验主义所界定的经验内容和概念图式二分的第三教条相反,麦克道威尔承认某种最小经验主义(minimal empiricism)。例如,我们并不总是看到事物的侧面,我们总是能够直接看到事物整体,因为我们并不总是对象性地和

① See John McDowell, *Mind and world*, Harvard University press, 2000, p. 350.

外延性地看待事物,而是内涵性地并且概念性地看待世界。这样我们看错的可能总是存在的,而我们看到的并不是对象世界,而是概念化的"知觉内容",它起着和人格下位的表征主义中的"真正所见"同样的作用,但是避免了后者的不可交流性和无须理解的特征。

我们并不直接接触对象世界,而是通过接触"第二自然"来接触对象世界。但是这同样使得麦克道威尔引入了新的自我与世界之间的中介。事实上自然并没有告诉我们什么内容,我们知觉到的总是世界当中的物体和事实。我看到水中的筷子变弯了是一个事实,我们为其提供解释的是理论,理论并没有改变事实,而事实也没有告诉我们理论。我们并不能像动物那样与世界打交道,但是我们还是可以通过它与世界打交道的事实描述它的生活。麦克道威尔将知觉内容放置在人格层面,这使得人格上位和人格下位的知觉内容的关系成为一个问题。麦克道威尔给我们带来了一幅带有迷惑性的图画,这违背了维特根斯坦区分概念和事实的初衷。

综上我们看到,古代知觉哲学和近代知觉哲学分别受到目的论和机械论的影响,呈现出不同的景貌。19 世纪以来,生理学、心理学和认知科学的发展给出了知觉哲学发展的新背景。当代知觉哲学的基本问题是真实知觉(veridical perception)、错觉(illusion)和幻觉(hallucination)的关系问题。三者在知觉经验上可以是完全一样的。如果错误总是可能的,知觉和知觉判断的真值条件就无法确定。当代知觉哲学的主要进向有感觉-材料理论;副词理论;意向主义/表征主义和素朴实在论/析取主义。其中,意向主义/表征主义是当代知觉哲学的主流,意向主义/表征主义认为知觉是心灵中存在的表征结构和在表征结构上进行运算的过程。表征主义的核心假设是知觉内容的存在,知觉内容的设定使得经验的现象学特征和心灵表征的意向性结合起来,知觉经验在首要的意义上是以表征内容的方式得以理解的。

素朴实在论/析取主义与意向/表征理论的区别在于:在错觉论证中,前者将知觉和错觉放入一类,这一类是关系性的知觉关系,心灵状态是知觉状态,而幻觉由于缺乏知觉对象则不是知觉状态。但是由于素朴实在论/析取主义仍然坚持知觉和错觉的同类,这样知觉判断仍然是真值条件的,素朴实在论/析取主义仍然在坚持一种弱版本的知觉内容假设。当代知觉哲学由于知觉内容的假设而陷入了理智主义的窠臼。和"意识的困难问题"一样,当代知觉哲学所面临的问题是"内容的困难问题"(Hard Problem of Content),即知觉内容的假定所面临的协变(covariance)问题。与解释的自然主义的前提不符,协变是解释的自然主义唯一能够提出的信息处理和传递的方式,但是具有真值特性的内容在自然主义框架中并不存在,或者起码不能独立于特定的社会实践存在,知觉内容属于一种高阶认知。无论是麦金的意向主义解释,还是正统的表征主义解释,乃至麦克道威尔与特拉维斯的析取主义解释,都由于其知觉内容的设定而走向了维特根斯坦所反对的理智主义立场。知觉内容的设定使得知觉成了一种诉诸理智能力而寻求对客观世界知识的行动。理智主义立场使得很多哲学家对维特根斯坦的面相-观看知觉理论的理解也陷入这样的窠臼之中。而事实上日常知觉所关联的是我们涉身化的行动,知觉与行动之间的直接关系是无须知觉内容作为理智中介的。这里我们将试图提出一种反理智主义的知觉哲学。

第三章　维特根斯坦的知觉哲学与生成论

上文中我们已经提到过,维特根斯坦的面相-观看知觉哲学思想事实上是一种具有普遍性特征的考察知觉的视角,因为我们通常意义上的知觉基本上都是面相知觉,无论是"持续地看见面相"还是"面相闪现",我们既不是直接知觉到感觉-材料,也不是间接知觉到作为信息载体的表征内容,我们并非有一个完全陌生的所见,也并非有一个完全熟知的"生活世界",因此维特根斯坦说面相知觉既包含知觉经验也包含思想。这是如何可能的?表征主义的回答是神经系统所起到的计算和建构作用以至于我们从一开始就没有原始的感觉。而析取主义的回答事实上是将知觉的个别性纳入思想的一般性的认知过程,或者是麦克道威尔所说的概念能力的被动运用。两者基本上殊途同归。这两种想法都让我们想起了戴维森所提出经验主义的第三教条——概念图式和经验内容的二分,无论是表征主义,还是析取主义,都没有完全避免这一二分。究其原因,正如戴维森所提出的,经验内容和概念图式之间的关系并不是完全清楚的。上文中我们所提出的,哲学家们在这一问题上陷入困惑是一种理智主义哲学观的桎梏。而这恰恰是维特根斯坦所反对的。

　　传统经验主义认为，知觉是我们更加复杂的知识状态的基础，以视觉为代表的知觉的一个首要的功能就是精确地呈现或表征世界。当代科学和哲学的进展软化了这一强主张，但即使我们不将呈现或表征世界视为知觉的首要功能，知觉也不能成为我们上文中所提到的将知觉视为完全与呈现或表征世界无关的现象，例如将知觉视为纯粹的生存技巧性的工具，即如同骑自行车、听音乐、跑步等"知道如何做"。知觉令我们困惑的即是它的认识功能和生存功能之间的二重性。

　　一方面，它不完全是对世界的精确反映，抛开科学实验不谈，我们的视觉与听觉、触觉、味觉的认识功能完全不同，视觉的认识功能更为重要，我们常说"眼见为实"，而听觉则在认识功能中比视觉更为弱化，"听到"往往并不能够作为证据性的感知。触觉和味觉在这方面更为弱化。但是在上文中我们已经提到，即使是在视觉中，知觉也并非客观地呈现环境特征（这一点我们将在下文中论述），而是如同表征主义和析取主义所谈论的，是人脑对于外部环境加以计算和"补足"的产物。

　　另一方面，知觉显然在呈现着什么，我们从知觉中能够获得环境中的信息，知觉的呈现性并非是一种纯粹的表达，而是与环境相关的。在很多情况下，知觉能够非常精确地把握环境中的某些信息，例如我们能够很精确地用手去活动门的摇把，打开门，而更为精确地表征环境特征的机器人在做类似这种活动时却很笨拙，机器人运动员的运动机械而又呆板，人类运动员能够用更为合理的、轻松的和灵活的方式进行运动，例如更精确有力地射出足球。这昭示着知觉和行动之间的内在关联。

　　知觉的认识功能和生存功能之间的冲突是近代哲学以来关于知觉哲学问题的根源之一。哲学家们试图通过区分知觉与判断、知觉与认知的方式来避免这一冲突。在《第一哲学沉思》中，笛卡尔区分了他从窗户向外看到大街上所见的东西和所判断的东西之间的区别。他判断的是街上的人，他所见的是皮肤、衣服和帽子等。① 我们一般将前者视为知觉的,将后者视为认知的。在知觉中,我们能够对一无所知的物体进行一些形状、距离和颜色的认识(可能是二维的),而在认知中我们能够对知觉做出以判断为代表的高阶的认识。我们是如何从前者到达后者的呢? 维特根斯坦的知觉哲学试图跨越的就是这种冲突所导致的困境。他试图摆脱理智和理论所重塑的知觉模型,而指出知觉的真实面貌。但是维特根斯坦为了追求其阐述意义的不可替代性,而对自己的观点没有做出足够的解释,这使得学者们理解他的包括知觉哲学在内的哲学思想时陷入各种各样的解释和误读中。这里我们将尝试从生成论的角度对维特根斯坦的知觉哲学做出尝试性的解释,并回应当代知觉哲学所面临的一系列问题。

第一节　生成论知觉哲学的兴起

在物理层面上,光通过视网膜中的视锥细胞和视杆细胞进入我们眼睛,神经将光线转化为信息传递给大脑,经由大脑处理给予我们视力。在这一过程中,我们的感觉传感器根据所见对象所处的环境而改变,如果所见的物体离我们更近,那么它所反射的光到达我们视网膜的地方更多,反之则更少。我们可以根据距离和对象大小来定义所见。这就如同我们在形状知觉中可以用形状、视角倾斜度和视网膜投影情况来定义知觉,在颜色知觉中可以用物体表面反射率、光线和视网膜受光度来定义颜色知觉。在以上三种定义中,知觉经验都是不必提及的。但是我们想问的问题恰恰是:如何将以

---

① See René Descartes, *The Philosophical Writings of Descartes*, trans by John Cottingham, Robert Stoothoff, and Dugald Murdoch., Cambridge University Press, 1985, p. 32.

上的刺激模型应用于我们的知觉经验之中？知觉经验的意义是什么？历史上哲学家们都在试图回答这个问题，他们或者将知觉经验归结于对象，或者归结于视网膜，或者归结于二者之间的关系。

但是问题在于，我们用物理性质来定义知觉经验时会遇到不完全决定问题(The problem of underdetermination)。因为在以上分析中，只有视网膜是我们完全具有的，我们只能够通过视网膜上的神经刺激来推断物理对象，距离、光线、反射率等只能通过视网膜起到作用。问题在于，至少在一些情况下，虽然我们和物理的距离发生改变，或者光线条件发生改变，我们仍然能够稳定地知觉到对象自身的性质。例如一辆汽车从我的后方超越我，我并不因为它和我相对距离的改变而知觉到不同的性质。维特根斯坦在《论颜色》①中也指出，在昏暗的房间里，我依然能够辨别物体的颜色。这种稳定性我们称之为知觉恒定性(perceptual constancy)。观察条件的变化并不必然改变我们的知觉，在很多情况下，知觉总是相对恒定的。视网膜和视神经并不能够完全决定知觉经验，除非我们事先已经对于所知觉对象的性质有所认识，否则我们不可能解释为何我们能够超出实际所得信息而获取真实信息，而不只是恢复性地认识知觉对象及其所处环境(距离和光照条件)。历史上最著名的对不完全决定问题的讨论是贝克莱在《视觉新论》中所提出的，不同距离的神经末端刺激会造成同样的神经刺激，因而我们不能从视网膜投影中完全确定发出者与接受者的距离。

一、表征主义的标准观点

正如我们在上文中所提到的，19 世纪实验心理学的主要努力就是给不

---

① See Ludwig Wittgenstein, *Remarks on colour*, edited by Anscombe, Translated by Linda L. McAlister and Margarete Schättle, Blackwell, 1977, p. 7e.

完全决定问题一个答案。我们上文中提到过的表征主义和析取主义的回答都是认知过程在这里起到了计算和"补足"的作用，认知过程使得我们能够经验到知觉对象的真实性质。事实上虽然得到了神经科学的支持，但这一观点并不新奇，开普勒对于视网膜倒像的发现和恢复的研究就说明了认知判断对知觉所起到的作用。早期经验论支持者认为知觉是二维感觉联结（association）学习过程的结果。例如贝克莱认为触觉的三维性能够帮助视觉的三维视野恢复，同时纹理坡度、闭合以及一致性在深度知觉中也起到作用。在颜色知觉中，照明条件的学习也对我们的视觉系统识别物体的真实颜色起到作用，我们以照明信息和全部光线刺激信息进行参照，视觉系统就能够计算出物体表面反射率。在空间视觉中，我们根据视觉系统中的二维投影，根据学会的对于距离的一系列无意识假设计算出三维的世界。这样根据赫姆霍兹所言，我们经验到一个相对稳定的世界是由于我们的视觉系统对于一个稳定世界所提供的知觉刺激进行解释和计算，从而得到推论或判断。由于长期的学习和习惯，我们能够自动地并无意识地在日常知觉中运用解释、计算和判断，因而我们直接就能够看到三维物体。

与赫姆霍兹相反，赫宁就反对赫姆霍兹过于理智主义的知觉观。[①] 他认为其他因素也对知觉的恒定性产生影响，例如记忆，我们看到雪是白色的，即使我们看到雪的光线条件变得很暗，我们也将它看成白色，这不是我们计算或判断出来的，是以记忆为代表的其他周边因素告诉我们的，这些因素是非认知的、非视网膜的。理智主义的知觉观不能体现出一个积极的主体在环境中探索的活动，而只是以非常狭窄的输入输出观来看待知觉。更重要的是，视觉系统能够适应不同的观察条件而获得恒定的知觉。虽然记忆能

---

① See Ewald Hering, *Outlines of a Theory of The Light Sense*, Translated by Leo Hurvich and Dorothea Jameson, Harvard University Press, 1964, p. 21.

够起到作用,但这是以视网膜投影为代表的独立生理学元素认知特征的特征,例如对差别与和谐的边缘特性的知觉。在单眼视觉中我们很容易接受二维视觉,但是在双眼视觉中我们更容易直接接受深度视觉。两眼之间的差别很容易告诉我们物体的恒定大小。这样赫宁就提出了一种位于视网膜投影和物体真实性质之间的知觉理论,并且仍然没有否认认知过程在知觉中的基础作用。

在当代,表征主义成了知觉哲学的主流,无论是间接实在论、中立一元论还是副词理论都已经成为昨日黄花。究其原因,正如哈利·赫夫特(Harry Heft)所言,如果知者和知觉对象之间的关系不是直接的,那么这就不符合进化论的基本事实,因为"对于具有功能重要性的环境条件,心理过程是适应性的"①。设想适应性的心理过程只是产生对于所处环境中的资源和危险的非直接知识,这是不可想象的。如果有机体和它们所处的环境是一种共同进化的关系,那么我们不应该设想这种可能性。

我们在上文中已经提到过,表征主义最核心的观点是表征内容的假设,这一假设经常被称为"内容观点"(the content view),表征内容假设最早由大卫·玛尔(David Marr)②提出。根据内容观点,知觉经验在首要的意义上是以表征内容的方式得以理解的。在当代知觉哲学和认知科学哲学中,表征主义和内容观点基本上占据着标准观点的位置。我们知觉世界的方式即是知觉具有表征内容的显像。与非直接实在论相反,我们能够看到独立于心灵的物理对象和物理对象的性质,而不是看到中介对象。在真实知觉中,我们有内容的经验提供给我们关于物理环境中的信息,而在错觉和幻觉中则

---

① Harry Heft, *Ecological Psychology in Context: James Gibson, Roger Barker, and the Legacy of William James's Radical Empiricism*, Psychology Press, 2001, p. 377.

② See David Marr, *Vision: A Computational Investigation into the Human Representation and Processing of Visual Information.*, W. H. Freeman and Company, 1982, p. 7.

不能如此。表征主义相对于一般实在论的优点在于它能够对知觉和信念的关系做出解释,概念可以将知觉内容纳入概念内容中来,这样知觉和认知直接的界限也打通了。我们不再需要为知觉和判断之间的区分做出进一步的解答。而且表征主义能够很好地解决错觉和幻觉的问题,它们和知觉有同样的或相似的经验内容,表征主义可以继承非直接实在论的优点,同时避免知觉中介的假设。非表征主义的观点如物理主义实在论(副词理论)、标准条件理论和析取主义(素朴实在论)等都需要对这些问题作出很多论证。与之相反,表征主义对这些问题的回答就容易得多。表征主义认为显像在真实知觉中能够表征物理实在中的稳定性质。当然,人类并非对所有种类的刺激都敏感,但是对于人类敏感的刺激类型,知觉经验必须以是否能够表征独立于知觉者的物理实在作为标准来衡量。皮考克认为,现象特征不能成为表征的标准:

> 设想你站在一条延着直线延展到远方的路前,路边有两棵树,一棵树离你一百码,另一棵离你二百码。你的经验将这些对象表征为同样的物理高度和其他方面,但是存在一定的意义,更近的树比更远的树占据了你更多的视野。将树表征为同样的高度,这是你的经验自身的一个特征。[①]

皮考克认为知觉经验的表征内容是两棵树具有同样的大小,而不是由于经验的特征两者显现出不同的大小。泰伊则认为,经验特征也是表征性的,因为一棵树在表征中更大,并不意味着没有任何限制地将它看作更大

---

① Christopher Peacocke, *Sense and Content*: *Experience*, *Thought and Their Relations*, Clarendon Press,1983,p. 12.

的。这不影响我们将两棵树表征为同样的大小,两者的表征内容是一致的。斯彻林博格(Susanna Schellenberg)同样反对皮考克的想法,她认为并不依赖于知觉者的物理性质是物理对象的内在性质,而内在性质总是在一定的上下文中得到知觉,例如光线条件是观察角度必不可少的。知觉不仅表征物理对象的内在性质(intrinsic properties),还表征物理对象所处的环境所赋予物理对象的性质,这种环境性质也是独立于心灵的,我们只有在一定的环境性质下才能真正表征物理对象的内在性质。知觉内容对于物理对象的内在性质来说是不变的,就如同我桌上的一个杯子总是与我处于某种时空关系中,这种时空关系总是可能改变的,而对象的内在性质是不变的。在皮考克所举的例子中,我们不必提及作为心灵中介的视野,而是只提及环境性质就可以解释显像与实在的区别。我们不必像泰伊那样去设想环境性质也是表征性的(认知性的),内在性质总是伴随着环境性质。但是在以现象性质改变为代表的例子中,非表征特质是否起到了作用?斯彻林博格①坚持认为独立于心灵的性质应当为这一变化负责,现象性质应当以表征内容得以理解。取得知觉的恒定性是人和动物知觉的一种能力。

表征主义的成功依赖于表征内容的设定。一方面,表征主义坚持认为表征内容不是心灵和实在之间的中介;另一方面,任何直接实在论者都会认为表征内容实际上就是心灵和实在之间的中介,只不过这种中介是功能性的,而非实质性的。由于上文中所述的协变问题的存在,根据奥卡姆剃刀原则,直接实在论占有一定优势。直接实在论者认为知觉经验不是表征状态,而是知觉者和独立于心灵的环境特征的一种直接的、非中介的关系。独立于我们的环境特征,一方面独立于我们,另一方面可以被我们直接地感知

---

① Susanna Schellenberg, The Situtation – Dependency of Perception, *Journal of Philosophy*, 2008 (105 – 2), pp. 55 – 84.

到。我们所知觉到的对象,是世界中真实的存在,能够不依赖于中介而得到感知。直接实在论有相对于表征主义的优势,我们无须假定显像可能是具有欺骗性的,或者认为物理实在的存在依赖于显像。表征主义着力于解决的问题在直接实在论中只是出发点而已。

直接实在论对表征主义的反驳主要基于经验的现象特征是透明的。如同塞尔所说:"如果你想要描述头脑中的主观视觉经验,你将会发现的是你在给出与世界中的事态同样的描述。"①知觉经验环境特征的改变是知觉者与环境关系的改变(视角、感觉类型与知觉的特定环境)。我们不必担心皮考克提出的相反的表征内容的问题,由于环境关系包含在内容中,我们拥有一致性的知觉内容。这样,直接实在论对于作为中介的表征内容的扬弃并没有使其放弃知觉内容的设定。直接实在论只是弱化了知觉内容的功能意义,而没有正面否定这个概念存在的必要性。

二、吉布森的生态心理学

由于知觉内容的设定,无论是以表征主义为代表的间接实在论,还是以塞尔为代表的直接实在论,都处于一种理智主义的知觉哲学观中,吉布森(James J. Gibson)的生态心理学与表征主义的标准观点相反。吉布森认为知觉不是发生在知觉者头脑中的事件,而是动物体作为一个整体对环境进行探索的行动。如果我们只将知觉视为大脑中人格下位的表征活动,那么我们就将知觉内在的使动(enabling)条件视为动物体整体知觉自身的成就了;而实际上两者是位于不同层次的。知觉的功能是保持知觉者与环境的接触并指导其行动,而不是制造内在经验和表征。无论是直接实在论,还是

---

① John Searle, *Seeing Things as They Are : A Theory of Perception*, Oxford University Press, 2015, p. 59.

间接实在论,都在这里走向了歧途。对于知觉来说,最直接的信息不是视网膜上的光线照射情况,而是生物体自身所探寻的世界或环境的情况。这一情况既不是包含表征内容的知觉经验,也不是直接实在论(素朴实在论或析取主义)所说的知觉的直接对象。吉布森拒绝了两种承认知觉内容的知觉哲学观点,他认为知觉是心灵与世界的直接接触,知觉不是由感觉或图像作为重建我们所见的基础的表征。知觉就是直接的把握,而非重新的构建。表征主义和直接实在论都认识到了这一点,但是最终知觉内容的设定又使得它们远离这一知觉的基本观点。

也就是说,我们并非如同近代以来的哲学家们所主张的那样区分知觉和判断,在前者中形成内在表征,推论出后者中外部世界的真实存在。那么我们该如何理解知觉的运作呢?生态心理学的核心假说即知觉者依赖其对环境的动物性的敏感性而与环境直接接触。知觉是主动的,动物体活动它们的身体来观察其所处的环境,并持续地移动以使自身能够更好地知觉,这使得知觉者知觉到的不是静态的图景,而是动态的知觉之流。知觉之流的结构和环境的结构是处于交互关系之中的,正是知觉者对这种交互关系的熟悉性,使得知觉者能够在环境中直接获得"内容",而无须从不完全决定的图像或信息中推论出现实。知觉和判断之间的鸿沟得到了填平。

吉布森认为知觉对象对于一个施事者(agent)来说的重要性是由于施事者可能进行的行动,或者这个知觉对象对于施事者提供的可供性(affordances)。重要性依赖于有机体与它的环境之间的特定关系,有机体根据自身进化的历史,只对环境中的一些特征做出反应,或者根据进化的目标对于相似的特征做出非常不同的反应。一棵繁盛的树木能够为蜜蜂供给食物,为鸟儿提供庇护;沙滩能够为乌龟和螃蟹提供繁育的场所。吉布森对于三维视觉的研究最为著名,他认为三维视觉应当基于周边光学阵列(ambient optic array)的不变特征。① 眼睛是一个考察周边光学阵列的可用信息的生物学装置,不同类型生物的眼睛虽然是不同的,但是它们共有的功能都是从观察的点上考察不同方向上光线的不同。

以福多和派利夏恩(Zenon W. Pylyshyn)为代表的表征主义者反对生态心理学,他们认为表征主义的标准观点是正确的,而吉布森没有完全摆脱这一观点。说到底,知觉是经由感官接受而得来的非直接认识,它必然是一个由边缘感官接触所引发的表征过程,因此知觉仍然是一个人格下位的计算表征过程,而不是一个动物体的成就。

三、赖尔两种知识的划分与生成论

吉布森的生态心理学引发了更为深远的知觉哲学研究范式的变革,神经科学家马图拉纳(Humberto R. Maturana)和瓦雷拉认为将神经系统看作是一个类似计算机处理外部世界的内在表征的输入-输出系统是错误的。与其说神经系统表征外部世界,不如说神经系统由其自组织的行动出发,创造出动物体的知觉领域,例如上文中吉布森所提出的可供性、重要性乃至知觉者自身。瓦雷拉提出了一种生成论的知觉哲学进向。生成论作为一个术语最初由瓦雷拉、汤姆逊和罗斯奇在1991年合著的《涉身的心灵》中提出,生成论与其他反表征主义的进向相似,其目的在于颠覆传统哲学中错误的心灵观念,特别是"质疑认知本质上是表征的观点的中心性"。生成论认为知觉不是在由被给予的心灵对被给予的世界的表征,而是以有机体在世界之中所做的多种多样的行为的历史为基础,对世界和心灵的立法。生成论

---

① James J. Gibson, *The Ecological Approach to Visual Perception*, Lawrence Erlbaum Associates, Inc,1979,p. 15.

进向主要持有两个观点：

（1）知觉存在于由知觉引导的行为之中；

（2）认知结构来自复现的动觉样态，它保证行为被知觉地引导。①

生成论强调知觉和认知行为的涉身性和嵌入性。特别是我们并不是以内在表征的方式来完成日常生活中的知觉。这里生成论与传统知觉哲学观点的区别在于，它们分别依赖于赖尔所说是"知道如何"（know that）和"知道如何做"（know how）的区分。瓦雷拉、汤姆逊和罗斯奇认为，使得我们能够在世界中理智地生活并参与到世界之中的并不是命题知识，而是我们在不同事项中基于经验的积累而获得的上手状态（a matter of readiness to hand）或"知道如何做"的能力。② 这两种知识的区分挑战了传统认知主义的知觉哲学观。

赖尔做出了两个发现，一个是发现"知道如何做"和"知道如何"之间存在并行的关系。我们在学习如何去运用一件器械的时候，同时也在学习某物是如此这般的；我们找到如何骑自行车的方法，也找到罗马人曾经建造的营地；我们忘记如何系鞋带，也忘记中文中"饕餮"的写法。我们可以怀疑如何的时候同时也可以怀疑是否。赖尔的另一个发现是我们从来不说一个人相信或认为"如何做"，虽然我们可以问一个人接受一个命题的理由，但是问一个人打牌的技巧或投资的谨慎的理由是没有意义的。③

根据表征主义的标准观点，知识或命题是得到辩护的真信念，可以用真命题来说出。而告诉我们"知道如何做"的实践知识则并不是以这种表征的方式出现的。它是使得我们能够可靠地得到某些结果或有能力参与某些活

① See Varela, Thompson, Rosch, *The Embodied Mind—Cognitive Science and Human Experience*, The MIT Press, 1991, p. 9.

② Ibid., p. 148.

③ See G Ryle, *The Concept of Mind*, Hutchinson, 1949, p. 20.

动的东西。在不同的意义上，我们知道如何系鞋带，如何骑自行车，如何打乒乓球，这些能力并不依赖于命题规则的遵守与否，我们原则上不可能指出为达成这些目标而遵守的规则和原理，因为事实上并不存在这样的规则和原理。虽然如此，"知道如何做"的知识仍然是规范性的，[①]它有特定的评价成败的尺度，它或者由所做的方式（灵巧、熟练或笨拙）来判定，或者由其结果（得分、犯规）来保障。在"知道如何做"的行为中，我并不以"知道是什么"的表达来衡量它。

赖尔引入这一区分的原因是他试图攻击他称之为"理智主义传奇"（intellectualist legend）[②]的哲学传统。他提醒我们将"知道如何做"还原为"知道是什么"的进向将不可避免地遭遇无穷后退。例如在意志的案例中，如果总是存在作为日常行为活动前提的"意志活动"，这个"意志活动"能够起到表征、预演和决策日常行为活动的作用，那么决定进行"意志活动"的依然是一种"意志活动"。即使我们能够使得引导我们行为的"规范性命题"（regulative propositions）的观念拥有一定的意义，我们何时和如何应用它们仍然是一个"知道如何"的问题，而不是"知道如何做"的问题。赖尔认为这一论证是对"理智主义传奇"的"最重要的反驳"（crucial objection）。[③]

根据赖尔所做出的这一重要区分，生成论哲学家开启了新的哲学革命。21 世纪以来，当代认知科学和知觉哲学开启了以涉身性、嵌入性、延展性和生成性作为其四个主要进向的"4E"转向。根据生成论，知觉不是以世界内在表征的方式存在于头脑中，而是由有机体与环境结构性的耦合关系所生成的结果。例如在颜色知觉中，表征主义和功能主义的观点是颜色视觉从视网膜影像中恢复并计算表面反射率的不变特征（每种波长的反射百分比

---

①　See G Ryle, *The Concept of Mind*, Hutchinson, 1949, p. 50.

②　G Ryle, *The Concept of Mind*, Hutchinson, 1949, pp. 31 – 32.

③　Ibid., p. 29.

率），而跨生物种族的讨论给予了我们新的视野，我们发现不同的动物有不同的颜色空间，颜色视觉的功能不是探测任何环境的单一特性，而是指导生物体的反应和行为，生成动物体与环境的耦合关系。

瓦雷拉、汤姆逊和罗斯奇认为，我们现有的关于世界的给予的、外在的特征和内在的、符号的表征之间的区分应该取消，因为它无法包含通过一个处于一定环境中的施事者的行为而产生的涉身性行动到知觉和认知的反馈。① 传统的认知主义（表征主义）当然可以将这一过程强行纳入表征/计算系统之中，但是事实上生成论所提出的是一种新的知觉哲学观和自然哲学。正如维特根斯坦所指出的，我们不应当将所采用的描述的方式混同于所要描述的对象。

表征主义框架无法完整地描述知觉活动，而生成论则引入了一种更为恰当的描述知觉的框架。与以表征主义为代表的传统认知主义相反，生成论认为知觉经验应当由有机体的生理学反应、它的动觉循环（sensorimotor circuit）和环境之间的关系来说明，这就是生成论所强调的大脑—身体—世界之间的结构性耦合关系，这种关系构成了生成论的涉身性认知纲领的核心。生成论不仅仅是一种生物进化理论的哲学阐述，它解释知觉经验的路径是传统现象学思想，传统现象学提出的知觉施事者以其涉身性的"活着的"身体造成了（bring forth）自己所处的世界，这才使得大脑—身体—世界能够处于结构性耦合关系之中。我们对世界的知识在首要的意义上不是对先于处境和生物体建构的存在世界的客观认识，而是施事者的涉身性活动所产生"知道如何做"的知识。

也就是说，只有一个带有一定的生物学特征的有机体，比如有眼睛、手、

① Varela, Thompson, Rosch, *The Embodied Mind—Cognitive Science and Human Experience*, The MIT Press, 1991, p. 221.

胳膊和一定的生活能力,我们才会说他(它)拥有知觉能力或认知能力。我们并不将计算机视为有知觉的,也不将无生命的物体称为有认知能力的。这是因为知觉是一种动态的动觉行为,我们所被给予的和经验到的世界不是由神经活动作为前提条件的,而是由有机体身体性的活动所生成的。就如同吉布森所指出的,我们对物体的三维形状的知觉是以我们的双眼球运动和观察位置改变行为作为条件的。生成论不仅仅停留在心灵理论方面,而是有广泛的理论空间,例如在语言学中,莱考夫与约翰逊的隐喻研究就与生成论的理论紧密相连。

生成论在进化理论、知识论和心理学中都引发了革命。虽然生成论以不同的方式发展,但是不同的进向都共享着对于涉身性行为在知觉中的奠基作用的理论假设。例如在下文中我们即将指出的自创生生成论(autopoietic enactivism),它将生物体自创生能力视为解释生物体心灵生活的核心要素。自创生的概念是用来描述有机体作为一个主动的、适应性的、自我维持的和自我个体化的"活着的"系统的特征,这个系统具有自我创造和自我规范的能力。感觉运动生成论(sensorimotor enactivism)则侧重于讨论知觉经验对于赖尔意义上身体的动觉的依赖性。激进生成论则认为自创生生成论和感觉运动生成论仍然陷入传统心灵主义和表征主义的思维模式之下,而坚持认为有机体与世界之间不存在任何中介。这些不同的生成论进向虽然强调着不同的特征,彼此相对立,但是它们在坚持涉身性行动对于知觉和认知的奠基性作用上是一致的。

生成论重新考察了诸多学科形而上学中墨守成规的实体与环境之间的关系,首先是我们如何能够将实体区分于它的环境,正如格式塔心理学所指出的,我们用组织来描述使得一个观察者能够将实体区分于其他东西的那些特征,不同实体的组织不同。生物体一般是复杂的组织系统,由许多不同的施事者以很多不同的方式互相关联构成,生物体的复杂系统由自身创造自身,即通过自身的内在关系来存在和保持存在,这就是自创生的含义。自创生的系统动态地在进行中的交互关系网络中相连,这里所说的动态即是说施事者之间的关系与系统和环境之间的关系始终处于改变之中,自创生即是说在这种改变中,生物体仍然能够保证自身的存在并继续生产自身和自身的组成部分。一个自创生的系统就是其组成部分之间的交互关系,能够形成自身和进一步创造自身而形成的突现现象。

这里我们还需要区分的是系统与它的组织,因为适应性行为同时也在改变着系统的整体结构,一个系统的组织包含着使得它能够保持自身存活的不变特性,也包含着使得它自我创制的开放特性。一方面一个自创生系统必须保持它的组织,一个系统的结构包含着这个时刻它所有的特征,另一方面它的组织总是处于与环境和系统内部其他单元的持续交互关系之中,因而它始终在改变和适应。问题在于如何解释结构改变,即展示生活在一个完全满足其自身需求的环境中的有机体,如何能够承受这样一种持续性的结构变化,并且同时能够在环境中继续生活。这里就涉及了有机体学习的问题。

活着的有机体通过以某种方式适应周边环境而获得自创生,这种适应的行为包含着有机体的存在与认知,知道即是存在和所为(acting),这就是生成论中生成的含义所在。一个有机体通过它与周边环境的交往行为而获得对于周边环境的知识,说明这个有机体的知识不仅仅依赖于周边环境实际所是,而且还依赖于有机体所能做出的行动。同时,一个自创生的系统通过它与周边环境交往的历史而产生自我升级的适应性结构,这使得有机体不仅仅知道周边环境的某个侧面,而且它通过行动定义了它所在的环境。这种主动进行学习和认知的行动就是结构的改变,同时有机体系统的结构限制了为进行这种改变所采取的行为和所获得知识的范围。整个结构决定了有机体系统对于某一特定的情况所采取的回应。正如马图拉纳所说:

如果我有一个活着的系统,那么这个活着的系统即是位于它所交往的媒介之中。它的状态的动力学(dynamics)造成与媒介之间的交互关系,并且这个媒介的状态的动力学造成它与这个活着的系统的交互关系。在交互关系中发生了什么? 由于这是一个系统决定的结构,媒介触发了系统中的状态的改变,并且系统触发了媒介中的状态的改变。状态改变了什么? 被允许的那些东西中的一个是系统的结构。[①]

马图拉纳指出了生成论的核心观点:交互-突现(co - emergence)。一个有机体系统和一个媒介(有机体系统所处周边环境)的交互关系是有机体系统与环境发生改变的机制,只要它们能够继续互相交往,那么它们就可以相互耦合和交互-突现,这种交互-突现并不意味着有机体与周边环境更加适应于彼此,而只是使得它们的结构之间可以继续交互,也就是说这种改变的交互-突现实际上是一种弱交互关系,可能在结构耦合历史上出现有机体和周边环境不再能够彼此交互关系的情况,在这种情况下耦合关系消失,例如有机体系统与其他周边环境的交互关系,或者周边环境与有机体系统的一方损害到另一方的组织,使得另一方面消亡。在形而上学上,描述实体与周边环境的错误想法认为周边环境决定了实体的结构,例如,在某些对达尔文进化论的解释中,动物所具有的某些特征被视为周边环境所要求它具备的。例如我们认为北极熊是白色的,是由于它们住在雪地里。这样动物与周边环境的结构耦合关系就消失了,因为如果动物的结构使得它不能够与周边环境进行交互关系,那么,它就会消亡。这不同于环境要求动物体具有某些特征,事实上只要能够与周边环境形成耦合关系,动物体的很多结构都是允

---

① H Maturana, *Everything said is said by an observer*, W. Thompson, Gaia: A way of knowing, Lindisfarne Press,1987,p. 75.

许的,这些可能的有机体的结构定义了动物体所能够施行的行为可能性。

生成论的两条基本原则中,第二条是认知结构来自复现的动觉样态,它保证行为被知觉地引导起着更为核心的作用。表征主义和其背后认知主义的认知结构是表征环境当中知觉对象性质的内在表征。生成论则认为认知结构是有机体与环境的交互关系活动中自组织形成的。瓦雷拉等人并没有将第二条原则作为最重要的原则,但是后来的生成论研究者们都将这一点视为核心。单细胞细菌通过一个半渗透的边缘区分于分子汤(molecular soup),并通过分子汤来吸收养料并排放废物。作为一个自创生的系统,细菌通过它作为一个生产自身的系统产生自身的组织,因而在环境中产生了一个突现的生物体。它与环境之间的交互关系是根据这个有机体物理地涉身于环境当中的方式决定的,这种涉身的方式也决定了它的结构。

尽管蔗糖是生理化学环境的条件,但是这并不意味着它就是食物,它成为细菌的食物是一种关系,只有在这种关系当中细菌才能存在。瓦雷拉等人强调的就是这种有机体在环境当中突现为自组织的自创生的动态过程。正是因为这种自组织和自创生的过程中有机体对环境结构的依赖性,使得环境对于有机体的存活具有很重要的影响,这种重要性的价值使得有机体将这些环境中的结构视为知觉的和认知的。认知主义和表征主义认为这种重要性是由有机体为了适应性行为而表征的环境结构,但是生成论则认为重要性是通过创造和保持有机体与其所生存环境的动态过程中生成的、突现的,并且这种动态过程造成了有机体与环境之间的区分。正是这一视角使得知觉者与环境的动态交互关系能够解释知觉是可以被知觉地引导的行动。

对于吉布森来说,知觉不是一个被动地接受信息、构建表征的过程,而是有机体主动地、直接地通过探索行为而与行动相关的环境中的性质进行交往的过程。生成论同意吉布森的这一断言,并为之增加了使得这一直接交往成立的前提条件,即耦合关系。生成论强调参与性的涉身性行动而不是分离的表征作用,拒斥了传统实在论和唯心论,这继承了梅洛·庞蒂在心灵与世界之间寻找中介场地的哲学精神。但是现象学的问题在于它会造成一种身心之间的因果理论,扰乱经验自身,瓦雷拉等人推崇佛教的沉思和践行的纯粹性,后者能够帮助我们彻底摆脱理论和假设,从抽象的观点回归到处境中的经验自身。我们应该扩大我们的视野,将活着的、日常的、普通的经验纳入心灵科学的考察对象中。

瓦雷拉、汤姆逊和罗斯奇最早提出的生成论主张是一个雄心勃勃的计划,他们试图融合现象学、认知科学、进化理论、佛教理论等学科中的最新研究,提出一种新的认知科学和知觉哲学研究纲领。生成论最初所要解决的核心问题是当代心灵理论的研究与知觉经验之间的鸿沟问题,瓦雷拉等人给出的解决方案是用佛教理论和现象学来解释人类"活着的"知觉经验。从那时候起,涉身性的、嵌入性的、延展性的和生成性的"4E"新的知觉哲学进向开始萌发。传统的认知科学哲学是认知主义即知觉表征主义的,认知主义将人类的理智视为知觉经验的核心,认为理智即是生产、传播和操纵表征性的内在状态。简而言之,心灵就是大脑中的计算机,计算机根据算法和规则,对外部输入的信息进行复杂的内在演算,产出所需的结果,这台人脑中的计算机即是知觉与环境之间的中介。至于这台计算机是金属的还是肉身的,只是实现方式的不同。认知主义或知觉表征主义获得了很大的成功,但是也面临一系列问题:首先人类灵活地依赖上下文的反应智能并不依赖于表征和计算,其次何为表征本身就有很大争议,最后表征内容本身就是一个完全的理论假定,没有任何证据证明它的存在。

认知主义试图用一些非表征主义的进向来回应以上问题。例如联结主义(connectionism)认为我们不必设想表征状态的运作来解释计算与理智行为,适应性行为可以从交互关系中单元网络的行为中突现。安迪·克拉克

（Andy Clark）也曾经指出,我们的神经系统是依靠它的容错性及纠正能力来工作的。[①]　单元网络之间的联结性不是严格的或者既定的,而是通过自组织学习和交互关系发展出来的。例如我们今天的大数据、机器学习和自然语言处理,都是依靠机器的自我学习能力来实现的。阿尔法狗（AlphaGo）就是通过简单的规则,进行自我演算模拟来学会围棋的下法。另外,动态系统理论（dynamical systems theory）为联结主义提供了描述复杂系统自我交互关系组织的工具。我们可以用系统的可能状态的多维空间来描述联结的可能性,并引入一系列的可能引起和改变联结的变量作为描述系统活动的因素。

同时,吉布森的生态心理学也可以看作对认知主义作出了补充,我们不应当将知觉看作间接对环境中的信息重构后的表征,而应该看作是直接对环境的认识。原因是环境总是对我们产生感官影响,并且这种影响受到我们行为的制约,认知主义低估了这些影响的认知价值。另外,我们的知觉总是与我们的目的和能力相关,我们知觉的目标是与我们的目的和能力相关的环境的可供性资源,而不是我们必须接受的外部世界中的信息。知觉者和环境存在彼此交互的关系,环境应当包含帮助知觉者引导其行为的特征,否则的话就不存在知觉活动。人工智能的发展也逐渐摆脱了认知主义框架的统治地位,而采取了适应性的自动控制行为的要素。例如我们今天常见的扫地机器人和智能家电都是如此。这些进向都表明着认知主义在严肃地对待生成论所提出的一系列问题,并作出相应的革新。

我们在上文中讨论了当代知觉哲学的主要进向,即感觉-材料理论、副词理论、表征主义与析取主义的争执,在后文中,我们也将讨论颜色知觉哲学的主要进向,例如标准条件理论与初始主义、物理主义与虚构主义以及倾

---

① A Clark, *Surfing Uncertainty*: *Prediction*, *Action and the Embodied Mind*, Oxford University Press, 2016, p. 248.

向主义与关系主义。这两种分类法实际上只是由于涉及的题目不同而进行的微调，两种分类法涉及的观点是高度重合的，简单地说，我们可以将它们区分为上文中提到的直接实在论与间接实在论，关系理论和析取主义实际上是在两者之间摇摆不定。

总的来说，间接实在论占据着主流的地位。而无论是何者，在不完全决定问题上都无法给出合理的解释。究其原因，我们可以看出，无论是直接实在论，还是间接实在论，都没有意识到赖尔所提出的"知道如何"与"知道如何做"之间的区分，而是简单地将知觉视为一种"知道如何"的对象，即视为一种事实。这样就陷入了赖尔所说的"理智主义传奇"的错误进向，而事实上知觉隶属于"知道如何做"的范畴。知觉与生物体涉身性的行动处于内在关系之中，一个物理的、活着的、具有运动能力的身体始终在知觉中起到主动的构成性作用，而作为传统知觉哲学中知觉核心功能的大脑只是这个主动性的知觉系统中的一环，是整个身体的神经中枢，而不是人体中嫁接的中央处理器；两者之间的区别在于后者是一个无生命的静态的物体，而前者是有生命动态的身体的一部分。无论是无意识的知觉，还是有意识的知觉，都是同一个与环境处于耦合关系中的有机体的知觉-行动的一部分，只是层次不同。麦克道威尔所严格区分的人格上位和人格下位并不是最基本的区分。

这里涉及的，不仅是从表征主义到反表征主义的转变，以及从理智主义知觉哲学观到反理智主义知觉哲学观。生成论实际上提出了一种新的自然哲学。不完全决定问题是由于我们不能通过有限的输入而得到对于客观世界的真实知觉，事实上，我们并不通过个别感官有限的输入所得来的信息进行运算而得到知觉，而是运用有机体整体作为知觉的单元，在有机体行动中获得动态的知觉。这样，不完全决定问题就得到了消解。

四、来自认知科学研究的证据

一系列认知科学研究的成果支撑着涉身性认知以及生成论理论。首先是我们日常行为中的案例。我们与他人谈话时会采用手势，手势不仅仅服务于语言交流，还构成着语言。手势不同于我们对一个不熟悉某种语言的人说话时语速的快慢变化，因为手势的功能不仅仅是交流性的，我们闭上眼睛或在打电话时就不会做它（事实上我们在打电话时也会有手势）。手势是语言交流的构成性因素，如果没有手势，我们就不会如此这般的说话。

另外的案例来自视觉与行为引导之间的关系，视觉总是起着引导行为的作用，身体运动与其反馈视觉过程的交互关系更为紧密。除此之外，镜像神经元（mirror neurons）[①]的发现更进一步推进了生成论的进向。当我们做出某些行为时，某些神经元被触发，当我们观察别人做出同样的行为时，相同的神经元同样被触发。在大脑的运动前皮质和顶叶下皮层[②]中都发现了镜像神经元，这可能是灵长类动物的一个普遍特征。镜像神经元的发现证明了知觉不是传统知觉理论中所说的从感官被动接收到大脑的单程通路，而是感官与大脑之间复杂的反馈循环通路。当一个人看到他人疼痛时，他也会感到一种微弱的疼痛；当一个人看到他人执行一项复杂的自动行为时，他也会想象自己执行这一行为。镜像神经元使得学习成为可能，"知道如何做"的能力不仅仅位于大脑或感官之中，而是位于整个生物体系统之中。最后，安迪·克拉克和大卫·查尔莫斯（David Charmers）提出了"延展心灵"（extended mind）的概念，我们执行某些认知任务，例如记忆时，运用身体和周

[①] See Shaun Gallagher, *Enactivist Interventions Rethinking the Mind*, Oxford University Press, 2017, p. 12.

[②] Ibid., p. 46.

边环境(例如手机、笔记本)来帮助我们进行任务(例如存储信息)会使得我们的认知任务更简洁有效地完成,因此他们认为认知应当延展到大脑之外乃至皮肤之外。①

上述案例的研究推进了涉身性认知科学的发展并引起了学界关于知觉和认知本质观念的变革,传统的内在论表征主义认知科学逐渐引起人们的质疑。其过于狭窄地概念化了知觉和认知概念,例如将知觉和认知看作是感觉过程和运动控制机制的功能,人工智能的发展将这种传统知觉观展示出来。这种观点是涉身认知科学最典型的目标,涉身认知科学试图发现基于一个物理身体的更广阔的知觉和认知的意义。涉身性的认知科学认为知觉和认知更依赖于施事者的身体而不是大脑。没有身体在知觉和行为中的参与,思想将会是空的。而生成论则进一步认为,没有身体行动的生成作用,知觉和认知都是不可能的。以下我们将以颜色知觉为例,探讨经验科学研究对于生成论进向的推进。颜色知觉的研究提供了一个知觉哲学和认知科学研究的显微镜,它能够帮助我们更好地理解知觉的方方面面。正如维特根斯坦所言,颜色似乎呈现给我们一个谜。对颜色之谜的回答也就意味着对于知觉哲学问题的回答。

受到牛顿经典物理学影响,我们一般会采取一种上文中提到的物理主义的颜色知觉观,认为颜色是独立于知觉者的物理性质,例如物体表面反射率。但是一系列颜色知觉的发现推翻了物理主义、虚构主义或主观主义并开始盛行,哈丁指出,颜色实际上只能是根据心理物理学和神经生理学建构起来的感觉的性质,而非客观对象的性质。哈丁指出,视网膜的三种视锥感光细胞对物体表面反射率短波、中波和长波的敏感度并不是一一对应的,而是重叠的。

---

① See A Clark &D Chalmers, The extended mind, *Analysis*, 1998(58), pp. 7 – 19.

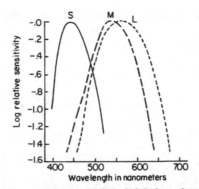

Fig. 1-12. *Normalized spectral sensitivity functions for the three human and macaque monkey cone types: shortwave (S), middlewave (M), and longwave (L). The sensitivity at each wavelength is proportional to the probability that the cone type will absorb a quantum of light at that wavelength.*

图16　人类视锥细胞对三种波长的敏感度曲线[1]

从上图中,我们可以看出,视锥细胞对短波、中波和长波的反应曲线彼此重合。我们事实上并不是直接感知到物体表面反射率,而是通过三种波长之间的关系"计算"视野中某个位置应当是什么颜色。物理主义的简单观点被虚构主义所替代。颜色恒定性不产生对于物体物理性质的直接把握,而在于我们通过计算来重构它所是的颜色,这里我们并不是反映光线的性质,而是排除掉光源的干扰,根据整个视野的情况来决定对象的恒定颜色。这样,颜色在本体论上是虚构的。那么颜色的功能就不再是表征实在,毋宁说是重构实在。

在表征主义的标准观点中,玛尔将视觉分为三个层次:一是计算理论层次,二是算法的层次,三是物理执行的层次。[2] 计算理论的层次是从二维倒相投影中恢复正相三维视觉的早期视觉层次。在颜色视觉中,恢复正常三维视觉的问题是恢复物体不变的表面反射比率。在算法的层次,计算视觉

---

① See C. L. Hardin, *Color for Philosophers*: *Unweaving the Rainbow*, Indianapolis, Hackett Publishing Company, 1988, p. 27.

② See David Marr, Vision: *A Computational Investigation into the Human Representation and Processing of Visual Information*, W. H. Freeman and Company, 1982, p. 126.

主要关注的是执行给定的计算任务所需要的形式步骤。在物理执行的层次,计算视觉关心的是算法如何在生物体和人工系统中的物理实现问题。玛尔认为这三个层次是互相独立的。在生物视觉中,玛尔认为算法层次相当于心理学物理学和神经生理学的对应问题,在物理执行层次,则是神经生理学与神经解剖学的对应。玛尔的这一层次理论受到质疑。因为当我们发现颜色的功能并不是恢复物体表面反射率的情况下,颜色的本体论地位和功能需要重新考虑。生成论用生物体的组织而不是层次来描述视觉系统,在不同尺度上高度组织的结构从分子到突触、神经和神经网络、系统等等,每一个层次都有自己特定的性质,同时它们的交互关系形成视觉系统。在颜色视觉中,从光线接受器官的化学性质到视网膜和皮质细胞的网络性质。彼此差别又构成同一的系统。我们一般会认为颜色视觉是一个由边缘(peripheral)视觉到中心视觉的顺序等级序列,并从低级流向高级。但是事实上,作为一个同一的系统,高级层次的视觉也会影响到低级层次的视觉,这样顺序等级序列就变得没有意义。从视网膜流向外侧膝状体核(lateral geniculate nucleus)和视觉皮质细胞的神经过程中,也存在由皮质细胞的所有区域向丘脑核(thalamic nuclei)的反向投射,以及由皮质细胞到外侧膝状体核的大量流动。在视觉系统中,中心层级的神经活动可能会调整边缘层级的神经活动。①

这种层级之间的交互关系系统影响了我们对颜色空间的认识,正如维特根斯坦在八面体颜色空间中所显示的,我们一般以色度(色相)、饱和度和亮度构成三维颜色空间,在颜色空间中,颜色展示彼此之间的关系,我们称之为颜色的现象学结构。如何在不依赖物体表面反射率的情况下,解释颜

---

① Evan Thompson, Adrian Palacios, and Francisco J. Varela, Ways of Coloring: Comparative Color Vision as a Case Study for Cognitive Science, Alva Noë and Evan Thompson, *Vision and Mind Selected Readings in the Philosophy of Perception*, 2002, p. 354.

色的现象学结构是认知科学的大问题,我们需要将现象学颜色空间与神经生理学的颜色视觉过程对应起来。在传统颜色测量学中,我们根据物理表面反射率的接收,区分初级阶段的三元色视觉和第二阶段经过比较和组合之后的对抗-视觉。但是这种测量学过于依赖现存的对抗颜色和对抗细胞之间的类比,从而错过了不同层次的神经交互关系对颜色经验形成的影响,这使得我们错过了颜色知觉背后复杂的不同层次的神经过程。我们必须区分接收器的颜色空间、消除光线影响下的颜色空间、进行光线加减运算的生理学的颜色空间、可知觉的心理学的颜色空间和现象学空间。传统的颜色测量学只注重接收器的颜色空间和现象学颜色空间,而忽略了中间的复杂过程。正确的颜色研究应当揭示颜色知觉背后全部的生物学过程,并将它们联络到一起。现象学颜色空间作为一个生物过程的结果,不再是先验的知觉的条件,而是与整个生物体系统处于协变关系之中,在这种关系中,社会性的语言活动当然也可以纳入进颜色知觉中来。我们并非有一条从高到低,或者从低到高的单向或双向的简单对应关系,而是系统性的复杂对应关系。

　　不完全决定问题即是颜色恒定性问题,我们需要解释颜色显像是如何在自然光线的变动中保持恒定的。我们从一个观察点上很难根据光线发现某个表面的反射特性,问题在于我们可以放弃光线变量与表面特性之间的关系。在传统想法中,我们将颜色视觉的功能视为颜色恒定性的成就,即它能够恢复不变的表面反射率,并将不精确的恒定性视为一种错误。但是事实上我们人类作为自然进化中的生物体,无法达到这种精确的恒定性,或者这种精确的恒定性不是生物体所必需的。在生活中,我们更不需要精确的恒定性,而是基于上下文条件的粗略的恒定性。但是,我们的神经系统并不分析现存的颜色,而是从外部环境获得的信息(表面反射与光线波长)中使用自身的算法构建颜色。颜色依赖于表面反射率,但主要是一种大脑构建的性质,而非世界中客体的性质,例如对抗颜色主要就是人脑的一种创造,与客观世界中的三种反射波长并不匹配。生成论反对颜色客体主义,同时认为颜色虚构主义又太狭窄地将颜色分析限制于知觉者的神经生理学分析。颜色虚构主义没有考察到吉布森所提出的颜色的生态学维度。

动物颜色视觉的比较考察揭示了这一点。如昆虫、鱼和鸟等除了边缘接收器以外没有相同的神经器官且生存环境迥异的动物,都拥有颜色视觉。这就使得人脑和灵长类动物大脑的颜色知觉特异性得到稀释。当然动物的颜色视觉是多样化的,最显著的变量是动物颜色的类型(维度)和敏感度不同。这些变量意味着不同的现象学颜色空间。这些事实意味着一种新的颜色理论的可能。我们只有针对某一个位于一定的生态环境中的个体或者种群的视觉知觉,才能谈及颜色知觉。首先我们要回答为何无脊椎动物、非哺乳脊椎动物和哺乳动物都拥有颜色视觉的问题? 回答这一问题,仅仅考察这些不同种族动物的生理学是不够的,我们必须考察动物的进化历史以及视觉的进化历史,这样才能回答为何不同的环境当中都出现颜色视觉以及颜色视觉为何演化成诸多样态的问题。

由于颜色视觉是只有生物才具有的,因此按照客体主义,颜色视觉的进化应该研究不同的生物种类是如何给出自身恢复环境中的表面反射率的解决方案。但是问题在于,颜色空间不能以物理的方式得以表达,因而颜色不能等同于表面反射率。由于颜色视觉在确定物体表面边缘中的作用,并且表面的分类和视野的分割是知觉者的知觉结构确定的,因此形状与颜色一样也是关系性的。没有独立于知觉者的知觉性质。

另外,自然中的颜色知觉不仅仅只涉及探测表面,还要满足一系列的任务,例如探测陆地、海洋和天空的情况,又比如识别光线的情况和生物体与环境交互关系中具有认知重要性的知觉范畴。设想颜色的功能是唯一的(恢复表面反射率),是错误的。对于虚构主义来说,将人类的颜色能力看作理解颜色的标准也是不够的,因为其他动物也有颜色视觉。而且有些动物拥有三元色视觉,有些动物拥有双元色视觉(松鼠、兔子、鱼、猫、狗、部分猴子),有些动物拥有四元色视觉(金鱼、乌龟),[①]有些动物甚至拥有五元色视觉(鸽子、鸭子)。动物对光线刺激的总体敏感性和波长辨别的能力体现出不同的维度性,这指示着不同的颜色视觉系统。即使是在同一颜色维度中,也存在正常和反常的个体。

人类的早期颜色视觉与蜜蜂都是三元色视觉,但是蜜蜂的颜色视觉敏感度更偏向紫外线。人类早期视觉的敏感度在555nm,相对而言,绿色色弱的人对长波更为敏感,红色色弱的人对短波更为敏感。在正常人类中,男性和女性对于颜色混合的直觉也不同。白日活动的鸟类的视觉被认为是脊椎动物颜色视觉进化的极点,鸟类颜色视觉比人类的更为复杂,并有更多的可用光谱(鸽子、鸭子和企鹅都至少拥有四元色,并对紫外线更为敏感),这意味着更为精细的颜色组合和更复杂的颜色空间。鸟类的视网膜与哺乳动物及昆虫不同,它们包含着起到过滤作用的油滴包裹体(oil droplet inclusions),[②]这能够提高光线接收器敏感点的组合数量。鸽子对于长波区域有四种油滴包裹体,并且其视网膜组织是区域性的,鸽子的视网膜上有两个凹点,它们有不同的敏感度和区分能力,满足不同的行为需要。这里需要注意的是,人类对动物(比如鸽子)的颜色空间的认识只是由其生理机制和行为推断出来的,我们并不能夸大人类颜色空间的作用,在类比意义上理解动物的颜色空间。鸽子并非对我们所见的颜色有更好的敏感性,事实上,鸽子在同一个波长上可能有两个不同的颜色范畴。颜色维度的增加提示着不同的

---

① Evan Thompson, Adrian Palacios, and Francisco J. Varela, Ways of Coloring: Comparative Color Vision as a Case Study for Cognitive Science, Alva Noë and Evan Thompson, *Vision and Mind Selected Readings in the Philosophy of Perception*, 2002, p. 371.

② Ibid., p. 374.

颜色空间,三元色和四元色空间的不同只是在前者的基础上增加了一个维度,颜色之间的关系就变得完全不同。例如蜜蜂对紫外线敏感,而我们人类则完全看不见紫外线。[①]

但是按照维特根斯坦所指出的颜色逻辑的界限,我们似乎很难想象其他动物也具有颜色经验,毕竟,我们的颜色逻辑是标准。我们可以设想其他动物具有颜色知觉,但是它们在何种意义上具有颜色经验是不清楚的,生物体对波长的反应和生物体的颜色视觉之间的关系也是不清楚的。近年来对于颜色混合、颜色相反和颜色恒定性的研究逐渐使得学者们倾向于认为,动物也是具有颜色经验的。但是我们不该问动物的经验是怎样的,有更多颜色敏感点的动物并非比有更少颜色敏感点的动物知觉地更为精细,例如看到我们看不到的颜色。因为我们在这里谈的还是我们的颜色系统,我们无法想象和比较不同的颜色空间,只能通过研究来推断它们的存在和表现样态。

对动物的颜色知觉研究使得我们可以有根据地怀疑一些错误的进向,例如,在当代颜色客体主义中,将颜色简单地等同于一定光线下的物体表面反射率是错误的。因为颜色空间中,颜色必须有色度、饱和度和亮度三种属性,并因此位于颜色空间之中。这三种属性使得诉诸简单对应的颜色物理主义的进向无法进行下去。因为表面反射率或光的波长没有体现它们相互之间的逻辑关系(色度、饱和度、亮度、对抗、混合、原色)。

那么功能主义的颜色客体主义是否可以说得通呢?功能主义认为知觉状态的内容应当等同于知觉内容所能探测的物理性质,但是这不等于说颜色是物理性质。颜色视觉具有多种多样的生物学功能,这是探测物理性质

---

① See Evan Thompson, Adrian Palacios, and Francisco J. Varela, Ways of Coloring: Comparative Color Vision as a Case Study for Cognitive Science, Alva Noë and Evan Thompson, *Vision and Mind Selected Readings in the Philosophy of Perception*, 2002, p. 374.

所不能涵盖的;判定颜色反应的位置,需要首先假设世界中并不存在的物体的边缘和位置,而物体的边缘和位置恰恰是由于颜色反应才能够确定的。物理主义过于简单地假设了颜色的功能,过于注重在人类熟悉的环境下进行推演,而事实上,颜色视觉要应对不同的环境条件,需要根据生物体与环境形成的耦合交互关系的需要(光线、天气、湿度、液体、气压、水压等)来确定颜色的功能,特别是吉布森提出的认知重要性非常关键,颜色起到了引导行为的作用,食物的颜色引起食欲以及表明新鲜与否,动物体的颜色引导着社会关系(例如求偶、场合、年龄),指示牌的颜色指示着规则(禁止、可行、警告)等。对于颜色虚构主义来说,以上的讨论同样减弱了其理论的有效性,哈丁事实上所提出的是每一个个体特定的颜色知觉系统的不可还原性,其将颜色视为神经状态或过程的类型,可以用神经状态或过程加以分析。这种想法将生物体看作是与周边环境无关的独立实体,而不是一个与周边环境处于交互关系之中的活着的生物体。

在松鼠猴(squirrel monkey)与蜘蛛猴(spider monkey)的颜色视觉中,所有的雄猴都是双元色视觉,而四分之三的雌猴是三元色视觉,这和它们作为一个种群的色系多样性优势的需要有关。蜜蜂的三元色颜色视觉包含紫外线视觉,[①]这一特征与花的颜色的进化有关,两者共同进化,彼此帮助。这些现象都说明了一种纯粹神经学的颜色解释是不够的,生物体与环境之间的交互关系必须被纳入考察。一种表征主义的信息处理解释是不够的,我们并非将生物体看作一台信息处理机器,而是一个活着的,能够适应环境的生物体。生物体与环境之间处于互动关系中,生物体选择与它们身体结构相关的性质,将这一性质改造成对它们来说在环境中具有行为重要性的性质。

---

① See Evan Thompson, Adrian Palacios, and Francisco J. Varela, Ways of Coloring: Comparative Color Vision as a Case Study for Cognitive Science, Alva Noë and Evan Thompson, *Vision and Mind Selected Readings in the Philosophy of Perception*, 2002, p. 391.

而环境则选择动物的感觉和运动能力，并限制动物的行为。蜜蜂对紫外线的敏感使得它们能够找到花朵，而花朵则依靠其食物的颜色吸引蜜蜂。哈丁的虚构主义则忽视了视觉知觉对生物体在环境中生存所起到的作用。颜色是主体对世界中的信息进行编码而虚构出的现象，同时它也是世界当中具有生态学重要性的现象。

以上我们从生态学，特别是生物体与周边环境的交互关系角度讨论了颜色客体主义和虚构主义所存在的问题。事实上无论是初始主义、物理主义、虚构主义和倾向主义，它们都在某种程度上陷入以上讨论所涉及的疑难之中，问题在于颜色哲学的讨论陷入表征主义的牢笼里，而缺乏一种生态学的维度。无论是直接实在论还是间接实在论，它们都过于简单和过于狭隘地设想了颜色知觉乃至整个知觉领域。颜色既不是表面反射率的恢复，也不是有机体神经系统对外部世界的重构，颜色是环境与有机体互相耦合互相决定的知觉现象，甚至以"生态心理学"作为名片的吉布森也忽视了这一基本的生态学事实。一种生成论的颜色哲学或知觉哲学，就是要说明颜色视觉和其他知觉在生物体所处的环境对生物体行为的作用，而生物体所采取的行为，构成了生物体所生活的世界。一个生物体的知觉由它的物理限制、由神经决定的行为限制和进化历史共同决定。这样，颜色知觉同样也不是倾向性的或析取主义的，因为它不是简单的有机体与物理世界倾向性的交互关系，而是总有高层次的认知活动涉入进来，颜色与形状之间互相决定的关系指出了这一点，因此第一性质与第二性质的划分只有在一个单纯的低层次才变得可能。有机体总是作为一个彼此交互关系的整体，用它知觉所引导的行动来与世界打交道。理智主义知觉哲学有一种简化的倾向，而生成论视角则揭示出这里所存在的一系列问题。

第二节　试论一种生成论视角下的
维特根斯坦知觉哲学

我们对生成论的知觉哲学特别是颜色哲学的探讨很容易使我们联想到维特根斯坦的知觉哲学。无论是维特根斯坦的面相-观看知觉哲学思想还是他的颜色哲学,都与生成论具有亲缘关系。维特根斯坦的反理智主义知觉哲学观点与赖尔的"知道如何"和"知道如何做"的区分是连续的。本节将讨论维特根斯坦知觉哲学与生成论之间的关系以及它们的异同,并试图探讨一种维特根斯坦式的生成论知觉哲学的可能性。

一、不同类型的生成论

生成论形成了不同的理论面貌,其在当代主要的进向包括自创生生成论、感觉运动生成论和激进生成论。

（一）自创生生成论

自创生生成论是由瓦雷拉、汤姆逊、罗斯奇、马图拉纳、迪·保罗（Di Paole）提出的,这一观点在上文中我们已经有所论述,自创生生成论认为心灵突现于自我组织和自我创造活着的有机体与环境的交往行为之中。自创生生成论中的自创生概念与自治性有着紧密交互关系,自治性指的就是自我保持和自我创生的系统能够创造出有机体和其所处环境的界限,以及创造出有机体为了存活而进一步发展的交互关系方式。与之相关,知觉系统的自治性是其本质性质,我们无法想象没有自治性的知觉系统。自创生生成论基于这一理论假设试图给出使得知觉成为可能的活着的系统的生物动力学,在这一动力学中,自创生生成论提出了强意义上的生活与心灵的连续性(strong continuity of life and mind)。心灵系统的结构和原则即是生活自身的结构和原则,有机体与环境之间的关系是具有目的论朝向和重要性的,例如细胞的目的就在于获取环境中的糖分,而细胞根据它涉身性的动力学决定环境的好坏。这一过程的知觉结构也被称之为意义-构建(sense-making),[①]知觉系统应该主动地调整它与环境之间的关系,以使得能够保持自身为一个自创生的统一体,这就是有机体的适应性。

自创生生成论所说的强意义上的生活与心灵的连续性是一个经常引起争论的特征。有机体与环境之间自治性的目的论关系中的动力学使得心灵成为可能,瓦雷拉认为心灵与生活的连续体是一个在现象学上显而易见的事实,这使得以生命动力学来解释知觉成为可能。正如现象学家汉斯·约纳斯(Hans Jonas)所言:"只有依靠生活才能知道生活。"约纳斯认为,新陈代谢过程形成了生物体自治性并以目的论的方式对待环境的动力学。约纳斯还提出了著名的"约纳斯主义的推论"(Jonasian inference)[②]:我们是如何从对生命外部观察的物理记录中得出生命的? 这里的回答是只有有生命的观察者才能够做到这一点。观察者自身的经验是必需的。约纳斯的这一推论对于自创生生成论有着重要的奠基作用。

自创生生成论面临的另一个问题是规范性的问题,在自组织的动力学中,有机体避免危险和自我保存是首要的,这是一种"被放逐的规范性"(pro-scriptive normativity),因为有机体并没有试图保护它所处环境的整体。自创生生成论事实上是一种过于简单的理论模型,它无法对诸多复杂的规范性

---

① See Di Paolo EA, Thompson E, The enactive approach, Shapiro L, *The Routledge handbook of embodied cognition*, Routledge Press, 2014, p.69.

② H Jonas, *The phenomenon of life*: *toward a philosophical biology*, Northwestern University Press, 1966, p.82.

现象做出回答。但是它认为知觉结构突现于交互关系的动力学中,并提出心灵与生活的连续体概念,给出了生成论解决传统知觉哲学问题的新道路。自创生生成论的简单理论模型是有启发性的,但是它仍然没有清晰地阐述究竟这种自组织的目的论动力学产生于生命现象的哪个层次,在生命的最低层次是否存在这种心灵与生活的连续体,在高级生命中这种连续体有怎样不同的样态,并且,这一设定使得知觉与世界之间仍然存在中介和鸿沟。

(二)感觉运动生成论

感觉运动生成论是近年来由阿瓦·诺伊、里根(O'Regan)等人提出的新的生成论理论进向,他们认为涉身性的"知道如何做"的知识或环境交往的技巧使得经验得以实现。知觉、行动与知觉经验彼此不可分割地相连。与自创生生成论的突现论不同,感觉运动生成论所针对的问题是知觉经验实际上如何可能的问题。自创生生成论与感觉运动生成论都认为知觉是我们主动地探索环境的活动,而不是对于感官中信息的恢复及内在表征。感觉运动生成论较为忽视形而上学意义上的有机体与环境之间互相创造的交互关系或强意义上的心灵生活连续性,而更关注知觉经验及其内容对于感觉运动可能项(sensorimotor contingencies)[1]的依赖性。感觉运动可能项即是指知觉与探索性行动之间的互相依赖模式。

感觉运动生成论的讨论重点即是我们视觉敏感性的界限。恩斯特·马赫(Ernst Mach)认为,我们的视野所见实际上是精确而均质的,正如他所绘画的下图那样。

---

① See A Noë, Action in Perception, MIT Press,2004,p.45.

图 17　马赫的视野图①

但是这一图景有很多问题。首先,由于我们的边缘视野中感光细胞数量稀少,所以我们没有很好的周边视觉,我们的视野里只有中心是清晰的,而周边都是模糊的。其次,人的眼睛中存在盲点,在盲点上没有感光细胞,我们在这一点上是没有视觉的,但是我们事实上并没有注意到这一盲点,我们对盲点的视觉是一种幻觉。最后,注意在我们的视觉中起到了作用,除非我们注意看某物,否则我们看不清它的细节。因此,与马赫的所见相反,我们视觉所见的非常少。我们的大脑并非完全表征世界中的细节,我们的视觉经验是完整而连续的。

感觉运动生成论认为,梅洛·庞蒂和吉布森所指出的事实说明了原因。第一,知觉是一个存在于时间中的过程,我们并非只是在某一个时刻有视觉

---

① See E Mach, *The Analysis of Sensations and the Relation of the Physical to the Psychical*, Dover Publications, 1959, p. 87.

或其他知觉,而是在时间中拥有视觉或其他知觉。第二,我们是一个始终处于运动当中的知觉者,我们的眼球、头颅和身体都能够通过运动对知觉刺激做出控制和调整。我之所以能够从一个侧面看出一个物体是一个杯子,是因为我以一种可规划和可预测的方式认定我的探索性的运动可以将杯子的整体纳入视野中来;我之所以能够看到丰富和精确的现实,是因为我知道通过我的探索性活动,进一步的细节会展示出来,而且我知道这些探索性活动进行的方式。里根因此将世界称为自我的"外在的"记忆。诺伊也认为,视觉就如同在线阅读一份报纸,我们通过鼠标和键盘的操作将前后所见联合起来,这样我们就能够看到新闻的全貌。① 知觉通过各种感官的协作包含着比鼠标和键盘操作更多的产生知觉经验的方式。知觉者通过运用他(它)所具有的感觉运动技巧,就能够得到环境中存在的这些细节。世界就是信息真正的存储器,而不是内在的表征系统。

感觉运动生成论的一个问题在于,它无法解释感觉运动可能项是以什么方式决定知觉经验的。里根和诺伊认为,这种决定性一方面来自人格下位的作用项与感觉状态之间的关联,②感觉类型的现象学差别可以通过感官物理特征的差别得以解释,而同一类感觉的现象学差别可以通过感觉运动模式来得以解释。另一方面,在人格上位层面,知觉现象学由特定视野下的可能运动与物体呈现方式的关系决定。例如一枚西红柿的形状由它呈现的显像和知觉者围绕它移动的方式来决定。感觉运动生成论所举的例子大多是日常物体,但是有很多知觉对象不是日常物体。但是在这一点上,感觉运动生成论的观点并不那么清晰,这种论述使得感觉运动可能项的范围变得模糊起来,并使得它不足以解释人对陌生对象的知觉,或者使得感觉运动生

---

① See A Noë, Action in Perception, MIT Press, 2004, p. 87.

② See O'Regan&A Noë, A sensorimotor account of visual consciousness, *Behavior Brain Sci*, 2001 (24), pp. 939 – 1031.

成论与认知主义的界限不那么明显。而且既然感觉运动可能项可以是一种纯粹操作的知识,那么为何知觉者不能是一台机器呢?

感觉运动生成论认为可以以知觉的引导能力(感觉运动可能项)来解释知觉,例如,视觉即是"一种由我们称之为感觉运动可能项的知识所中介着的探索世界的模式"(vision is a mode of exploration of the world that is mediated by knowledge of what we call sensorimotor contingencies)[①]。这不同于自创生生成论的形而上学进向,感觉运动生成论将其兴趣缩小为知觉经验的认识论。感觉运动生成论的问题在于,它仍然只是提出了知觉经验的因果条件,而没有提出知觉经验的充分必要条件。而且它使得知觉经验成为不必要。最重要的是,感觉运动可能项依然像是一种中介或知觉内容的载体,这些问题使得感觉运动生成论没有完全划清自身与认知主义或表征主义的界限。

(三)激进生成论

近年来,针对生成论发展所产生的一系列问题,赫托和米因提出了激进生成论。我们在上文中已经提到过,协变(covariance)问题是知觉内容设定的最大问题。赫托和米因认为和"意识的困难问题"一样,协变问题是"内容的困难问题"(Hard Problem of Content)[②]:知觉内容的设定与解释的自然主义前提不符,协变是解释的自然主义唯一能够提出的信息处理和传递的方式,但是具有真值特性的内容在自然主义框架中并不存在,或者起码不能独立于特定的社会实践存在。

赫托认为,激进生成论是一种将各种知觉哲学中的反表征主义进向提升并融合在一起的尝试。激进生成论同样以动态适应性的交互关系来拒斥

---

① O'Regan&A Noë, A sensorimotor account of visual consciousness, *Behavior Brain Sci*, 2001, p.940.

② Daniel D. Hutto&Erik Myin, *Evolving Enactivism: Basic Minds Meet Content*, The MIT Press, 2017, p.29.

认知主义，但是激进生成论并不主张自创生生成论在强意义上的生活与心灵的连续性，或者感觉运动生成论的感觉运动可能项，而是试图"厘清、纯化、加强和统一一个整体的反表征主义立场的集合"（cleanse, purify, strengthen and unify a whole set of anti – representational offerings）①。自创生生成论和感觉运动生成论都没有彻底清除其认知主义和表征主义的残余。自创生生成论提出的生活与心灵的连续性，使得我们将低阶知觉中的性质类比于高阶知觉，这使得低阶知觉也拥有了诸如目的论、意义-构建这样高阶知觉的性质。这些性质也成了知觉与实在之间的中介，以生命动力学作为知觉者与环境之间意向性关系的基础，并作为有机体与环境关系生成意义和意义-构建关系的基础。自创生生成论仍然面临内容的困难问题，陷入表征主义。感觉运动可能项作为联结知觉和行动的中介，必须在知觉之前被知觉者所知道或联结。这一方面使得感觉运动可能项扮演了内在的原则和表征的角色，另一方面这里也使得知觉成为一种理智主义的心智活动，只能以更为复杂的认知能力来进行处理。激进生成论指出理智行为可以从内在表征和中介的缺席中突现，而这是反表征主义所真正想要说出、却被认知主义和表征主义偏见所掩盖的洞见。

激进生成论认为，传统的生成论没有提供一种足够自然化（naturalized）的意向内容理论，②一种协变关系不能提供有机体的状态如何形成对环境中性质的表征的解释。例如认知主义和自创生生成论都赞同目的论语义学（teleosemantics），试图以有机体的进化历史来解释表征状态的内容。目的论语义学被认为是最有希望解释内容的自然化理论。目的论语义学试图提出

---

① Dave Ward&David Silverman&Mario Villalobos, Introduction: The Varieties of Enactivism, *Topoi*, 2017, pp. 365 – 375.

② See Daniel D. Hutto&Erik Myin, *Evolving Enactivism：Basic Minds Meet Content*, The MIT Press, 2017, p. 144.

一些生物体所具有的基本的意向指向性(意向性态度),而不必像其他表征主义理论那样直接提出一种鲁莽的(robust)内容理论。① 但是问题始终在于,即使我们允许一些生物学的功能蕴含着一定程度上的规范性,例如有机体对世界的回应可能会偏离世界当中的某些特征,但是这种规范性没办法说明有机体能够具有心灵内容的真值条件。如果能够使得一只动物有能力探测到猛兽的靠近,并产生逃跑的回应,那么它所需要的内容是"狮子、快逃";但是这只动物的进化历史并不总是能够提供资源,以消除这只动物不同机制产生的不同描述之间可能会出现的歧义,例如"狮子"和"头部毛发浓密的捕猎者",眼睛所看见的和大脑所认识到的内容是不同的,就如同视觉中腹侧流和背侧流所"看见"的不同一样。虽然这一类不确定性对于自然选择来说关系不大,但是对于表征内容的存在却关系重大。表征自然化的进向都会遇到类似的问题。

激进生成论认为生成论应当给出一种与环境处于交互关系中无内容的原始心灵的解释。因此自创生生成论应当坚持生物动力学理论,放弃有机体具有朝向某物(例如糖分)的描述。而感觉运动生成论应当放弃感觉运动可能项的假设。这里存在的只有生物学功能,有机体与环境的适应性交互活动的进化历史就足够说明有机体与环境之间的种种关系,而不需要任何可以用命题表示的内容,正如我们在上文中提到的认知科学研究成果所说明的,传统认知主义的偏见在于将知觉的案例缩小到人类,而没有看清复杂而多样的知觉现象并不都是依赖于知觉内容才能够进行。但是确定性的知觉内容是成熟人类的基本能力之一,我们用内容进行知觉、判断和思考,这种能力只有在社会支撑(scaffolded)的实践中才是可能的。②

---

① See Daniel D. Hutto&Erik Myin, *Evolving Enactivism：Basic Minds Meet Content*, The MIT Press, 2017, p. 85.

② Ibid., p. 151.

在社会支撑的实践中,语言使用的出现给出了内容及其规范性,社会支撑的实践和语言的使用是首位的,内容是第二位的。上文中两种生成论的错误在于,它们都是在描述基本的交互行为能力的时候将原始心灵中有机体与环境直接关联,与复杂的社会文化支撑的高阶心灵认知活动混淆起来。在激进生成论看起来,交互性的动力学已经足够解释知觉行为,基本的知觉能力的基础是适应性的感觉运动交互活动,这是首要的和最初的知觉状态,而高阶的内容知觉出现在成熟的人类社会化和语言介入的知觉之中。

二、生成论与维特根斯坦知觉哲学

有很多学者认识到维特根斯坦后期哲学思想与生成论进向之间的理论交互关系,并且认识到维特根斯坦哲学对生成论的积极影响。从自创生生成论到感觉运动生成论和激进生成论的发展都加强了这一印象。夏洛克认为,如果想要说出维特根斯坦对哲学所做的唯一贡献的话,就是"复活了我们中的动物性"(revived the animal in us),即存在于我们人类每一个细胞中的动物性。① 我们所做的每件事情(思考、判断、语言)都体现着这种动物性。维特根斯坦的剃刀帮助我们剃掉了心灵过程的假设,并使我们回到了对于人类心灵动物性的理解中来。维特根斯坦指出的是,意义、语言获得和概念形成都是基于人类与环境交互作用中的直觉性反应和姿态,这些完全是生成(enacted)的。邦坎派尼认为:"生成论者对于内在表征的拒斥在维特根斯坦主义的概念辨析中找到了完美的盟友,当这一拒斥是激进的,不允许引起

---

① See D Moyal - Sharrock, Wittgenstein's razor: The cutting edge of enactivism, *American Philosophical Quarterly* V50,2013(3), p. 263.

困难和迷惑的典型误解时候，仍然如此。"①斯塔克认为，赫托的激进生成论作为涉身心灵观念的发展和澄清，是维特根斯坦第二和第三时期作品的直接延伸（it is a straightforward extension of W's 2nd and 3rd period writings）。②

我们已经提到维特根斯坦于 1946 年左右开始了心理学哲学的研究，他反思了语言实践中心理学动词和概念的用法，指出了心理学用法中对于第一人称和第三人称用法混淆所造成的哲学问题。这里维特根斯坦讨论的核心就是面相-观看知觉。维特根斯坦在《哲学语法》《蓝皮书》和《哲学研究》中都对这一问题作出过讨论。而在 1949 年开始，维特根斯坦又根据歌德的《颜色理论》写出了大量关于颜色知觉的码段，后来被编纂为《论颜色》。维特根斯坦生活的时代早于当代认知科学，而维特根斯坦的心理学哲学和知觉哲学思想主要讨论的是科勒、威廉·詹姆士和弗洛伊德等心理学家的思想。但是这不代表维特根斯坦知觉哲学思想不能用于当代知觉哲学讨论，很多学者都用维特根斯坦哲学来反对当代以认知主义和表征主义为范式的认知科学，例如反对心灵主义、个体主义、内在主义和形式主义。威廉姆斯（Meredith Williams）③、哈克、舒尔特（Joachim Schulte）④等人都做出了很多工作。但是这些工作都没有能够提出一种系统化的和有针对性的批评。

贝内特（Maxwell Bennett）与哈克共同探讨了神经科学的哲学基础，⑤但是仍然受困于维特根斯坦诠释的旧框架，没有给出一种令人信服的答案，而

---

① Anna Boncompagni, Enactivism and the Explanatory Trap A Wittgensteinian Perspective, *Methode*, 2013, p. 40.

② See Michael Starks, Review of Radicalizing Enactivism by Hutto and Myin, *Philosophy*, *Human Nature and the Collapse of Civilization Articles and Reviews* 2006 – 2016, 2016, p. 404.

③ See Meredith Williams, *Wittgenstein*, *mind and meaning*: *towards a social conception of mind*, Routledge, 2002, p. 46.

④ See Joachim Schulte, *Experience and expression*: *Wittgenstein's philosophy of psychology*, Clarendon Press, 1993, p. 153.

⑤ See M Bennett&PMS Hacker, *Philosophical foundations of neuroscience*, Blackwell, 2003, p. 5.

且他们仍然认为知觉是表征性的,只不过不是内在表征,而是外在表征。

在当代认知科学中,表征主义、内在主义和还原主义仍然是其支柱。一种能够代替旧的神经中心框架的新的认知科学纲领——"4E"转向——直到近年来才得到发展。"4E"转向基于人工智能科学、语言学、心理学、人类学、现象学和实用主义的理论基础,批评传统认知科学的内在论、表征主义、形式主义和还原主义等,并推崇一种涉身性的、嵌入性的、生成性的、延展性的知觉和认知。知觉和认知一样,不仅仅位于头脑当中,也不仅仅是一种心灵表征,它在涉身性的和活着的有机体与其社会的、文化的、语言的、技术的生物学的环境的耦合交互关系中生成。表面上看起来生成论以及"4E"转向是与维特根斯坦哲学相一致的,但同时,"4E"转向看起来完全是自然主义的。维特根斯坦一般被视为是要区分自然科学研究与概念研究的,并给出了后者独立场域。但是这种表面印象并不能说服我们探讨两者之间沟通的可能性。上文中已经提到,维特根斯坦哲学与生成论之间沟通的可能性在于:

第一,无论是寂静论还是社会建构论的解释,维特根斯坦都毫无疑问是一个反表征主义者。维特根斯坦的反表征主义想法与生成论更加接近,知觉存在于人类与周边环境打交道的行动,而且知觉的形式由行动的模式决定;第二,维特根斯坦生活在我们今天意义上的自然主义尚未占据主流的时代,但无论是前期还是后期,维特根斯坦都可以被看作是一个广义上的自然主义者。第三,维特根斯坦知觉哲学思想中存在生成论的因素。例如夏洛克曾经指出,维特根斯坦断言人类中的动物性,并强调语言游戏背后都是生活形式的一致性。

(一)对维特根斯坦知觉哲学的生成论解释

生成论支持者都将维特根斯坦视为生成论的重要盟友,并认为生成论和"4E"转向有很多可以从维特根斯坦哲学中学习的东西。例如维特根斯坦的如下思想:①维特根斯坦对理智主义的拒斥,反对人类有机体与世界之间的关系首先是一种知识关系,首要的知识形式是命题知识或者知觉内容。②维特根斯坦接受一种普遍性的实用主义,无论是行动、实践还是生活形式都是首要的现象,而知觉和认知现象如理智、知觉、语言都是获得性的,必须学习才可以掌握。这里维特根斯坦与赖尔是一致的。③维特根斯坦对某些表征主义形式的批评,例如他对于心灵符号(mental signs)的批评,后者与福多等人心灵语言假设的想法是基本一致的。④维特根斯坦指出遵守规则和规则意义的社会性,没有人格下位的规则或意义,只有一个人格上位的生物体才能够具有知觉和认知能力,并参与社会实践。⑤心灵不是一个内在的或私人的物体,也不存在内在和外在的形而上学区分。⑥维特根斯坦反对内在论意向主义,不认为行动可以归结于意向性或伴随着的心智活动,同样也反对行动是一种自动行为。

以上维特根斯坦与生成论的相关性在赫托与米因的激进生成论中表现得最为明显。赫托严格地区分知觉的两个层次:涉身性的无内容的直接知觉和社会文化支撑的高阶内容知觉,这和维特根斯坦知觉哲学中对于心灵活动和语言活动的严格限制条件是一致的。而自创生生成论和感觉运动生成论虽然较为保守,但是在以上六个方面对维特根斯坦哲学的继承也是一致的。

　　我想要将人看做一种动物;作为对其来说我们赋予其本能而不是推理的原始存在物。作为一个在其首要状态的生物。任何对于一个首要的交流的方式足够好的逻辑不需要来自我们的辩护,语言并不来自于任何种类的推理。①

---

① Ludwig Wittgenstein, *The collected works of Ludwig Wittgenstein*, Blackwell Publishing, 1998, p. 1441.

维特根斯坦指出,我们并不是仅仅在基因学上,而且在作为人类本身这一点上,就是动物。在《论确定性》中,维特根斯坦指出,最基本的确定性超出受到辩护和不受到辩护的空间之外。也就是说,最基本的确定性是某种本能的、无思想内容的、条件反射性的动物状态。这一点不仅仅体现在人类语言之外的行为中,而且还反映在我们的语言学习和心智活动之中。

　　语言游戏的最初和首要的形式是一种反应:只有从这个出发,更复杂的形式才能发展。"语言——我想说——是一种纯化""太初有为"。[①]

在学习语言中,孩子首先不是学会各种物体的存在这一表达式,而是直接学会取书、坐在椅子上、踢足球等。在学会这些活动之后,也不会产生物体是否存在这一问题。罗素所提出的"是否存在独角兽"这一问题的可能性仅仅在于"X 是否存在"是一条可以用于各种物体名称的规则,而我们对于这条规则的应用没有提出问题。我们知道如何回答这一问题,因为我们知道如何确定一件事物存在的方法,这是属于"知道如何做"的范畴。我们不可能单纯在"知道如何"层面提出这种问题。这里语言的介入使得应用一条规则于其他领域成为可能,但是语言首先是一种反应,一种使用,而不是某种知识的载体,确定某物存在首先是一种行为,我们当然也可以在一定意义上将其视为一种"知道如何"的理智知识,但是这是次要的。我们从来没有学会椅子是否存在、书是否存在这类问题,直到哲学家们提出这些问题;在没有这些问题出现的时间里,我们能够很好地生活。维特根斯坦将这些理智主义的问题重新纳入它所产生的土壤中来。

---

① 　Ludwig Wittgenstein, *The collected works of Ludwig Wittgenstein*, Blackwell Publishing, 1998, p. 807.

然而,给予辩护证据的根基抵达了尽头,但是尽头不是使得我们立即视为真的命题。比如,它不是站在我们角度看到;位于语言游戏底层的是我们的行为。①

如果猫不知道一只老鼠存在,它就不会去抓老鼠;如果孩子不知道牛奶是否存在,他就不会去喝牛奶;如果一个成年人不知道房子是否存在,他就不会进入房子。对于维特根斯坦来说,接受一个世界首先是通过交互行为,而不是知识或命题。我们在这里对牛奶、对房子的知觉就如同赫托所说的,是无内容的但却是使动的;它产生于行为,并且是行为的一部分。这与知觉必然包含着内容的假设是相悖的。与之相反,维特根斯坦与生成论试图指出的是知觉中总是包含着人类在首要意义上作为动物的本质,如果没有动物性的行为,包括以遵守规则为其首要条件的语言行为,我们就不可能有任何思想和内容。

做本身似乎没有任何经验容量。它似乎像一个无广延的点,一个针尖。这个针尖似乎是真正的行为者。现象中所发生的只是这个做的后果。"我做"似乎有一种特定的意义,和一切经验脱节。②

正如歌德所言,太初有为。对于人类来说,首先是行为,而不是命题或者语词,奠基了经验和心灵。由于行为和一切经验脱节的这种面相,我们容易设想行为和心灵的隔阂。但是对于维特根斯坦来说,行为是思想的逻辑基础,这不仅仅是在说,只有对于一个活着的有机体,我们才能够有意义地谈

---

① Ludwig Wittgenstein, *The collected works of Ludwig Wittgenstein*, Blackwell Publishing, 1998, p. 1421.

② [英]维特根斯坦:《哲学研究》,陈嘉映译,上海人民出版社,2005 年,第 191 页。

及他（它）在思想，思想实际上就是行为，因为思想的前提是语言能力，而语言能力是一种行为能力。生成论在这一点上完全不是一种与表征主义平行的知觉理论，因为它并没有为我们增加任何东西，而是梳理我们都知道的，却容易混淆的一些事实：我们人类在首要的意义上是生物体，是大自然的一部分，人类通过行为与环境进行信息和资源的交换维持自身的存在与发展；语言也是一种行为，在语言行为充分发展的基础上，人类才有复杂的和高阶的思想能力。描述一个语词的意义即是以描述它的使用的方式描述。

因此维特根斯坦知觉哲学理论的背景是与生成论相一致的。在知识论上，是行为和行为的确定性（生活形式的一致性）为思想和知识的确定性奠基。维特根斯坦在《论确定性》和《论颜色》时期，探讨了诸多不确定性。例如"颜色相同性概念的不确定性"，这种不确定性是针对某种心灵或语言理论而言的。这里的不确定性在生成论视角下还包括哈丁对标准条件理论批判中所谈到的颜色视觉的不确定性。维特根斯坦持续地提醒我们的不确定性的另一方面是确定性。在人类共同的自然反应中，我们称之为"人类的共同行为"的确定性：我们疼痛或悲伤时哭泣，开心时笑，受惊时跳起来，担心的时候喘气，对别人的遭遇表示同情；这些都是维特根斯坦所说的共同的本能反应或行为"思想的原型"。这些行为模式或原型是人类理智行为的开端。"一个孩子完全没有学会山峰已经存在了很长时间，就是说，它是否如此完全没有产生。可以说，他与他所学会的东西一起吞下了这个结果"[1]。我可以说"这张桌子一小时前还不存在"，但是我说"这座山一小时前还不存在"的含义是模糊的。

维特根斯坦说："其生长的基础在于稳定的生活方式。规律性的行为方

① Ludwig Wittgenstein, *The collected works of Ludwig Wittgenstein*, Blackwell Publishing, 1998, p. 1417.

式是我们语言的特征。"①没有一定持续出现的模式,我们的概念就没有抓手,我们已经学会的概念,如疼痛,需要我们有正常的典型的人类反应才可以。如果一个孩子在受伤的时候看起来很喜悦,在没有明显原因的时候发出尖叫,那么没有人能教给他如何使用语词"疼"。维特根斯坦认为,行为模式不仅仅与感觉和情感有着典型的联系,而且有着内在的联系。"生活的模式"或"生活形式"(patterns of life,form of life)和经验的模式(patterns of experience)是彼此耦合的,我们"持续地重复"着的规律性的心理学表达和行为特征说明了它们的面相学(physiognomies),它们都以不同的面相展现在我们的生活之网中,如果一个人快乐和悲伤的身体表达改变了,那么我们也将不会形成快乐或者痛苦的模式。又比如假装自己在做某事这一行为,它编织在我们的生活之网中,然后以无数变体得以重复。某人发出笑声,但是他之后的表现并不显得快乐,那么我们就不会说他很快乐。心理学概念形成的"自然基础"的方式是"复杂的自然与人类可能项的多样性"②。心理学概念缺乏我们所说的那种科学意义上的精确的确定性,并且是具有非常强的弹性的。我们看很多文学作品和戏剧作品,其中描述了非常丰富而细微的人类知觉现象和情感,它们是模糊的,却又是精确的。维特根斯坦说:

> 将生活看作一片织物,这一模式(比如说,假装)并不总是完整的,它是以多样性的方式变化的。但是在我们的概念世界里,我们始终看到同样的,以变化而复现。这是我们的概念处理它的方式,因为概念在特定的情况下没有用。③

---

① Ludwig Wittgenstein,Cause and Effect:Intuitive Awareness. 1937,*Philosophia*,1976(6),p. 397.

② Ludwig Wittgenstein,*The collected works of Ludwig Wittgenstein*,Blackwell Publishing,1998,p. 1267.

③ Ibid.,p. 944.

知觉概念作为心理学概念的一类,也隶属于人类多样化的生活模式或生活形式。知觉概念的语法体现在人类复现性的众多行为之中,体现为一种技术或反应,一种"知道如何做"的实践知识,而不是一系列我们学会和应用理性的原则。在学会不同语言游戏的过程中,孩子学会了知觉概念的使用。我们的知觉概念与语法,体现在我们的知觉自然表达和我们在社会-文化实践中自然的行为方式上。因此维特根斯坦的知觉哲学可以看成是涉身性的、嵌入性的、延展性的和生成性的。特别是维特根斯坦知觉哲学强调知觉和我们的行为之间有着内在关系,它在首要的意义上是生成性的,它体现在我们言说和行为的方式之中,孩子通过学习语言使用浸入到语言和语言游戏之中,并掌握了正确使用的技术。这里的学习并不是学会"如何",而是学会"如何做",学会在一定的条件或训练下,如何正确地作出行动。维特根斯坦这种突现性的语言实践很明显是一种生成论的理解。我们教给孩子以"疼痛"来代替疼痛的自然表达——喊叫,使得孩子学会了一种新的"疼痛-行为"。语言是一种行为模式的延展,是行为的一种更加成熟的方式,而不是一种神秘的方式。维特根斯坦的概念分析和语言分析并不是一种脱离实在的反自然主义或反科学主义的语言牢笼论,恰恰相反,他始终考察的是作为动物的人与自然之间的交往活动。人是通过身体作出自身规范性的行为整体,与自然打交道,并生活于世界之中。对于维特根斯坦的反自然主义和反科学主义指责是不得要领的。

(二)知觉内容的困难问题及其解答

在认知科学研究中,长期以来表征状态对于我们理解心灵和知觉来说是必需的。表征状态以一定的方式表征世界,代表世界当中知觉对象的特征,表征状态作为一种功能所形成的知觉的载体就是表征内容或知觉内容,它在知觉行为中扮演一个关键的角色。自然主义者的工作就在于将表征主义这一理论假设自然化,我们必须在自然科学的版图中找到表征状态和表征内容的位置,比如给出表征状态和表征内容的因果性、生物功能性等。正如赫托和米因所指出的,表征主义无法真正将表征状态和表征内容自然化,以满足"内容的困难问题"的要求。一种协变关系(年轮和树龄的关系)远远不能满足表征状态和表征内容的要求,因为表征内容必须具有关系到命题的真值条件,也就是说它有真值,有指称,有意义。真值条件的要求使得更多的协变关系都无法达到。给出表征状态和表征内容的科学解释也因此变得不可能。赫托说:"解释的自然主义事实上缺乏最基本的资源来解释非语言性的知觉内容。"①

赫托和米因因此决定在保留信息协变的基础上放弃脱离社会和语言实践之外的知觉内容的假设。如果这样的话,表征内容不再是自然世界当中的普遍特征。知觉者所具有的只是对非内容性的协变进行回应的生物学功能,那些表征饥渴(representationally hungry)的人类认知活动在人类心智活动中只占据很少的份额,只是认知活动的冰山一角。这样,赫托和米因就建立了无内容的、非表征的、原初心智的认知行为和有内容的、基于表征的、高阶心智的认知行为之间的区别。知觉属于前一类。在知觉中,知觉者所属的类型是"面相回应者"(aspectual respondents),而不是"属性要求者"(attributive claimants)。② 知觉并不要求某种属性隶属于某种实体的心灵属性状态的存在,而基于根据心灵某物看起来或感觉是某物面相状态的存在。激进生成论拒斥了原初心智中表征内容的存在,认为动物是以面相的方式应对它们所处的环境。激进生成论因此避免了内容的困难问题,并使得表征主义不再是知觉哲学的唯一选项。这样,激进生成论也不再以知觉、错觉和幻觉的方式来理解知觉,而是在涉身性心灵与环境的交互关系及这种关

---

① D Hutto&E Myin,*Radicalizing enactivism:Basic minds without content*,MIT Press,2013,p. 17.

② Ibid.,p. 121.

系的历史中考察知觉。这样,知觉、错觉与幻觉的区分是一种自然主义的区分,而不是一种面临困难问题的区分,经验的透明性就得到了保证。

有内容的认知行为是由社会和语言"支撑"并"使动"的实践活动。一个例子是我们的计划行为必然是一种理智活动。当我坐在我的家中,思考去另外一个城市的时候如何从火车站前往酒店,我就是在做计划,而我做计划所需要的"知道如何做"的知识包括看列车表、阅读地图等。当然,在确定性的意义上,我也知道列车表,飞机航班和地理位置是相对精确和可靠的,否则的话我也就不会将它们作为尺度来衡量我的行程。如果我预定的航班被取消了,那么我必须要重新订旅馆。这些背景知识要求我们具有对特定的领域进行符号表征的能力,而这种符号表征的能力是由我们特定的社会和语言使动的实践支撑的,是这种社会和语言使动的实践使得我们能够在这一特定领域做出计划,而不需要总是与第一手材料打交道。也就是说,以内容为载体的高阶认知是一种突现性质。

1. 知觉连续性问题和动物知觉

上文中我们已经讨论了维特根斯坦哲学与生成论之间的内在关联,它们有着共同的理论目标和理论旨趣,并都是以生物体理智活动之前的行动来解释知觉经验和心灵的本质。但是自创生生成论和感觉运动生成论都在某种程度上仍然假设了知觉内容的存在,无论是目的论还是感觉运动可能项,都成了我们直接知觉的中介,也就不得不面临激进生成论所面临的知觉内容的困难问题。这是维特根斯坦所不能同意的,维特根斯坦严格区分了概念研究和经验研究,而知觉内容假设就是两种研究的混合物。激进生成论所提出的知觉内容的困难问题即是这一混淆所造成的困难。激进生成论认为,包括内容的理智活动在内部依赖于人受过训练和学习之后的自然反应,特别是处于社会和语言的支撑之中,是语言给了我们处理内容的可能性。维特根斯坦在这一点上是与激进生成论更为接近的。这里,我们还要对维特根斯坦与激进生成论之间的一些差别做出一点讨论。

维特根斯坦后期作品的主题是：一个没有语言能力的孩子是如何进入到我们的语言游戏之中。在激进生成论中，这个问题就在于我们是如何从一种无内容的知觉"进化"到有内容的高阶知觉。维特根斯坦在《哲学研究》中说：

> 一个人是如何学会感觉名称的意义呢？比如"疼"。这里有一种可能性：语词与感觉原初的、自然的表达相连，并且在它们的位置使用。一个孩子伤到他自己了，并且哭泣起来；这时一个成年人对他说话，并且教给他呼喊以及进一步的句子。他们教给孩子新的疼痛-行为。①

维特根斯坦在这里将感觉的、原始的、自然的表达看成语言游戏的基础。这里激进生成论也会认同，如果一个人原始的、自然的表达总是与正常表达相悖，那么我们也就不能教给这个人任何相关的概念。只有我们根据他的本性，加以一定的训练，我们才能够教会孩子如何从疼痛的自然反应转变为使用复杂的表达式来表达他们疼痛的感觉。这里维特根斯坦讨论的实际上和激进生成论所面临的是同一个问题。我们必须要为孩子疼痛的、原始的自然表达突现成为"噢，我的胳膊疼"找出一种解释。这里实际上存在两种对维特根斯坦的解释：一种可以看作是连续性解释，即认为从原始的疼痛行为到受过训练的语言疼痛行为之间是连续的。维特根斯坦的一些表达能够支持这一观点：

---

① Ludwig Wittgenstein, *Philosophical investigations*, G. M. Anscombe, P. M. S. Hacker and J. Schulte, Trs, Wiley – Blackwell, 2009, p. 95e.

确信某人疼痛,怀疑他是否如此,等等,是很多自然的,本能性的朝向他人的行为,我们的语言仅仅是这一关联的附属品或进一步延伸。我们的语言游戏是原始行为的延伸(因为我们的语言-游戏是行为)(本能)。①

连续性解释的支持者不多。更多的学者采取了相反的路径,选择了非连续性解释,即认为从原始的疼痛行为到受过训练的语言疼痛行为之间不是连续的,而是突现的。因为原始的疼痛行为实际上是我们一般说的动物性行为,是没有结构的行为,而语言行为是具有复杂性结构的行为。而且语言是如何具有意义的,这不同于喊叫是如何具有意义的。连续性和非连续性的解释讨论了不同类型行为之间的关系问题,非连续性解释试图说明两类行为之间的区别,而不仅仅是发展程度的差异。维特根斯坦的著作中也有很多支持非连续性解释的段落。例如,维特根斯坦说:

疼痛的口头表达代替了哭叫,它并不描述它。②

维特根斯坦似乎就是在说,儿童进入了语言游戏,并不是说新的疼痛行为必须与旧的疼痛行为联系在一起,如果是这样的话,也许孩子就会考虑,在他受伤的时候,是哪种感觉让他哭出来呢? 与之相反,感觉与语词之间的关系是标准化的,语词的使用是具有某种感觉的标准。这就是维特根斯坦"说"代替了"哭叫"的缘故。孩子学会了语言游戏,就可以做之前做不到的事情,例如可以谈论过去的疼痛,可以谈论病情。并且形成了新的概念的可

---

① Ludwig Wittgenstein, *The collected works of Ludwig Wittgenstein*, Blackwell Publishing, 1998, p. 904.

② Ludwig Wittgenstein, *Philosophical investigations*, G. M. Anscombe, P. M. S. Hacker and J. Schulte, Trs, Wiley – Blackwell, 2009, p. 95e.

能性,而这些可能性是突现的。

这里的问题我们可以稍微停下来做些讨论。

维特根斯坦在后期思想中拒斥了理解意义必然蕴含着私人心灵过程理解的笛卡尔主义假设。这里存在的更大的误解是关于私人心灵状态的本质。对于笛卡尔主义者来说,意识自我的存在是最初的出发点。我们对自身心理状态的亲知是我们一切思想、信念和行为的基础。任何外在于心理状态的推论都会是可疑的。任何他心都是由行为推论出来的。这样,实际上低阶生物和高阶生物是没有区别的。所以我们可以认为动物也是有心灵和语言的,并且动物也可以以某种方式做出心灵表征。很多学者研究动物的语言,并且因此去推断动物的心灵和思想,比较人和动物的心灵及思想的差异。例如很多研究者指出巨猿(黑猩猩、大猩猩、倭黑猩猩等)具有类似人类语言的能力,他们开始训练动物通过符号语言进行交流或做出正确的符号联结。巨猿大概能够达到2到3岁孩子的词汇和组合水平,并学会一定的抽象思考,例如黑猩猩可以区分行为者和承受者。但是,这里的分界线是句法(syntax),动物很难学会依赖于结构而非实指的句法(syntax)。心理学家特雷斯(Herbert S. Terrace)就指出,句法是区分人与动物的分界线,巨猿不能为了创造新的意义而组合符号。① 威尔逊(Edward O. Wilson)②也指出,自然界中动物的交流呈现出非常狭隘的话题:追求交配、防卫领地,彼此的攻击性和妥协性,保持与群体中其他成员的联系和警示捕食者的靠近。而这些研究的实验基础即是巨猿、黑猩猩等高等灵长类动物面对不同符号的反应。例如动物听到不同的声音会做出不同的反应,做出潜行、逃跑和停止等动作。这些语词都是在指称的意义上理解的。有些学者不满足于此,切尼

---

① See Herbert S. Terrace, Can an Ape Create a Sentence, *Science*, 1979, p. 900.

② See Edward O. Wilson, Animal Communication, W. Wang, *The Emergence of Language*: Development and Evolution, Freeman and Co, 1972, pp. 3 – 15.

(*Cheney*)和赛法(*Seyfarth*)①试图去发现动物内心状态的表达,但是他们发现黑猩猩的行为可以毫无疑问地与恰当的声音配对,通过其行为不足以确定他们心灵状态的存在。也就是说,这里黑猩猩的状况和我们设想的"他心"的哲学困境一样,我们可以知道对方的行为,却不能知道对方心灵状态的存在和状态。

这里,维特根斯坦转换了这一问题的提问方式,认为错误在于第一人称报告与第三人称报告之间的混淆,我们赋予了第一人称报告以第三人称报告的形式,这样就造成了私人的心理状态的假设。维特根斯坦认为像"我知道"和"我理解"这类表达式用于描述心灵状态的时候使用了行为的语法,因而是错误的。这些表达式在第一人称意义上并不指称心灵状态,而是一种表现(manifestation)或表达(expression),是行为的一部分。当我说"我牙疼"的时候,我并不是在描述我心灵中的痛苦,而是表达生理疼痛,是一种疼痛行为。表达不同于描述,尽管它们有共同的语法结构,"我有牙疼"(I have a toothache)和"我有五元钱"(I have five dollars)结构相似,但是第一个是表达,第二个是描述。我说"我知道这张桌子",是通过我的经验得知的,而我说"我知道我牙疼",虽然后者与前者有同样的语法结构,却不是我通过经验知道的。我们并不是以特权通道的方式知道内心状态,知觉到自身的知识或意图,这不同于看到屏幕上的电影。维特根斯坦说我们并不能知道我们的心灵状态,并不等于说他不承认我们经常能够忽视我们的疼痛,或者认为不存在心灵状态,而是他拒斥笛卡尔主义的这幅错误心灵图画和无意义的表达式,因为在这里说"我知道我疼"的反面是无意义的,我不可能说"我不知道我疼",心灵状态不是某种事件。

———————————

① See Dorothy L. Cheney & Robert M. Seyfarth, *How Monkeys See the World : Inside the Mind of Another Species*, University of Chicago Press, 1990, p. 45.

也就是说,在考察心灵活动时,谈论内省只是一种修辞的说法,我不可能看到我看见某物,我只能看见其他人看见某物,我只能听见某人在听某种声音,而不能知觉到我在听某种声音。内省的对象不是内在的感觉或知觉,而是当我们要做出决定时所采取的自我反思的形式。

> 问"你怎么知道你相信"并回答"我依靠内省知道这一点"有意义吗?在一些例子中说这样的东西会是可能的,但在大多数情况下不是。问:"我真的爱她吗?或我只是对我自己假装如此?"内省的过程是唤起回忆,想象可能的处境,以及如果……一个人会怎样。①

反思我们的心灵状态是一种根据心灵的透明性而非晦涩性所作出的反思。设想某物如它所显示的那样,只有在可能说出它不是如此的情况下才有意义。我不可能怀疑我在思想,不是因为我确信我在思想,而是没有什么可以视为怀疑一个人在思想的标准,怀疑在这里不是被确定性所排除,而是由语言的用法所排除。

在对维特根斯坦的研究界,巴昂(Dorit Bar-on)②、谭妮(Julia Tanney)③等人反对以戴维森为代表的非连续性理解,戴维森坚持认为动物和具有语言能力的高等生物心智之间具有不可跨越的断裂,巴昂用非反思的表达性交流(expressive communication)作为两者之间的中介。而谭妮则认为动物参与人类生活实践的常识说明了动物也有类似人类的心智。贝克斯特罗姆

---

① Ludwig Wittgenstein, *Philosophical investigations*, G. M. Anscombe, P. M. S. Hacker and J. Schulte,Trs, Wiley – Blackwell,2009,p. 162e.

② See Dorit Bar-On, Minding the Gap In Defense of Mind-Mind Continuity, Kevin M. Cahill and Thomas Raleigh,*Wittgenstein and Naturalism*,2018,p. 177.

③ See Julia Tanney,Rational Animals,Kevin M. Cahill and Thomas Raleigh,*Wittgenstein and Naturalism*,2018,p. 205.

（Stina Bäckström）①则坚持认为人与动物的心智之间由于表达能力类型相同因而是连续的。

维特根斯坦的观点给了我们考察动物表达意义问题不同的视角。我们在这里并非要证明黑猩猩心灵状态的存在，言说黑猩猩私有的心灵状态和言说人的私有的心灵状态一样是语法错误。动物也没有私有的心理状态。这里借由维特根斯坦的分析，生成论似乎大获全胜。但是维特根斯坦所告诉我们的，不止于此。问题在于，我们是否可以说，动物的表达与人类的语言是概念上同类的？也就是一种普通行为？虽然动物发出的信号和人的语言有很多共同之处，但是如果动物有意义的表述方式首要的是一种指称关系，那么动物的这种指称关联就非常依赖于指称语词与指称对象之间相对稳定的时空联系，而我们人类语言中的指称关系并不依赖于这种稳定的时空联系。人类的语言大多时候并不用来指称任何现存事实，而是可以谈论并不在物理意义上存在的东西，或者用时态来描述过去和未来的事情。这里已经预示着语言和一般行为的不同，人类语言和动物表达的不同。

动物毕竟不同于机器或物体，动物是能够做出理智行为的生物体，是具有思想能力的，在有些情况下，动物的反应和人类的理智行为是类似的，甚至体现出更多的智慧。我们在这里应该问的是，在哪种意义上，动物的表达与人类的语言相仿，以及在哪种意义上，动物的思想与人类的思想相仿？人类和其他生物一样，在生理的层面上生存于环境之中，一个生物体能够区分的思想或范畴，和它们与周边环境的耦合关系有关，一只黑猩猩的神经系统，是由它在一定环境中为了生存和繁衍所需的能力决定的。黑猩猩的交流系统与人类相仿，也能够形成不同的单元，例如叫三声就意味着三个捕猎

① See Stina Bäckström, Modes of a "Complicated Form of Life" Expression and Human – Animal Continuity, Kevin M. Cahill and Thomas Raleigh, *Wittgenstein and Naturalism*, 2018, p.224.

者,不同的声音就意味着不同的需要所达到的目标,因而带来听者不同的反应。如果一只黑猩猩发出一种特定类型的声音,其他的种群成员也会以可预测的方式反应,例如聚集到一起准备战斗。

但是人类的语言显然不是如此,人类语言的每个单元并没有一个已经确定的功能,不会必然造成语言接受者某种特定的反应。我说一个词"危险",可能是在提醒别人周围有危险的人或者事物靠近,或者是在阅读一个词,或者是在和别人玩某种棋类游戏,或者是在看足球比赛时发出一声惊呼。仅仅这一个语词并不能够让别人知道说话人的意图所在。但是如果一只黑猩猩发出某种危险的讯号,那么绝大多数黑猩猩都会聚集在一起,或者爬上树,准备防御或战斗。黑猩猩也不是每次都这样做,动物的神经元并不总是以完全单线条的因果方式联系,造成不可避免的结果,而总是可能由其他的神经讯号改变,其他的神经讯号由其他对环境的认知所触发,从而阻止了前一个讯号的回应。例如婴儿一直在学习和修正他们的行为,并不总是能够像成年人那样反应。

人类的语言当然可以用于做出这些反应,例如给出危险的警告,但是黑猩猩的语言除了给同伴以危险的警告这类功能以外,没有其他的用途,人类也可以由于大脑中其他神经讯号的阻止而不做出这类反应。例如我说"着火了",人和黑猩猩一样,可以通过训练学会逃避,而不必等待火烧到自己或闻到烟味。但是我们人类还可以做更多的事情,例如确认着火的类型和地点,以便寻求更好的逃生道路,并避免遇到火情。救火队员靠听声音就可以知道火势的发展。与黑猩猩相比,我们并不必然倾向于做出任何一种回应。"着火了"具有多样的语义学可能性,因为我们的语言可以是我们与物理实在之间的缓冲区,我们通过语言游戏了解到了多种可能性,我们将所见的一切都视为概念,并纳入逻辑和理由空间之中。"着火了"不是简单的一个需要作出回应的讯号,而是可以从多种维度进行考察的概念。语言游戏的这种逻辑和理由空间性或系统性给出了人类活动的多样性和灵活性,在语言中语词和概念包含着动态性的因素,而不是严格固定的符号和一一对应的反应表格。语词和概念能够以划分的方式产生一系列不同的行为,使得人类能够更加灵活地行动。

"着火了"是一个概念,这并不意味着它呈现出一系列外部世界中知觉对象的属性,而在于它触发了一系列语言游戏空间中的可能性行为。语言记号并不事先决定与之相关的行为,语言通过语言游戏系统(逻辑空间)来决定我们所要做出的行为。在我们眼前出现一根红木,我们产生的印象可能会有多种可能,例如这棵树的年龄、这棵树的价值、这棵树可以用来做什么家具等,我们也可以对红木做出精细的分类。一个从来没有见过红木的人,根据我们的描述,也能够对这根红木有一定的了解,并知道如何做出相应的回应,甚至可以想象这根红木的样子,尽管这种想象可能是多样的,但印象的多样性来自语言描述的多样性,并意味着我们行为的多样性。语言使得我们能够以更多、更丰富、更灵活的方式作出行为。

以这样的观点来看待维特根斯坦哲学中的连续性解释和非连续性解释,就可以提出一种不同的视角。我们原始的疼痛行为是动物性的对环境当中的影响所作出的直接反应,这种反应不同于机器式固定的反应,而是生物体根据其个体和群体生存历史中形成的神经联络以及身体反应作出的,这里没有任何表征状态或表征内容的作用,发出的声音只起到了记号的作用。这就是无内容的原初意向性(original intentionality)的由来,设想一种总是带有内容的意向性是一种哲学上的误解,原初的意向性是不必具有内容。① 在语言介入后,生物体的行为开始突现出一种更为丰富、灵活和多样

---

① See Daniel D. Hutto&Erik Myin, *Evolving Enactivism : Basic Minds Meet Content*, The MIT Press, 2017, p. 98.

的可能性,人类以语言使用所形成的概念进行思考,也就形成了内容性的思考。这样动物知觉和人类知觉没有类型上的区别,但是存在一种生活形式的区别,人类的生活形式使得人类的知觉不同于动物的知觉。这就是维特根斯坦所说的"从量变到质变的变化"①。

2. 维特根斯坦论生活形式及知觉内容的归属

激进生成论在其理论论述中,只以简单的"社会-语言"实践支撑作为从原初知觉到高阶知觉的桥梁,这显然是过于简单地解释了语言的作用,使得原初知觉到高阶知觉的连续性和突现性两种可能都成为可疑的。对维特根斯坦关于这一问题讨论的连续性解释和非连续性解释(突现解释)与激进生成论所面临的情况是一致的。这里我们可以看到,连续性解释和非连续性解释都只说出了事实的一个方面:语言是一种行为,但不是一般的行为,它是具有系统性的行为,这区别于动物个别的、信号式的行为。只有人类才能够将行为纳入系统当中,用这个行为系统进行知觉、思想和判断。这就是原初知觉行为和高阶知觉行为的关系。语言行为的系统性是我们理解高阶知觉行为的前提。这一前提在维特根斯坦哲学中即是"生活形式"(form of life)。维特根斯坦说:

> 而且想象一种语言游戏意味着想象一种生活形式。②
> 语词"语言-游戏"在这里用来强调言说语言是一种行为的一部分,或一种生活形式的一部分。③

---

① Ludwig Wittgenstein, *Philosophical investigations*, G. M. Anscombe, P. M. S. Hacker and J. Schulte, Trs, Wiley – Blackwell, 2009, p. 104e.

② Ibid., p. 11e.

③ Ibid., p. 14e.

学习一项语言游戏就意味着学会以某种方式去注意、去回应、去行动，这里学习者所需要注意的不仅仅是语言的使用，而且要对行动的模式、姿态、面部表情和背景等都有所敏感。这里的变化是从量到质的变化。我们的语言游戏当然是从原初心灵的反应开始的，语言游戏从这些反应中成长出来。这里所要指出的是两种不同的反应模式之间的区别：一种是简单的行为反应，另一种是复杂的系统行为反应，我们开始以整个概念系统来面对实在，而非直接面对实在。生活形式说明了语言并不是一种心灵表征，而是嵌入到非语言的视野当中，语言和语言交流嵌入到人类施事者的有结构的生活之中。麦金认为，生活形式指的就是一种"过去的训练，表现能力的范围和回应的形式"[1]，是语言游戏能够起作用的不确定的和不可说的分界线，构成了语言游戏的背景。

　　人类说的才是真的和假的，他们在语言使用中一致。不是意见的一致而是生活形式的一致。[2]

　　事实上我们也对概念和自然中的最一般事实的对应感兴趣。（由于它们的一般性，通常不会引起我们注意。）但我们的兴趣并不因此回溯到概念形成的可能原因之中；我们并不做自然科学；也不做自然历史——因为我们也可以为了我们的目的发明虚构的自然历史。

　　我不是在说，如果如此这般的自然事实是不同的，人们会有不同的概念（在一种假说的意义上）。而是，如果某人相信某概念是完全正确的那一个，而且有不同的概念将会意味着不实现我们实现的某事，那么

---

①　M McGinn, *The Routledge Guidebook to Wittgenstein's Philosophical Investigations*, Routledge, 1997, p. 93.

② 　Ludwig Wittgenstein, *Philosophical investigations*, G. M. Anscombe, P. M. S. Hacker and J. Schulte, Trs, Wiley – Blackwell, 2009, p. 94e.

让他想想与我们习以为常的自然的最一般的事实不同的情况，以及与习以为常的概念形成不同的情况，将会对他有启发性。

比较一个概念和一种绘画形式。难道我们的绘画形式是偶然的吗？我们可以凭喜好选择一个吗？（比如埃及的。）或者它仅仅是好看和丑陋的事吗？①

生活形式给出了我们考察心智问题更为深广的视野。有些学者认为：生活形式为我们多样化的语言游戏产生提供了背景，它产生自我们最一般的偶然事实，它们为我们学习一切语言游戏提供了基础。我们概念的意义首先由生活形式决定，如果生活形式改变了，概念的意义就会完全不同。但是这样似乎又陷入一种循环当中，因为生活形式又成为一个新的需要解释的对象。这里赫托②说："没有任何对生活形式的理解是存在于一些外在于行动和实践奠基的理论隐蔽处的。不存在为了提供哲学的解释或辩护目的而位于一种生活形式之前、之下和之上。"生活形式自身就是为了对人类的概念系统做出解释而被需要的东西，因而不能成为一种需要解释的东西。生活形式不是解释语言游戏的东西，而是我们的语言游戏所需要解释的前提条件。儿童原初的、自然的反应和他所受到的各种语言技术的训练使得他能够给出关于他的疼痛感觉的口头表达，在这一状态下，儿童原初的、自然的反应在一个意义上被替代了，但是并没有被消除，或在语言游戏中消失。当孩子能够完全浸入到语言游戏中，他仍然能够哭出来，伸展他的手臂表达疼痛。我们也可以将这一原初行为当作他所学会的语言表达的显示。语言行为并不因果地依赖于原初自然反应，但是这种原初的自然反应仍然

---

① Ludwig Wittgenstein,*Philosophical investigations*, G. M. Anscombe, P. M. S. Hacker and J. Schulte,Trs, Wiley – Blackwell,2009,pp. 122e – 123e.

② See D Hutto, *Wittgenstein and the End of Philosophy*,Palgrave Macmillan,2006,p. 111.

能够在语言游戏中扮演一个角色,它与语言游戏的关系更为复杂和紧密,完全不是任何因果依赖。

生活形式为人类高阶知觉行为提供了一致性的基础。生活形式在首要的意义上不是一种理论,而是一种实践,诸多语言游戏只有在实践的基础上才能发展起来。在这里维特根斯坦与激进生成论是一致的。而维特根斯坦与激进生成论的区别在于,维特根斯坦对语言使用的分析揭示了语言行为不同于一般行为的系统性。这是激进生成论阐述中没有涉及的。生成论对于行为的首要性、生活形式的基础性和共同实践重要性的强调是与维特根斯坦思想一致的。对于维特根斯坦来说,语言生长于稳固的生活形式、规律的行为方式,并总是镶嵌于行为之中,伴随着行为。在生活形式中,低阶的知觉行为和高阶的知觉行为都只是众多语言游戏中的一种,双方都没有相对于对方的优先性,但是双方互相之间有概念联系,生活形式为两者奠基。激进生成论认为,有内容的知觉行为是由社会和语言实践所支撑的,但是激进生成论没有阐述清楚知觉内容和语言之间的联系。在激进生成论中,很明显有内容的行为就是语言行为。如果生活形式是语言行为的基础,那么生活形式就成了有内容的行为的基础,这样生活形式不仅为无内容的知觉行为奠基,而且是普遍性的人类心灵的基础,构成着无内容的行为和有内容的行为。

在生活形式中,无内容的行为并非一定要发展成为有内容的行为,而是在有内容的行为中继续保持着自身的存在,两者之间并不是完全断裂,也不是完全连续,而是都处于生活形式一致性的不同语言游戏的差别与关联之中。例如,我端起一个茶杯,希望它里面有可乐,并将它端到嘴边,然而在尝过之后,我发现它实际上是茶。根据激进生成论,我在这里有无内容的行为,例如举起茶杯、端到嘴边;同时我也有有内容的行为,例如,我希望它里面有可乐,而后失望地发现里面是茶。我在有内容的行为和无内容的行为之间自由地切换。这种转换的可能性就是生活形式对两种行为的奠基性。我的原初的、自然的反应是使我的有内容的行为成为可能的条件,并参与到后者的构成中来,但是前者不是后者的充分条件。这样知觉内容的困难问题就得到了解释,生活形式的支撑使得我们可以发展出内容的行为,有内容的行为实际上是我们依赖于语言能力所做出的,是由语法所规定的,我们的语言活动和其他行为是彼此编织在一起的,正是因为我们可以做出如此这般的语言游戏,我们才可能有如此这般的知觉内容。语言游戏的奠基性使得内容成为可能。

语言给我们带来的一方面是量的变化,使得我们能够进行更多的语言游戏;另一方面是质的变化,使得我们能够具有有内容的行为。这就为知觉内容的归属提出了一种不同于表征主义,同时不同于析取主义的答案。维特根斯坦所强调的是知觉内容的语言游戏支撑性。知觉内容是由我们语言游戏中的语法来决定的。

语言的系统性和语言游戏的多样性给了我们的行为以逻辑空间,从而使得我们可以不依赖协变关系就可以解读出信息。无内容的行为和有内容的行为是相互关联的,但是两者之间的关系不是简单的连续或者突现,而是由语言游戏和生活形式决定。原初的自然行为是我们学会有内容的行为的生活形式基础,有内容的行为将前者纳入概念整体的框架中来,保留着前者,也给了前者更丰富的内涵。这样,赖尔所说的"知道如何"和"知道如何做"就不再是截然二分的,而是统一在生活形式下的众多语言游戏及其关联当中。

(三)探讨一种生成论的维特根斯坦知觉哲学的可能性

维特根斯坦思想与激进生成论之间的这种联系给出了我们提出一种基于激进生成论的维特根斯坦知觉哲学的可能性。维特根斯坦会同意激进生成论的框架,只是在其过于简单地解释有内容的行为的部分作出补充:有内容的知觉行为一方面是由社会-语言支撑并使动的;另一方面,有内容的知觉行为是由一定的生活形式下的众多语言游戏所填充的。前者的表述使得内容的存在仍然是可疑的,并带来了规范性存疑和约定论的指责,而后者则为激进生成论提供了规范性与确定性,并说明了语言的介入给知觉行为带来了何种"从量变到质变"的改变。

语言给我们带来的一方面是量的变化,使得我们能够进行更多的语言游戏,这使得人类和动物的行为能力没有类型上的差别;另一方面,语言给我们带来的是质的变化,使得我们能够具有有内容的行为。这里首先可能要讨论的一个问题是维特根斯坦是否是一个自然主义者的问题,即维特根斯坦是否可以接受生成论和激进生成论的自然主义框架。

1. 维特根斯坦是一个自然主义者吗?

我们上文中曾经提到过这个问题,在老派维特根斯坦研究者那里,维特根斯坦显然是一个反自然主义者。他所做的概念分析就是清除科学框架对于语言使用的歪曲。即使是在今天,那些对于维特根斯坦哲学有着一般了解的读者也会认为这是对维特根斯坦的极大误解。维特根斯坦哲学的标签是"哲学是一种澄清语言的活动""语言的意义在于使用""逻辑命题与经验命题不能混淆,前者不可说"等等。这些标签无疑是有道理的,但是说维特根斯坦拒绝以科学范式来研究哲学和说维特根斯坦是一个反自然主义甚至反科学者之间的鸿沟就比较难以跨越。

自然主义是一个很宽泛的概念,它一般来说指的是作为整体的实在的广延与自然相一致,人类没有超越自然领域的知识,不存在一个超验的空间,而且人类的心灵也并不栖居于任何更高的空间,人类不能与这些更高的空间相接触。这是本体论上的自然主义。而在方法论上,我们对所有现象的研究都必须以其作为自然世界中的普通成员的方式进行。自然主义给出了本体论和方法论上双重的一元论的许诺。自然主义的兴起和它对于人文社会科学的影响是自然化，即各门学科都朝着自然主义的方向前进。在现当代哲学中，我们也可以看出这样一条暗线。奎因（Quine）提出了自然化的认识论和自然化哲学，与之相比，维特根斯坦的自然主义和自然化态度并没有那么清晰，而且维特根斯坦一般被视为是批评科学主义的（这不同于反科学）。维特根斯坦的自然主义产生于对卡尔纳普语言哲学的不满。前期维特根斯坦与卡尔纳普一样，对自然语言感到不满，试图挖掘日常语言背后隐藏的真正的逻辑形式。在 20 世纪 30 年代，两人都从前期的逻辑绝对主义中走出，卡尔那普走向了约定理论，他提出了容忍的原则（principle of tolerance）①，认为哲学家不应当建立限制，而应该抵达约定。但是卡尔纳普仍然认为逻辑是独立于我们理智实践的限制，逻辑的公理和推论中不再有灵活性。一旦我们确立了逻辑约定，就必须按照逻辑限制的方向前行。

维特根斯坦在《哲学研究》中反对这一观念，他在遵守规则的论证中提出，当我们教给一个孩子数字序列，例如 2、4、6、8、10、12 时，没有什么"相同性"（sameness）保证孩子能够知道如何正确地"将这一序列以同样的方式继续下去"②。无论孩子多么不正常地继续这一数列，我们都能够通过解释将它视为"做着同样的事情"，老师可以做出任何一种正确继续下去的定义。这里卡尔纳普的建议会是老师事先做好这种定义，才能确立学生继续进行下去的标准。但是老师没办法将所有数字序列进行下去的方式都事先确定下来，因为后者是无限的。只有正确的应用才能够起到"相同性"标准的作用。这里维特根斯坦将"相同性"标准从事先的设定修改为语言游戏中人的反应和行为，这是一种与卡尔纳普的理论相比更为自然化的进向。维特根斯坦在《论颜色》中也提到了"相同性概念的不确定性"，我们不能事先决定

---

① See R Carnap, *Logical syntax of language*, Routledge & Kegan Paul, 1937, p. 17.

② Ludwig Wittgenstein, *Philosophical investigations*, G. M. Anscombe, P. M. S. Hacker and J. Schulte, Trs, Wiley – Blackwell, 2009, p. 63e.

颜色之间的相同或相异关系，只有在语言游戏中，人类受过训练的行为才能确定两种关系。"看到"的东西在这里为"想到"的东西提供标准。维特根斯坦在这里的推进是进一步说明哲学不是解释，不应该受到任何形而上学本质的束缚。维特根斯坦的这种态度显然是隶属于广义的自然主义的。

但是维特根斯坦隶属于何种自然主义呢？显然他对任何以科学的框架理解一切的纯粹的科学自然主义缺乏好感。科学自然主义将科学视为自然世界中的唯一准绳，这是维特根斯坦反对的，因为科学无法对语言的意义问题作出合理的回答，而后者只能诉诸其所属的语言游戏。梅迪纳（Medina）认为维特根斯坦是一位从属于特定类型的自然主义者，"一种有诱惑性的社会自然主义"（social naturalism）①。梅迪纳认为在《论确定性》中，维特根斯坦的反怀疑主义观点是与斯特劳森的反怀疑论相一致的"自然化"的观点，人类实践中的确定性使得怀疑论不可能给出真正的论证，一些关于自然和我们生活的事实必须是确定的。

麦克阿瑟（Macarthur）认为，维特根斯坦在《哲学研究》中谈论的"人类的自然史""生活形式""生活的事实""原初的反应""自然的最一般事实""进行下去的方式"等都说明着维特根斯坦在讨论"一些关于本性，或者相当于人类本性的观念"。维特根斯坦哲学中，哲学的中心工作即是将语词从它们的形而上学使用中恢复到日常使用中来。这项工作的困难在于，它要求我们必须克服思想中的超自然主义倾向。麦克阿瑟说："我们事实上在做的就是将我们从非自然性中带回自然性。"（what we are in effect doing is bringing ourselves back from unnaturalness to naturalness. ）②卡维尔（Cavell）说，维特根

---

① J Medina, Wittgenstein's Social Naturalism: The Idea of Second Nature after the Philosophical Investigations, D. Moyal – Sharrock, *The Third Wittgenstein*: *The Post – Investigation Works*, Routledge, 2004, p. 80.

② D Macarthur, On Metaphysical Quietism and Everyday Life, G. D'Oro and S. Overgaard, *The Cambridge Companion to Philosophical Methodology*, Cambridge University Press, 2017, pp. 249 – 273.

斯坦的《哲学研究》可以被理解为"一种哲学的自然化"（a naturalizing of philosophy）[①]。汉姆尔顿（Hamilton）则认为，维特根斯坦的《哲学研究》提出的是一种寂静论的自然主义，固然一方面，维特根斯坦将人类看作是自然的一部分，但是另一方面，维特根斯坦的思想很难被视为任何一种自然主义，因为任何哲学中有原创性的思想都不能被纳入任何"主义"（ism）中来，正如维特根斯坦所提出的反理论、反教条的哲学纲领。[②] 寂静论的观点是有意义的，但是这不代表维特根斯坦哲学没有提出任何的正面观点。而维特根斯坦哲学所提出的正面观点是可以被视为一种自然主义的。

严格的自然主义认为自然主义的类型是唯一的，是以硬科学（hard science）获取客观知识的方式为范式的自然主义。罗森伯格（Rosenberg）认为，科学不能够提供关于人类事物的知识，除非它能够被还原为神经科学，而神经科学最终可以被还原为真正的硬科学，即物理学。严格的自然主义如此做的动机是"自然科学要求一致性"[③]。极端的严格的自然主义者将他们的理论与本体论许诺结合起来，认为还原主义是任何自然现象的解释所要求的。对严格的自然主义一致性的批评是由哲学观点驱动的，是一种科学教条对科学研究的限制。德·卡洛（De Caro）和麦克阿瑟认为：这里的"本体论的教条是形而上学的，而不是科学的"[④]。严格的自然主义过于狭隘地限定了科学研究的范围，可以用奥卡姆剃刀剃掉这一不必要的假设。蒂姆希·

① S Cavell, Postscript (2002) to The Investigations Everyday Aesthetics of itself, M. De Caro and D. Macarthur, *Naturalism in Question*, Harvard University Press, 2004, pp. 275 – 280.

② See A. Hamilton, *Wittgenstein and On Certainty*, Routledge, 2015, p. 33.

③ Daniel D. Hutto&lenda Satne, Naturalism in the Goldilocks Zone: Wittgenstein's Delicate Balancing Act, Kevin M. Cahill and Thomas Raleigh, *Wittgenstein and Naturalism*, 2018, p. 57.

④ Mario De Caro & David Macarthur, *Naturalism and Normativity*, Columbia University Press, 2010, p. 4.

威廉姆森(Timothy Williamson)①也提出,并不是所有的真理都可以通过硬科学发现,因为这一点本身就不是硬科学所能够提出的问题。正如知觉内容的困难问题中所说的那样,真本身是一种句法特性而不是知识论特性。严格的自然主义面临一系列不可克服的困难。

正是因为以上困难,很多哲学家提出了一种替代性的"解放的"(liberal)自然主义或者"多元的"(pluralistic)自然主义。这种自然主义支持者如麦克阿瑟认为,科学应当是我们寻求知识论、本体论和语义学问题的真正的向导。解放的自然主义试图提出一种新的非还原的自然主义类型,并提出一种由自然科学所提供的新的自然概念。麦克阿瑟、德·卡洛、麦克道威尔和巴里·斯特劳德(Barry Stroud)等人都可以被看作这样一种解放的自然主义者。德·卡洛和麦克阿瑟提出了四个解放的自然主义的特征:第一,相对于自然的其他方面,解放的自然主义给予了人类本性以一个特殊地位;第二,解放的自然主义承认非还原的规范性事实,并给出了更为宽广的自然的概念;第三,解放的自然主义认为哲学虽然不是所有知识的基础,但是哲学是自治的,不是科学的某种附庸;第四,解放的自然主义在方法论上是多元论者。与解放的自然主义相似的还有一种是以罗蒂(Richard Rorty)、普莱斯(Price)为代表的"实用主义自然主义"(pragmatic naturalism),即认为哲学自然主义的功用在于治疗和批判传统形而上学。其实质仍然是解放的自然主义。②

解放的自然主义允许多样的事物出现在自然中,我们可以以多种规范性的方式去理解和探究它们。我们有多种多样的科学和日常语言游戏,它

---

① See Timothy Williamson, The Unclarity of Naturalism, Matthew C. Haug, *Philosophical Methodology: The Armchair or the Laboratory ?*, Routledge, 2014, p. 37.

② Bjørn Torgrim Ramberg, Do Pragmatic Naturalists Have Souls? Should Anyone Be Paid to Worry About It?, Kevin M. Cahill and Thomas Raleigh, *Wittgenstein and Naturalism*, 2018, p. 310.

们都提供了科学可以考察的对象。解放的自然主义认为我们可以承认非科学的且非超自然的实体的存在。解放的自然主义有两个问题。第一个问题是，它很难使得它在形而上学上是融贯的，并且它在形而上学上实际是不可控的，我们会拥有一个过量的本体论。第二个问题是它没有提供哲学和众多科学相关的方式，这里解放的自然主义就缺乏严格的自然主义的彻底性。在没有科学作为辅助的条件下，解放的自然主义就缺乏任何区分自然与非自然的标准，也就是说完全没有任何尺度。这样我们会允诺大量的没有因果效力的实体进入本体论。

为了解决这一问题，麦克道威尔改变了自然的概念。他认为解释自然现象不一定要以科学的方式进行。人类的日常理解本身就是自然现象，并且具有不可还原性的特征，这种不可还原性特征是规范性的，不能够以任何非规范性的方式得到解释。那些具有社会实践属性的生物可以具有有意义的或有内容的心灵状态。通过教化（enculturation），这些动物拥有了第二自然本性，并能够进入自治性的理由的空间之中。第二自然是自然科学所不能企及的领域。麦克道威尔说："我们必须严格区分自然-科学的可理解性和我们位于逻辑的理由空间中获得的可理解性。"（we must sharply distinguish natural – scientific intelligibility from the kind of intelligibility, something acquires when we situate it in the logical space of reasons. ）①我们不能以自然的方式来解释我们为何能够进入理由的空间，具有有内容的思想，只能够将其纳入第二自然的领域。麦克道威尔这种解放自然主义的论证表面上看起来解决了上文中提到的第二个问题，但是麦克道威尔又让我们陷入了两种自然的关系问题之中，显现图像（manifest image）和科学图像（scientific image）始终处于分裂之中，这里就使得自然主义的一元论设想落了空。在解放的

---

① John McDowell, *Mind and World*, Harvard University Press, 1994, p. xix.

自然主义中，我们始终无法将不同的自然领域联结起来，只能满足于多元论。

严格的自然主义和解放的自然主义都无法融贯地形成一种自然主义。一方面是要将我们从严格的自然主义中解放出来，另一方面我们必须说清楚哲学和诸门方法论及本体论差异很大的科学是如何相连的。

维特根斯坦哲学可以看作为我们提供了这样一种既避免了一致性又避免多元论的自然主义。他认为在哲学中，我们应当用描述的方法取代解释的方法，并认为描述实际上是一种阐明（elucidations），阐明帮助我们看到了我们需要看到的那些位于我们眼前的事实，这些事实由于我们的哲学倾向而容易被忽视。哲学家的工作并不增添我们对世界的知识，而是提供对于我们已经了解事实的恰当的视角。正如维特根斯坦在《蓝皮书与褐皮书》中所言，哲学家就仿佛一个图书管理员，①图书管理员并不负责增添图书，而负责将图书放置到适合它们的名目下，使得它们不再引起困惑。这种方法就是综观表现，它将我们带回到日常实践中的相关事实中来，例如，我们以如此这般的方式行动。我们惩罚某些行为、给出命令、给出解释、描述颜色、对别人的呼叫做出回应等等，这些事实由于离我们太过于切近而容易被忽视，因此我们需要对位于眼前的事实进行关注，在这些事实当中，我们彼此没有分歧，形成了一致性的生活形式。维特根斯坦的自然主义就是给出这些我们生活实践当中行动的一般事实。这种自然主义不同于提供对现象背后的本质进行解释的科学自然主义。

　　哲学只是将一切放在我们眼前，既不解释也不推论任何东西——因为一切都摆在眼前，没有什么需要解释的。因为我们对例如隐藏起

---

① Ludwig Wittgenstein, *The collected works of Ludwig Wittgenstein*, Blackwell Publishing, 1998, p. 534.

来的东西不感兴趣。①

维特根斯坦认为哲学家的工作不是提供某种对事实的解释,而是应该清除掉我们对某些主题的误解,就如同除去过度繁盛的花园里的杂草。这种工作完成后,不再有进一步寻求答案的空间。维特根斯坦认为形而上学试图将事物的本质神圣化,并发现某种适用于全部情况的"超级事实",他试图在所有的情况下治疗这种倾向,提出"不要想,而要看!"(Don't think,but look!)②我们应当依靠描述语言的实际使用清除这些扰乱我们思维的错误图画。维特根斯坦的这种自然主义与麦克道威尔解放的自然主义是非常不同的,麦克道威尔实际上仍然选择了维特根斯坦所批评并试图清除的思维方式,并仍然认为心灵内容是心智活动所必需的,这样我们会再一次陷入遵守规则的怀疑论中。我们解释意义、理解和遵守规则问题时,应当首先试图展示我们所遵守的规则,而不是独立于这些规则另设尺度。麦克道威尔认为第二自然是有内容的行为条件,也就是说只有社会-文化实践才能使得人可以用语言意味事物或理解语词的意义,这一点维特根斯坦也是同意的。拥有内容不是表征主义者所认为的原初的能力,而是学会的能力。但是麦克道威尔为了避免反实在论的结论,又引入了一种自然化了的柏拉图主义作为自己的观点,这种观点实际上就是解放的自然主义,这就超出了维特根斯坦用描述取代解释的哲学纲领。事实上,我们没有必要超出自然的一般事实,而去接受不可还原的规范性的事实(理由的空间、心灵内容)的存在,这使得形而上学成为必然。

维特根斯坦式的自然主义可以看作一种赫托所说的放松的自然主义

---

① Ludwig Wittgenstein, *Philosophical investigations*, G. M. Anscombe, P. M. S. Hacker and J. Schulte, Trs, Wiley – Blackwell, 2009, p. 55e.

② Ibid., p. 36e.

（relaxed naturalism）①，我们既不需要严格的自然主义的威权，也不需要解放的自然主义的解放热情，而需要一种真正的中间道路，使得我们能够以放松的态度面对自然。它使得我们注重对于最一般的事实的理解，并提供理解哲学和各门科学关系的方式，将不同的兴趣和方法无冲突地纳入一起。维特根斯坦的"描述优先于解释"的进向使得我们能够看清楚哲学和诸门科学之间实际上是如何相关的。一种放松了的自然主义追求经验科学发现的和谐，即它关注如何才能使得我们讨论的话题能够显现出最好的面貌，或者给出其最有意义的方面。

第二自然中人类的各种理智能力可以用人类学、心理学、社会学和神经科学作出各种研究，这些研究彼此不是孤立的，而是一同协作，共同展现人类理智能力的各种面相，并最终展示出是我们的自然史使得实践活动具有这些的样态。维特根斯坦并非是一个摇椅哲学家（armchair philosopher），他考察的是我们的概念和最一般的事实之间的对应关系，他并不做经验研究，但是他给我们的自然史研究提供重要的哲学提醒，这些哲学提醒以语法综观表现的方式展现出来，给出我们综合诸门科学研究的可能性。例如，他给出物理学语法的界限，我们并不在谈论思想和行为时诉诸物理学语法，这就给出了一种整体上考察人类认知活动的综合视角，哲学家以不同于提供经验研究的方式促进科学的研究，它为诸门学科划界，并指出它们只有相互结合才能给出真正的答案，使得我们能够理解事物如何能够在这一概念最宽广的可能性的意义上融合。

2.一种生成论视角下的维特根斯坦知觉哲学

在放松了的自然主义的视角下，我们可以探讨一种生成论视角下的维

---

① See Daniel D. Hutto, Wittgenstein's Inspiring View of Nature: On Connecting Philosophy and Science Aright, *Philosophical Investigation*, 2018（4）, p.145.

特根斯坦知觉哲学的可能性。我们在上文中已经提到过,维特根斯坦哲学可以在激进生成论的框架下给出了生活形式下诸多语言游戏支撑的维度。这里的区别是,维特根斯坦的语言游戏维度指出了有内容的行为何以可能的问题,语言的介入使得人类能够进行多样化的语言游戏和社会实践活动,这是激进生成论没有展开,容易造成疑问的方面。

这里,我们尝试给出一种生成论视角下的维特根斯坦主义的知觉哲学的可能性。上文中我们已经指出了维特根斯坦的知觉哲学的核心观点是面相-观看知觉在日常知觉中处于基础性地位。在对以鸭兔图为代表的第一性质面相的研究中,维特根斯坦认为组织面相并非是一种推论的产物,而是来自一种用法,一种实践。在这里思想和知觉是不可分割的。维特根斯坦的面相知觉作为一种对实在的知觉,总是依赖于显像(如形状和颜色),但是二者在语法上属于不同类型的概念。我们既不是从显像中推论出面相,也不是脱离了显像而知觉到面相。面相知觉是我们生活中具有普遍性意义的知觉类型,可以说,我们的大多数日常知觉都属于面相知觉。

在颜色知觉中,我们所遇到的情形也是如此,我们将某个视觉片段视为某个颜色,总是在一定的上下文中,根据其组织的情况来决定它所是的颜色,我们在这里缺乏的不是一种想象力,而是我们想象力的界限被我们的生活形式所限制。颜色的面相来自颜色概念的使用,我们将一个颜色视为另一个颜色,在这个意义上,颜色没有改变,但是我们看到的却不一样了,这是很典型的面相知觉现象。维特根斯坦的面相知觉思想认为并不存在一个形状、颜色等感觉材料的阶段,我们并不是从感觉材料阶段推论出组织面相和颜色面相,而是我们作为一个生物体与周边环境打交道的实践活动使得我们能够将某个片段或某几个"当作"某个面相,这里面相-观看知觉实际上是一种行为,是一种"知道如何做"的实践。

激进生成论认为,在无内容的知觉中,知觉者所属的类型是"面相回应者",而不是"属性要求者",知觉的首要意义是指导有机体生存与繁衍的活动,是某种反应和行为,而不是一种命题认识,因为只有一种反应和行为才能为其他反应和行为提供合理的上下文。在有内容的知觉中,我们由于社会-语言支撑的使动作用,能够作出有内容的知觉和行为,而后者也是由语言能力决定的,我们做出的并非是一种传统表征主义视角下的心灵表征内容行为,而是语言赋予了我们以内容(概念)进行思考和行为的能力。

一种生成论视角下的维特根斯坦知觉哲学一方面应当给出维特根斯坦哲学的自然主义维度,使得维特根斯坦哲学与生成论的认知科学论述相一致,这是前文中对于维特根斯坦的"生活形式"概念及一种"放松的"自然主义的论述所要说明的。维特根斯坦反对严格的自然主义中的物理主义还原论,但是他会接受一种避免了解放的自然主义形而上学多元论的放松的自然主义,而哲学的工作就在于给出一种语法综观。

另一方面,一种生成论的维特根斯坦知觉哲学应当说明语言的介入是如何形成有内容的知觉的,这是我们在上文中讨论原始的、自然的反应与语言行为之间关系的论述中所涉及的。语言行为使得人类能够进行各种各样的语言游戏,并以由此而来的语言游戏的语法,即"理由的空间"和更复杂的生活形式作为系统性的凭借与世界打交道,生活形式奠基了人类的知觉内容,而并非是表征状态定义了知觉内容。这样,我们就可以为维特根斯坦知觉哲学提供一种生成论的解释,给出维特根斯坦哲学的某种当代视角。

大卫·斯特恩(David Stern)曾经区分了维特根斯坦研究的两个阵营,一个是"皮浪主义的"(pyrrhonic)解释,这种解释认为维特根斯坦是一个哲学的怀疑者,因为哲学考察显示出了"深深的不平静"(deep disquietudes)[1],哲

---

① Ludwig Wittgenstein,*Philosophical investigations*, G. M. Anscombe, P. M. S. Hacker and J. Schulte,Trs, Wiley – Blackwell,2009,p. 52e.

学家的工作是否定性的,即驱除这种不平静,并终结哲学。而与之相反的
"非皮浪主义"(non – pyrrhonic)解释则认为维特根斯坦的工作虽然有治疗
性的成分,但是这种治疗仍然是实质的(substantive),即给出了某种正面的
结论。① 一种生成论的维特根斯坦知觉哲学是"非皮浪主义"的。在这里,维
特根斯坦关于面相知觉的讨论有助于说明这一点。在鸭兔图的案例中,我
们"持续地看见"某个面相与面相的"闪现"都是在展示或者生成我们的知觉
经验和涉身性的行为(语言的或非语言的)表达之间的内在关系。在我们的
知觉经验和涉身性的行为之间没有任何知觉内容作为中介,在这一点上,无
论是自创生生成论还是感觉运动生成论,都没有完全清除掉表征主义残余。
以下我们简单地讨论一下自创生生成论和感觉运动生成论的情况,并说明
维特根斯坦知觉哲学如何能够帮助我们推进生成论的理论。

在自创生生成论中,虽然瓦雷拉等人拒斥了心灵表征能力,但是他们并
没有彻底克服内在论。瓦雷拉将大脑比作是潜水艇中的航海家,航海家没
有与外部世界接触,但是他可以通过感官了解到外部世界。这里使得自创
生生成论保持着某种建构主义的色彩,从而没有与二元论和内在主义划清
界限。维特根斯坦反对任何这种将心灵事项与物理过程相类比做出的回
答。而激进生成论则会认为这里仍然留有表征内容的可能性,因为我们无
法将这种高阶的目的论维度应用到低阶知觉行为之中。

感觉运动生成论认为我们的视觉经验与涉身性行为之间的关系依赖于
我们"知道如何做"的知识,也是感觉运动可能项,也是一个施事者与周边环
境之间的法则性的关系。这就使得视觉经验与涉身性行为之间存在中介。
诺伊曾说:"中心观点即视觉是由我们称之为感觉运动可能项的知识作为媒

---

① See D Stern, *Wittgenstein's Philosophical Investigations: An Introduction*, Cambridge University Press, 2004, p. 131.

介探索世界的模式。"①颜色恒定性就是一个例证,我们将某个对象看成具有某个颜色,这个物体的表面可能会由于光线条件的影响比我们正常看到某个颜色的情况更暗或更亮,但是我仍然可以将其看作是那个颜色。这是因为我具有从不同角度看待这一表面的能力。例如,我看到一个红色的西红柿,我可以向它走过去,改变它周边的光线环境,使得它的颜色能够更好地呈现。感觉可能项知识(例如光线知识)使得我能够超出显像看出实在。生成的感觉运动可能项知识告诉我们如何运动能够改变西红柿的观看条件,并看清楚它的颜色。颜色即是表面情况发生改变的时候如何通过行动调整观看条件的知识。

诺伊说:"颜色,在生成论视角下,是事物在对颜色重要的条件改变的情况下,事物倾向于改变其显像的知识。"②感觉运动知识不是命题知识,不是任何一种"知道如何",而是"知道如何做"的实践知识,是一种为了知觉必须具备的身体技巧。诺伊区分两种感觉运动可能项,一种是依赖于我们涉身性的事实,例如眼球的运动和眼睑的闭合;另一种依赖于我们对嵌入到的环境的依赖性。例如,我们总是以一定的距离和角度看物体,只能看到物体的部分、当我们移动的时候物体的形状会改变、光线会影响显像等。

感觉运动可能项的问题在于,它成了知觉的因果条件,是否不能做出移动的人就不能具有视觉经验呢? 一种知觉的因果条件造成着知觉经验,但是不构成知觉经验,也就是说,它没有真正回答知觉经验何以可能的问题。在我们的习得过程中,感觉运动知识可能起到一定的作用,但是我们不能设想我们总是需要感觉运动知识才能够具有知觉经验。这里,我们发现了赖尔所说的"知道如何做"知识的不彻底性。

---

① O'Regan&A Noë, A sensorimotor account of visual consciousness,*Behavior Brain Sci*,2001(24),p. 940.

② A Noë, *Action in Perception*, MIT Press, 2004, p. 143.

在维特根斯坦和激进生成论看来，不是任何知识造成了知觉经验，而是我们涉身性的与环境之间的关系及其历史形成了知觉经验。某种知识的预设总是会造成内在论的可能性。维特根斯坦和激进生成论都认为知觉实际上是我们涉身性的行为，不需要任何心灵中介的介入，将某物看成具有某种颜色所需的不是某种感觉运动知识，而是我们所做的事情，我做这件事情可能会有很多原因，很多背景性的知识（"知道如何做"的知识）起着作用，但是这些都并不决定着我必然要怎样做；是我做出的某个与环境处于交互关系中的行为决定了它是什么颜色。

维特根斯坦认为，看见某个面相，不等于简单地描述所看见的东西，还包括看到两个对象之间的关联（例如两张脸之间的相似）。另一方面，我们看到这些关联的时候，视觉经验的目标没有改变，我们看到的完全不同了。维特根斯坦并不想要给出关于这类现象的任何因果解释，或给出一种视觉理论。相反，他关心的是"概念和它在经验的概念中的位置"①，因此是一种语法或逻辑研究，试图提醒我们面相-观看知觉在经验的概念中的位置。概念在这里并不意味着某种心灵事项，而是语言游戏中的行为及行为方式。维特根斯坦区分了"持续地看见面相"和"面相的闪现"，即是在说明语言游戏中知觉行为的多样性。

在雅斯特罗的鸭兔图中，鸭子或兔子的面相都可以闪现出来，我们或者可以将其看作鸭子，或者看作兔子。那么我们是从一个视觉经验转换到另一个，还是对同一个视觉经验做出不同的解释呢？对于后者来说，因为在面相视觉中，我们不可能发生错误，我们直接就看到了某个面相，而解释总是可能发生错误。对于前者，如果我们有两个不同的视觉经验，那么就会如同

---

① Ludwig Wittgenstein, *Philosophical investigations*, G. M. Anscombe, P. M. S. Hacker and J. Schulte, Trs, Wiley – Blackwell, 2009, p. 203e.

科勒的格式塔心理学将组织看作某种视觉经验的性质,组织使得两个视觉经验不同。但是这种可能性也是不存在的,因为我们所见的图画并没有发生改变,我只能用重新画出同样图画的方式来给出所见的差异,而这恰恰说明了我所见的没有差别。没有什么对象性质的改变需要对所见的改变负责。

维特根斯坦在这里的回答是,面相的闪现不是对象的一种性质,而是一个对象与其他对象之间的关系。这就是说,当我们将鸭兔图看成鸭子或者看成兔子的时候,我们是以行动的方式生成这一面相,我们可以将鸭兔图放置在鸭子旁边或者兔子旁边进行比较,或者将其与我们之前生活中的鸭子或者兔子的经验进行比较,我们之所以能够做到这一点是由于我们的视觉经验和我们涉身性的行为(或者说是思想)之间的内在关系,一个视觉经验和我们的涉身性行为之间内在关系由看见某一面相这一概念内在地结合起来,共同形成了面相知觉。这就保证了当我给出一个不同的视觉经验的语言表达时,我们就不会看到同样的面相。我们的知觉经验、语言表达和涉身性的行为回应,是不可分割的。然而它们仍然是不同的,因为我们可以看到了某个面相却不说出也不作出反应,也可以没看到某个面相却假装看得见。这些可能性都编织在知觉的语言游戏的脉络和背后的生活形式之中,是“行为的精细层次”的一部分,靠着行为我们能够生成经验、语言和行为的内在关系。因此面相知觉是一种行为,是我们将它“当作”某个面相的实践。

如果我们像感觉运动生成论那样,将感觉运动知识视为知觉经验和行为之间的中介,那么我们就无法看到面相的闪现,因为我们所见的没有发生改变,而将某个对象放置在其他对象中间,也没有改变我们对此对象的知觉的方式。只有我们能够说明知觉经验与行为之间的内在关系的时候,我们才能说明知觉经验为何一方面不变,另一方面改变了。因为只有两者处于内在关系之中,我们才能够说明知觉经验和行动的差别。我将一幅图画看成一只被箭射中的动物,是因为我朝向这幅图画的态度是在一定的社会和文化实践中形成的,我能够将所画的图像看成一个有血有肉的生灵,这个生灵正在遭受着痛苦。而面相盲人则不能看到我们看到的面相,这不是由于他的视觉器官有问题,我们看到的完全一样,这是因为他们不能看到我们所看到的重要的或者显著的方面,例如他们可以看出这只动物身上插了一支箭,但是却无法将这只动物看作一个被箭所击倒的生灵。

这里维特根斯坦所指出的是,我们与这幅图画之间的关系是非常特别的,因为我们很容易将这幅图画看成世界当中的真实对象,事实上它们不是,它们对我们来说是重要对象的一种提示物,例如我们保留着很多故人的遗物,用来表达我们想要接近他们却不能实现的情感。面相盲人不知道这种知觉经验和行为之间的关系,因而不能看到重要的方面,他们与这幅图画的关系是与我们不同的。感觉运动生成论所提出的感觉运动可能项是我们所要学习的,它能够帮助我们认识到这些事物重要的方面,然而这些感觉运动可能项不是某种知识,而是某种我们受过训练的行为及实践。

一种生成论视角下的维特根斯坦知觉哲学试图站在激进生成论的立场上,通过无内容的涉身化的知觉行为的可能性这一纽带,将维特根斯坦哲学与当代认知科学哲学及自然主义结合起来,维特根斯坦所阐述的诸多语言游戏及其背后的生活形式为激进生成论提供了更为可靠的有内容的知觉行为的论证。它使得激进生成论的内容论证不再停留在社会约定论的层次,语言游戏的语法特征和生活形式的一致性给出了知觉内容的规范性视野,一种生成论的维特根斯坦知觉哲学给出了我们反理智主义的和反表征主义的新的知觉哲学的可能性。

第四章 维特根斯坦的知觉哲学与生态哲学

在本书的前三章中,我们探讨了当代知觉哲学的发展现状,指出当代知觉哲学由于知觉内容的假设而陷入了理智主义的窠臼。无论是表征主义还是析取主义,都无法解决知觉的困难问题,并因此陷入知觉、幻觉和错觉的内容一致性所造成的困难中。维特根斯坦的知觉哲学以面相-观看知觉思想为代表,并认为日常知觉大部分都是面相知觉,即我们能够直接超出感觉-材料意义上的显像(形状、颜色等)而看到事物在众多语言游戏中的重要的面貌,维特根斯坦在《论颜色》中对颜色现象的面相-观看知觉做出了考察。他指出这种面相并非是知觉对象发生了改变,也并非是我们对显像做出了某种解释,而是一种行动。意向主义和析取主义解释都没有完全摆脱知觉内容假设的束缚,从而陷入认知主义之中。生成论将知觉与涉身性的行为紧密结合在一起,自创生生成论和感觉运动生成论依然保留着知觉内容的残余,而激进生成论给了我们以在当代语境下重新阐释维特根斯坦知觉哲学的自然主义新视角。激进生成论严格区分无内容的知觉行为和社会-语言支撑下的使动的有内容的行为。这和维特根斯坦对面相知觉在一定生活形式下的语言游戏的依赖性的考察是一致的。有内容的知觉活动的存在由语言游戏的语法即"理由的空间"和生活形式所决定。激进生成论给出了维特根斯坦哲学以当代知觉哲学的视角,而维特根斯坦知觉哲学则为激进生成论提供了一种社会-语言支撑下的行为如何能够成为有内容的行为的综观描述。这使得一种生成论视角下的维特根斯坦主义的知觉哲学成为可能。这种新的知觉哲学的产生为我们提供了一种不同于传统认知主义的新的自然哲学,能够使得我们以此为背景考察很多当代问题。一种生成论视角下的维特根斯坦式的知觉哲学为一种生成论视角下的维特根斯坦式的伦理学和生态哲学提供了可能性。

第一节　试论一种生成论视角下的维特根斯坦式的伦理学

维特根斯坦的伦理学与知觉哲学不同,因为后者是维特根斯坦哲学中一个集中性的主题。而维特根斯坦对伦理学的论述极为稀少。究其原因,维特根斯坦一向的态度是反对在哲学中谈论伦理学,特别是尝试建构伦理学理论的进向。他一生中只发表过一篇《伦理学讲演》,这篇会议论文一般被视为《逻辑哲学论》哲学的具体应用。维特根斯坦反对哲学伦理学的这一态度表现过很多次,在与维也纳学派的讨论中,他谴责任何"关于伦理学的讨巧话"(claptrap about ethics)[①],即讨论"是否存在直观知识,是否存在价值,善是否是可定义的"。他在关于伦理学的问题上持有一种紧缩论(deflationary theory)的态度,拒斥任何对伦理学概念提供解释的尝试。他说:

---

① F Waismann, *Wittgenstein and the Vienna Circle*, Blackwell, 1979, pp.67 –68.

不是因为解释是错的，而是因为它是个解释。如果我被告知一个理论这样的东西，我会说，不，不！那并不令我感兴趣。即使这个理论是真的，它也不会使我感兴趣——它不会是我想要的。伦理的东西不可传授。①

维特根斯坦在伦理学上提供的不是理论，而是一系列澄清，他告诉我们一些错误的研究伦理学的方式，并提供了一些关于正确地理解伦理学的指引。这种指引不能被直接看作一种正面的观点。因为"何为良好生活"这一问题并不是关于任何事实的问题，不应当通过指向任何事实而得到回答。对于这一最重要的问题，哲学所能够提供的，只有一种指引性的视角，这里实际上即是一种面相-观看的方式。我们不可能指着某个事实告诉一个人如何能够看到鸭兔图中的某个面相，就如同我们无法告诉一个人该如何生活。

维特根斯坦前期伦理学认为世界的意义位于世界之外，在世界当中是一切发生的事实，在其中没有任何价值。如果存在价值的话，价值也会是无价值的。因为一切发生的事实都是偶然的，而非偶然的都位于世界之外。伦理学所处理的是世界之外的绝对价值，因此不存在伦理学。自1930年起，维特根斯坦对这一想法做出了修正，他认为对于伦理学问题的一般性回答是不需要的，伦理学问题总是个人化和处境化的。

如果某人认为他解决了生活的问题，并且感到好像告诉自己现在一切都很容易。他只需要告诉自己，为了看清楚他是错误的，有一个这个"解答"还没有得到发现的时期；但是一定也可以生活，而且这个现在

---

①　F Waismann, *Wittgenstein and the Vienna Circle*, Blackwell, 1979, pp. 116 - 117.

发现的解答与事物曾所是的关系看起来像是偶然的。①

维特根斯坦开始讨论"生活的问题"这一与伦理学、宗教学体验含义等同的表达式。维特根斯坦指出任何伦理学的发现都是可疑的，因为曾经存在问题还没有提出的时期，而且维特根斯坦指出了对如何能够良好地生活这一问题的回答不是任何一种知识，伦理学是不可传授的。伦理学没有呈现给我们需要解释的东西。"生活问题的解答是看到问题的消隐"②。因为理论问题的回答总是需要某种新的信息，而伦理学问题的回答则是一切都摆在眼前了，我们所需的不是一种回答，而是某种如何看待它们的视角。

在我们的日常语言中，我们是以作出价值判断的方式来进行伦理学思考，我们说"这是好的""他是个好人""这太残酷了""你不应当说谎"等，我们在说出这些句子和别人听到这些句子的时候都并没有感到任何不妥，我们并不被"这句话意味着什么"这样的问题所困扰。这些语词都是可说的且有意义的。我们也经常会有一些关于价值判断的争执，虽然我们能够理解他人的观点，但是我们依然不同意他们的看法，甚至有时候我们总是无法解决争执，虽然我们对事实没有异议，但是我们仍然会有不同的看法。为了说服别人改变看法，我们会给出例子或基于事实做出论证。但是这样也并不能保证我们能达到目的。因为我们对于何为"善"、何为"恶"都有不同的看法。这就造成了一系列哲学问题：价值判断是如何有意义的？价值判断如何基于事实？它们是主观的判断吗？价值与事实是二分的吗？

维特根斯坦反对的是这整套提出问题的方法，因为这里给出的是一整套建立哲学理论的呈现方式，而事实上我们所需要的是一种"阐明"或"澄

---

① Ludwig Wittgenstein, *The collected works of Ludwig Wittgenstein*, Blackwell Publishing, 1998, p. 791.
② ［奥］维特根斯坦：《逻辑哲学论》，韩林合译，商务印书馆，2014 年，第 119 页。

清"，是一种我们的语言使用的综观表现（surveyable representation）。① 维特根斯坦将我们的注意力吸引到对于伦理概念和表达式的考察中来，他试图告诉我们，我们需要改变传统意义上对于伦理学的期待，而给出"对于这一主题的理解与大多数人想要看到的之间的对比"，这种对比澄清了我们带着道德观点使用语词的时候实际上所做的事情，并阐明这种应用的特征。这样做才是伦理学的正当工作。

这些观念的变化给了维特根斯坦以不同的伦理学观。前期维特根斯坦认为伦理学是"生活的目的""世界的意义"和"生活中的问题"，这些问题与宗教和美学相关。伦理学是主体对生活和自身在世界中位置的一种态度，这种态度位于世界之外，因此不可用语言表达。在《伦理学讲演》中，维特根斯坦认为伦理学是："对于有价值的或真正重要的东西、生活的意义或使得生活值得过的东西或正确生活方式的探求……"这一伦理学的概念是非常一般的，但是至少伦理学是一种与主体对生活或生活所处世界的概念的探究。从1946年开始，维特根斯坦将他的概念发展为我们朝向世界的基本观点。

> 如果生活变得难以承受，我们想要改进。但是最重要并且有效的改进是我们自己的观点（verhaltens）。我们最难决定这样做。②

伦理学不再是对世界的某种特定观点，而是以某种积极的视角或态度整理这一特定观点。因为它关涉的并不是某种与我们无关的事实，而是一种我们生活于其中的事实。科拉·戴蒙德说："伦理学没有特定的主题，而

---

① See Ludwig Wittgenstein, *Philosophical investigations*, G. M. Anscombe, P. M. S. Hacker and J. Schulte, Trs, Wiley – Blackwell, 2009, p. 54e.

② Ludwig Wittgenstein, *The collected works of Ludwig Wittgenstein*, Blackwell Publishing, 1998, p. 819.

是一种伦理精神,一种朝向世界和生活的观点,可以弥漫于任何思想和言谈之中。"①在面对伦理学问题的时候,我们的第一反应是改变问题出现的环境,而维特根斯坦则要求我们认识到生活的问题并没有产生于环境之中,而是产生于环境在我们生活中的形象,这就是为什么他要求我们注意态度。这里伦理学和知觉与行动的关系相仿,因为表面上看起来,知觉并不影响行动,而只是对事实的一种表现。伦理学也并不指导行动,而只是我们对世界和我们在世界当中位置的一种态度,但是这种态度决定着行动的意义,就如同知觉指导着行动。这种亲缘性存在两者沟通的可能。在尝试做出知觉和伦理学的这种类比之前,我们首先简要地回顾下维特根斯坦的伦理学。

一、从"自然主义谬误"到神秘之领域

维特根斯坦的伦理学产生于对摩尔伦理学的不满,摩尔从巴特勒(Bishop Butler)的名言"一切都是其所是,而不是其他东西"(Everything is what it is, and not another thing)作为出发点。摩尔认为善也是如此:"善就是善,就是这回事。"(good is good, and this is the end of the matter.)②摩尔认为善是简单的并且不可定义的性质。那么,我们该如何理解善呢?摩尔认为,善不是自然性质或形而上学性质,一旦把善定义为某种客观对象的性质,就犯了自然主义谬误。善是不可定义的,是一种由直觉把握的非自然性质,将善解释为一种自然性质的尝试都陷入到了"自然主义谬误"(naturalistic fallacy)③中。

在《伦理学讲演》中,维特根斯坦讨论了摩尔的伦理学。受奥格登(C.

---

① C Dianmond, Ethics, Imagination and the Attractions of Wittgenstein's Tractatus', A. Crary and R. Read eds, *The New Wittgenstein*, Routledge, 2000, p. 153.

② G E Moore, *Principia Ethica*, Cambridge University Press, 2002, p. 58.

③ G E Moore, *Principia Ethica*, Cambridge University Press, p. 62.

K. Ogden)的邀请,维特根斯坦在剑桥做了一次讲演。他认为自己在处理的是一个具有一般的重要性的问题,他对此问题拒绝给出一个"流行的科学的"回答,因为它会"使得你相信你理解了你事实上并不理解的一件事物"①。这样一种流行的讲演,会满足"我认为是现代人最低级的欲望,即关于科学最新发现的过度好奇"。维特根斯坦认为自己可以扩大摩尔在《伦理学原理》中的讨论范围,将其扩大到"什么东西是有价值的?""生活中什么是重要的?"乃至于美学的问题。

维特根斯坦认为这些表达式都在两种不同的意义上使用。一个是"不重要的或相对的"(trivial or relative)意义,另一个是"伦理的或绝对的"(ethical or absolute)意义。相对的意义上,善指的是某个行为会造成某人的意愿或目的的完成的因果意义上的善。如果我们想要知道一个棋手是不是一个好棋手,我们就会给出一定的棋局让他解答;如果我们问别人某条路是不是正确的道路,那么我们就会比较目的地和出发点之间的路线关系。这些问题都有一个事实性的答案。但是棋手也可以回复说自己对下棋没有兴趣,或者别人并不知道某个目的地,那么就不会有以上问题的讨论。但是如果有人说我像一只野兽一样行动,那么我就不可能回复"我对此不感兴趣"或者"我不想要做得更好",因为这样的回复只会引来一个批评:"你应该做得更好。"这说明我这样做是不对的。这里并非是在一个不重要的或者相对的意义上说,而是具有一种伦理的或绝对的意义,这里我的行为所面临的是某种绝对的标准。维特根斯坦说:

> 每一个相对的价值判断只是事实陈述,并且会因此以失去其所有的价值判断的表象的方式而处置。

---

① Ludwig Wittgenstein, *Lecture on Ethics*, Wiley Blackwell, 2014, p. 7.

　　现在我想要说出的是,所有的相对的价值判断可以显示为仅仅是事实陈述,没有事实陈述可以成为或意味着绝对价值的陈述。①

　　如果我们有一本描述世界的书,描绘了世界的每个细节,那么这本书中将不会描述任何我们可以称之为伦理的东西。因为这本书中所有的事实和命题都位于同一个层次上。不重要的判断都可以指称人的心理状态,但是任何心理状态都不可能在伦理的意义上是好的或者坏的。如果我们说某人在谋杀其他人,这个描述会使我们愤怒或痛苦。这指的是另外一个事实,也即一种心理状态。事实是没有伦理学重要性的,只有相对的价值和相对的善。维特根斯坦的结论是惊人的,他说"伦理学是超自然的"。世界之中没有绝对正确的道路,也没有绝对正确的行为。维特根斯坦认为我们使用"绝对的价值""绝对的善"和"绝对的正确"这类表达式,就像是我们具有一种惊奇于世界竟然存在或者无论发生什么我都绝对安全的体验一样。这些表达式都是无意义的。我可以对某物的存在感到惊异是因为我能够设想它不存在的情况,我对狗的大小感到惊异是因为我能够设想更大的或更小的狗;说世界的存在是无意义的,因为我不可能想象相反的情况。这里我们有经验,但没有表达式可以表达它。我对我的行为有绝对正确或错误的经验也是如此,没有关于伦理学的科学,就如同没有关于奇迹的科学。这并不是说科学证明了没有奇迹,而是说科学看待事实的方式已经排除掉了看待奇迹的方式,就如同科学看待世界的方式已经排除掉了伦理地看待世界的方式。《逻辑哲学论》事实上就是在说,如果科学的言说方式是唯一正确的方式,那么伦理学命题就不是错的,而是无意义的。这种无意义性是这些命题的本质。

---

①　Ludwig Wittgenstein, *Lecture on Ethics*, Wiley Blackwell, 2014, pp. 8 – 9.

迄今为止,由于伦理学来自于渴望言说关于生活最终意义的事情,绝对的善,绝对的价值。所以它不能是任何科学。

它是人类心灵一种倾向的证明,我个人不由得深深敬佩它,而且我人生中都不会嘲笑它。①

伦理学不能给我们关于世界的任何知识,但是它关注的是试图超越世界界限的重要言说,这是我们做不到的。维特根斯坦由此批评了摩尔将善视为某种性质的尝试,因为这违背了可说的与不可说的界限,并且仍然试图用语言去表达那些最重要的却不可表达的东西。在《逻辑哲学论》中,维特根斯坦说:

世界是独立于我的意志的。

即使我们所愿望发生的所有事情都发生了,这仍然可以说只是命运的一种恩赐。因为为此提供保证的那种意志和世界之间的逻辑关联根本就不存在,而所假定的那种物理的关联当然又不是我们自己所能意欲的。

世界的意义必然位于世界之外。在世界之内,一切都是其事实上所是的那样,一切都如其所发生的那样发生着;在其内不存在任何价值——如果存在着什么价值的话,那么它没有任何价值。

如果存在着一种具有价值的价值,那么它必然位于一切发生过程和如此—是之外。因为一切发生过程和如此—是都是偶然的。

使它成为非偶然的东西的那个事项不能位于世界之内,否则这个事项本身又成为偶然的了。

---

① Ludwig Wittgenstein, *Lecture on Ethics*, Wiley Blackwell, 2014, p. 65.

它必然位于世界之外，

因此，也不可能存在任何伦理学命题。

命题不能表达任何高超的事项。

显然，伦理学是不可言说的。

伦理学是先验的。

（伦理学和美学是一个东西。）

的确存在着不可言说的东西。它们显示自身，它们就是神秘的事项。①

在这里，维特根斯坦很明显与叔本华的《意志与表象的世界》形成继承和对话关系。叔本华认为，世界是意志的表象，维特根斯坦则说明善和恶的意志都位于世界之外。伦理学与奖赏或者惩罚没有关系，因为任何意志的后果都不可能发生在世界之中。维特根斯坦强调，"但是它们必然是存在于行动本身之中的"②。也就是说，意志和行动都不是世界当中的一个事实，都是不可言说的。它们也因此不可能改变世界当中的任何事实，而只能改变世界的界限，不可言说的只能显示出来。幸福所构成的世界不同于不幸构成的世界。也就是说，伦理学意志只能由行为事件和由此引发的事件得到显示，我不能说某个行为事件是由于我的善的意志造成的结果，因为这会使得我的善的意志也成为相对意义上的善。绝对意义上的善位于善的行为之中，而不存在于任何事实之中。

表面上看起来，维特根斯坦是在将伦理学神秘化，而为可说的东西保留地盘。但是正如维特根斯坦认为《逻辑哲学论》是一本伦理学著作一样，它

---

① ［奥］维特根斯坦：《逻辑哲学论》，韩林合译，商务印书馆，2014年，第115～118页。

② 同上，第117页。

实际上也是在清除科学的可说的东西的干扰,为伦理学保留地盘。在《伦理学讲演》中,维特根斯坦实际上是对这一观点进行说明,即我们可以以伦理学的观点来看待世界,而不以事实的方式看待世界。如果我们用事实的方式看待世界,伦理学所改变的就只是世界的界限,例如不管我以善的还是恶的态度行事,会对事实和结果发生影响的是我的实际做法,而非我的意图。但是我以善的意志去行事,改变的是我对待世界的方式,我以伦理的态度对待世界,世界就会变得幸福或者不幸。由事实构成的整体自身没有变化,但是它只能在这个伦理的空间中重新找到自身的位置,或者增大或者缩小,就如同在事实整体构成的世界中,伦理学所起到的作用即是昭示出自身隶属于神秘之域一样。这里发生改变的并非是世界当中的事实,而是我们对待它们的态度。

二、后期维特根斯坦的伦理学

维特根斯坦的早期思想被维也纳学派所接受,石里克、艾耶尔等人都抓住了维特根斯坦将伦理学清除出科学领域的观点。艾耶尔在《语言、真理与逻辑》(*Language, Truth and Logic*)一书中提出,道德命题不是经验命题,它们不能够通过观察来获知真假;它们也不是先天命题,可以通过真值表来必然地显示出真假。因此伦理学命题是无意义的命题,只是用来表达说话人的情感。[1] 艾耶尔的这一论述是非常有代表性的,不仅仅在英美分析哲学界,在普通人群中,这一观点也非常有市场,特别是在科学主义阵营中,伦理学陈述被视为位于有意义的表达空间之外。但是我们也能看出,维也纳学派的哲学家们并没有完全弄懂《逻辑哲学论》,他们对于维特根斯坦关于伦

---

[1]　A J Ayer, *Language, Truth and Logic*, Dover, 1946, p.45.

理学的重要性和可能性的论述视而不见,只抓住伦理学命题无意义这一否定性结论,而没有看到维特根斯坦对于伦理学无意义的肯定性结论。人生的意义不可能不是最重要的问题,只是哲学无法合法地谈论它而已。

维特根斯坦意识到了自己的观点被误解的可能性,并意识到了将语言表达的领域限制于事实的领域的弊端。1929 年,维特根斯坦重返剑桥,他推翻了自己前期哲学中实证主义的思考方式,重新思考了语言的本质和语言与世界关系的问题。他不再将命名和描述事实作为语言的功能的本质,而是强调语言用法的多样性,并设想命题具有不同的形式和逻辑。对于后期维特根斯坦来说,指物定义不再是语言与世界结合的唯一方式,语言必须被设想为由语言游戏所构成,语言游戏是一系列不同形式的由不同的标准确立规则的行为。这些规则是我们语言的语法和特定的语言游戏的语法。语言不再是位于世界之外的描述系统,而是大面积地与非语言的实践活动相融合。这些规则并不是先天的,而是通过实践表现出来。语言在特定的语言游戏中的用法决定着语词使用的恰当与否。语言是一种人类的行为,是一种人类创造的系统化的行为方式。语言不是世界的逻辑结构的反映,不是通过与世界的逻辑结构进行比较就可以做出证实或证伪的论断的世界之镜;与之相反,语法是自治的。

我们上文中已经说过,维特根斯坦后期哲学很少具体谈伦理学。在这里我们只能从维特根斯坦对相关问题的讨论中推断他后期哲学中的伦理学观点。

维特根斯坦在他 1930 年前期或中期的笔记中提到了"这个行为是善的"(this action is good)的问题。他认为当一个行为得到完全描述的时候,不是经验使得它是善的,而是标准。

假设你说,"善是一种人类行为和事件的性质"。这很明显是一个可理解的句子。如果我问"人如何知道一个行为具有这一性质",你可能会让我检查它,而我会发现的。现在我要去研究构成这一行为的运动,或者它们是善的征候吗? 如果它们是一种症候,那么必须有独立的证实条件。否则语词"征候"是无意义的。现在关于善有一个重要的问题产生了:我们可以知道一个行动的所有细节,却不知道它是否是善的。①

维特根斯坦区分了两种考察善的使用方式及其判断证实的方式,一种是考察构成行为的运动,另一种是考察善的性质的征候。如果一个行为的特征仅仅是善的征候的话,那么必须有独立的标准说清楚何为善,否则的话征候就没有意义。因为征候与其所征候的东西相关,我们必须知道善的性质,才能说它的征候是什么,就好像是我们必须知道空气湿度和雨之间的关系,才能说湿度是雨的征候。我们必须有对善的独立的定义才能这样说,而且征候也并不能说明行为是善的,因为这两者之间也只是经验的联系。这里维特根斯坦讨论伦理学判断的思路与《逻辑哲学论》是相关的,他反对将善看作某种性质,也反对将善的征候看作善的标准。也就是说,行为和对于行为的伦理学判断之间的关系是必然的,任何偶然的事项都不可能使得行为成为善的或者恶的。

维特根斯坦在讨论美学的时候发现美学中的"理由"与伦理学和哲学中的"理由"同类。这些理由是"进一步描述的本质"。而我们在美学中所做的就是"引起你对一件事情的注意"和"将事物并排放在一起"。我们在给出美学的理由时,首要的目的不是给出新的知识或者向别人解释一定行为的必

① Ludwig Wittgenstein, *Wittgenstein's Lectures*, *Cambridge 1932 - 35*, From the Notes of A. Ambrose and M. MacDonald, Blackwell, 1979, p. 34.

要性,而是强调对于讨论来说重要的或者相关的特征。我们这样做的目的是改变别人对同一事物的观点。这就是在说,这里我们描述的意义是与我们在特定情形下朝向某个特定对象行为的方式相关的。维特根斯坦问:"我如何显示出我对于一件衣服的赞赏?"回答是:"首先一次又一次地穿上它。"①在伦理学中情况也是这样的,我们劝说别人去做一件事情,事实上就是在向他指出重要的事项,使得他能够看到一幅不同的图景。这里价值维度与事实维度不是分离的,它们统一在主体伦理行动的图景中。

在伦理学中,我们也会有争执,比如对一件事情的善或恶没有一致的看法。这时候我们对比的对象是数学,因为在数学原则上,一切争议都是可以解决的。但是数学中的概念是完全理想化的,仅仅存在于数学这一种实践活动,而伦理学概念的"善""恶"都是家族相似的概念。它们在不同的实践中意义不同,我们必须参照一定的语言游戏和上下文,才能说清楚它们的含义。在伦理学中,我们并不追求解决一切争议,当父母教给孩子何为善的时候,事实上并没有教给孩子善的本质,而是告诉他在什么情况下什么东西是善的,是好的,孩子也不可能因此学会所有的善的事物,而是只能以已经学会的善的概念的使用类推得知其他事物是否是善的;甚至可能教给孩子何为善的父母不认为是善的东西,也可能被孩子认为是善的。善的用法是一种创造性的用法,和美学中很多概念的用法类似。伦理学的目的是表达个体对他所生活的世界的态度,他在世界当中的位置和人生的意义。这种态度不应当仅仅由语言游戏中的具体用法所限制,而应当表达出我对我的生活的整体性态度。

这种态度类似于维特根斯坦在《论确定性》中所提到的枢轴命题(hinges

---

① Ludwig Wittgenstein, *Lectures and Conversations on Aesthetics*, *Psychology and Religious Belief*, Blackwell,1966,p. 13.

propositions)。它表达的是一个人讨论具体的伦理问题的背景,本身一般不会被怀疑。但是伦理学命题不同于枢轴命题的要点在于,它是个人化的,不追求普遍统一。人生的意义问题总是要每个人通过自己的生活来回答。每个人的伦理学态度通过自身的行为展现出来。维特根斯坦在与里斯的谈话中说:"好,假设我说基督教伦理学是正确的,那么我就做出了一个价值判断。它意味着接受基督教伦理学。这不像说那些物理学理论中的一个必然(判断)是正确的。实在与物理理论相对应或冲突的方式在这里没有对应者。"①我们不能依靠描述世界来决定伦理学理论的正确与否,因为唯一一种能够显示出我认为某种伦理学是正确的方式是接受这种伦理学,用这种伦理学去行动,去生活。

一种伦理学意味着一种有意义的生活行动的框架,而不是某种需要辩护的东西,因为辩护只能从一个句子到另一个句子,但是伦理学阐述和美学陈述一样,最终所需要的东西类似于一声欢呼或一句赞美,这是个人的一种表达,如果缺乏这种东西,那么任何辩护就不成立。伦理学起源于个体的行动,而对于个体来说,伦理的事项体现在他的行动和态度当中,例如他如何评价事物价值的高低、谴责怎样的行动等。这并不代表着一个人的伦理学不能形成一致或者受到他人的影响,而是说,只有我们将一种伦理学维度与它产生的生活结合起来的时候才有意义,这是唯一一种给予一种伦理学以辩护的方式。这样,后期维特根斯坦的伦理学不再隶属于神秘之域,而是属于某种虽然困难,但是最终可以得以理解的生活态度。我们要说服一个人接受一种伦理学,必须要理解他的生活和在他的生活中具有重要性的一切。这里维特根斯坦似乎陷入了一种相对主义的伦理学观,有多少种生活,就有

---

① R. Rhees,Some Developments in Wittgenstein's View of Ethics, *Philosophical Review*, 74,1965, p.24.

多少种伦理学。在《哲学研究》第 177 节中,维特根斯坦认为伦理学概念是无法精确定义的,无法像摩尔所做的那样给出一个简单的非自然的性质作为定义。因为善是个与家族相似的概念,例如维特根斯坦所指出的,它至少有相对的和绝对的两个含义。这是我们始终要牢记的。这似乎使得伦理学失去了对象性。但是维特根斯坦的元伦理学使得各种伦理学之间不可能存在真正的争执,这使得伦理学对象性仍然可以得到保留。而且维特根斯坦所说的这种伦理学的个人化并不是一种先天的设定,人类生活形式的一致性给出了个人化的伦理学的表面相对性和背后的一致性。

三、认知主义与非认知主义

从以上讨论中,我们可以看到,前期维特根斯坦认为伦理学是隶属于不可言说的神秘之域的东西。后期维特根斯坦将伦理学看成一种个体对其所生活的世界的态度。这种态度表现为一系列的对我们与世界的关系做出规范性引导的规则。维特根斯坦的总体态度是认为伦理学陈述不是对任何事实的描述,而是某种生活的态度或行动的范畴。这种论述对后世的伦理学争执特别是元伦理学争执有很大的影响。在当代,关于伦理学地位的元伦理学问题仍然争论不休,伦理学地位的问题关系到伦理学是否有对象性的问题,即是否存在道德事实(moral facts)的问题。我们可以看到,这些问题都可以从维特根斯坦的伦理学中找到端倪。

当代伦理学中,认知主义认为道德陈述具有认知价值,与认知主义相对的非认知主义或错误理论认为伦理学是非认知的。非认知主义认为道德表达情感或表达对他人行为的要求,因此没有认知价值,代表人物是艾耶尔、黑尔和斯蒂文森。错误理论源自休谟,他认为道德陈述试图表达事实,但是并没有表达事实,因此是错误的陈述,代表人物是麦基(Mackie)。无论如何,非认知主义和错误理论都反对道德陈述的实在论,并主张道德陈述的相对性。

维特根斯坦将关于伦理学、美学和宗教的言说视为无意义的陈述的结论,不只在当时,即使是在现在,也很难为大多人所接受。但是这一思想在当时受到维也纳学派的追捧,直到今天,非认知主义的伦理学家仍然在这一框架下工作,即认为伦理学、美学和宗教陈述并非陈述经验事实,而是在人类的生活中起着一种自我指称的语法规则作用,艾耶尔已经指出伦理学判断只是在表达个人情感。我们说说谎是错误的,等同于说"说谎,砰!"。这种陈述既非真也非假。很多学者都赞同艾耶尔的这种观察,但是又觉得这种由观察而得出的结论过于简单。

斯蒂文森在他的《伦理学与语言》(*Ethics and Language*)中提出,如果道德语词指称可以被科学方法探究性质,那么道德判断就可以做出经验的证实或证伪。但是事实上,这种断定很少发生。道德异议和道德争论总是发生。因为参与争论的双方不仅要对方接受自己的观点,而且要对方的感受和行为都变得不同。也就是说,在道德争论中,感受和态度被深深地卷入进来。而感受和态度,既非真也非假,它们只是一种表达。这就是为什么道德争论总是很难得到解决,因为感受和态度都既是情感又是描述。例如善,一方面表达对某个东西的赞许或对某个行为的同意这一事实,另一方面也用来表达说话人的"元态度",甚至表达对其他人的要求。斯蒂文森吸收了维特根斯坦伦理学哲学中的成分,认为道德词汇不是依靠指称或描述得到理解的,而是通过它所在的牵涉到我们的生活之中的语言游戏而得到理解。在这些语言游戏中,我们可以表达非认知的态度,并对道德词项中包含的认知性成分进行争论。①

---

① C. L. Stevenson, *Ethics and Language*, Yale University Press. 1944, pp. 36 – 45.

黑尔不同意斯蒂文森的这一论述,他认为,道德论证可以成为或真或假的东西。他认为后期维特根斯坦的想法是正确的,说某物是善的不是在描述它,而是在推荐它或要求他人选择它或去做某事,这就像一条命令,而命令是非真非假的。道德陈述涉及一些事实,但是这些事实实际上是说话人的心理事实,是服务于评价性意义的。道德陈述为真为假的方式是通过普遍性原则进行命令。例如"你不应该说谎"的真实意义是"每个人在你这种情形下都不应该说谎"。这样我们可以通过普遍性原则对道德命题做出三段论推理。这样,与主要接受前期维特根斯坦想法的斯蒂文森相反,黑尔主要从后期维特根斯坦的语言游戏哲学观点出发得出伦理学哲学的观点。[1]

另外一些哲学家选择了认知主义进向。例如菲利普斯(D. Z. Phillips)和穆恩斯(H. O. Mounce)[2]。菲利普斯和穆恩斯都认为,道德陈述是一种一定上下文中的由规则引导的行动或者实践。因此道德陈述根据条件有真有假,道德知识和道德判断是可能的。存在一种普遍性的道德实践,即我们通常称为道德的实践,它是我们每个人都参加的语言游戏,在其中我们可以做出发现,例如"说谎是错误的"是一个类似于数学的语法命题,但是它也是先天可修正的:我们了解了"说谎如果能救别人的命那就是正确的"的条件句之后,就会获得对说谎的新知识。

四、当代关于道德知觉的争论

道德的认知主义和非认知主义的讨论在当代还在继续,两种进向都在当代自然主义的大潮中发展。但是随着逻辑实证主义的衰落,坚持非认知

---

[1] See R. M. Hare, *The Language of Morals*, Clarendon Press, 1952, pp. 66 – 70.

[2] See H. O. Mounc&D. Z. Phillips, *Moral Practices*, Routledge and Kegan Paul, 1969, p. 45.

主义进向的哲学家逐渐减少。逻辑实证主义过强的还原主义和严格的自然主义思想在当代已经很少有人坚持。正如我们在上文中所提到的。在当代,道德实在论和道德知觉重新复兴。无论是解放的自然主义,还是放松的自然主义,都能够给出更多的本体论许诺,从而使得道德实在论和道德知觉成为可能。道德实在论给出了道德对象性和道德知识,使得道德陈述能够具有真值,从而使得我们正确与错误的道德感觉不再只是一种意见。这里存在两个问题,一个问题是是否存在道德知觉,另一个问题是是否存在道德事实。两个问题之间互相有一定程度上的独立。这里我们主要从道德知觉问题入手。

道德知觉的问题在于,如何理解道德事实和产生我们对道德事实的知觉。我们至少能够在一些情况下知觉到道德价值。我们能够感受到他人在一定情况下需要帮助,某人的心是善良的,某个姿势是恶毒的,某个行为是不公平的等等。维特根斯坦后期哲学也承认这些道德价值的存在和我们对它们的知觉。只是维特根斯坦后期并没有把伦理学当成一个主题来进行研究,因此他没有具体地谈这些问题。这也造成了一种印象,而维特根斯坦前后期的伦理学研究都比较宏观,甚至神秘。但维特根斯坦将伦理学与伦理学行动和生活结合起来,这就给出了以生成论作为背景、以行动和服务于行动的知觉作为纽带,讨论一种知觉哲学视野中的道德判断和伦理学的可能性。

没有人会拒绝我们在日常生活中能够知觉到上述道德性质和我们对道德性质的知觉。但是也可能有人会认为道德知觉不是知觉,因为它们和知觉有着很多不同之处,特别是典型性的知觉。道德知觉支持者需要给出道德知觉和普通知觉之间的相关之处。当代道德哲学一般认为道德事实类似于第二性质,例如颜色、声音、气味等。维金斯(David Wiggins)①和麦克道威尔②都认为看到道德事实就类似于看到颜色。但是布莱克本(Simon Blackburn)③和赖特(Crispin Wright)④等人都认为颜色知觉和价值知觉在很多方面是不能等同的。只要这种类比关系不能建立起来,道德知觉就不能建立起来。

麦克道威尔将价值的知觉与第二性质知觉进行类比。对于道德知觉支持者来说,颜色作为首要的第二性质,在这里非常适合做类比对象。麦克道威尔认为,颜色"除非在一定的主观条件下,否则不足以设想"⑤。这也就是说,颜色依赖于并包含主体的回应。而第一性质则不然,形状、大小等不依赖于主体的回应而独立存在。在这一点上,颜色和价值是相似的,它们都依赖于人类的主体性。麦克道威尔在这里是以一种倾向主义或关系主义的态度来看待颜色。也就是说,虽然颜色依赖于主体的回应,但是它们依然是独立的和客观的。这一点让我们想起了歌德所讨论的余像和晕圈,歌德认为这两件东西是眼睛的某种创造,而并非客观实在。但是麦克道威尔显然认为余像和晕圈也是由外部世界中有颜色的物体所造成的,而且余像和晕圈不是有代表性的颜色现象,因此不能构成一种反驳。麦克道威尔说:

> 一个对象如此这般地看起来是红色的,是独立于它事实上在某个
> 特定的情况下对某人来说看起来是红色的;因而,尽管看起来红色和被

① See D Wiggins, *A Sensible Subjectivism?*, *Needs*, *Values*, *Truth*, Clarendon. 1998, p. 190.

② See J McDowell, *Values and Secondary Qualities*, *Mind*, *Value*, *and Reality*, Harvard University Press, 1998, pp. 131 – 150.

③ See S Blackburn, Simon, *Errors and the Phenomenology of Value*, *Morality and Objectivity*, Routledge & Kegan Paul, 1985, pp. 1 – 22.

④ See C Wright, Crispin, Moral Values, Projection, and Secondary Qualities, *Proceedings of the Aristotelian Society*, *Supplementary Volume 62*, 1988, pp. 1 – 26.

⑤ J McDowell, *Values and Secondary Qualities*, *Mind*, *Value*, *and Reality*, Harvard University Press, 1998, p. 134.

经验为红色有概念关联,某物是红色的经验可以当做有一个特性被呈现的案例——那里独立于任何经验自身。①

与疼痛的经验相反,我们可能会遇到幻觉或错觉的颜色经验,例如上文中提到歌德提出的余像和晕圈。我们还可能看到某物是某个颜色但是不相信它是那个所见的颜色,例如在歌厅的灯光下,人的身体的颜色都发生了变化。这里颜色现象中的错误总是可能的,但是在疼痛中,错误是不可能的。在价值的案例中,价值与颜色相仿,价值中也有一部分独立的和客观性的东西在里面。并不是说某件东西看起来是好的,它就是好的,在这件事情中总有可能出错。维金斯认为人类评价事物时,人和行为的性质与颜色中所包含的对象性能够和人类中心性形成一种很强烈的类比关系。

颜色知觉和价值知觉的另一种类比关系来自直接性。当我们知觉到某物是红色时,我们并不是推论出它是红色的,而是非推论地认识到它是如此。在道德知觉中,我们可以立即看出某人做得对或者不对,我们也不作出推论。就好像我们一般不用看到的颜色与颜色空间中的颜色样本进行比对一样,我们也并不用道德原则作出三段论来推论某一行为的对错。

这样,颜色知觉与道德知觉的类比一共有三个要素:第一个要素是都包含主体性的回应,第二个要素是都在包含主体性回应的同时是对象性的,第三个要素是我们能够非推论地知觉到它们。这里可能存在问题的是第二个要素。我们看到一个道德性质,它在何种意义上是对象性的?我们说某个行为是恶的,正如维特根斯坦所说的,无论是它的部分还是它的征候都不能说是恶的。我们无法通过观察知道它是善的还是恶的。但是我们总是可以

① J McDowell, *Values and Secondary Qualities*, *Mind*, *Value*, *and Reality*, Harvard University Press, 1998, p. 136.

调整观察条件,使得我们看到某个物体的正常颜色。这里颜色知觉和道德知觉的类比就崩塌了。

维特根斯坦指出过形状颜色知觉和组织知觉的类型不同,并曾经指出过形状与颜色的不同是由于我们对待和处理它们的方式不同,上文中麦克道威尔所作出的观察可以说明这一点。我们可以完全没有视觉,用其他感觉也能够测量和认识形状,但是对于颜色来说,视觉或视觉的想象力是必备的。形状的视觉确认不是最终的,但是颜色是。形状和颜色的共同之处就是它们都是一种感官可证实的性质。组织不一样,我们不可能用感官证明一种组织的存在。就像我们给出一幅鸭图或者兔图的绘画,这两幅图画是一样的。我们不可能向别人指出这幅图是鸭图还是兔图。但是我可以通过把某个颜色和形状从整体图中取出,寻找样本来告诉他人某个颜色和形状是怎样的。但是我举出某个鸭图或者兔图来作为例子,也只能提示他人这两个图形形状或颜色之间的相同或者相似,而不能告诉他这个图是鸭图还是兔图,除非他自己能看出来。也就是说,在看出鸭图或者兔图中,包含一种"看"的第二种用法,即维特根斯坦所说的"看作"。这里不完全是知觉,而是包含着知觉和思想(想象)。

以上维特根斯坦所作的分析使得我们认识到,以颜色为代表的第二性质不是价值的一种特别好的类比,因为看见价值和看见颜色有着以上种类的差别。我们无法用看见颜色的方式来类比看见价值。即使按照我们在讨论《论颜色》中所谈到的,麦克道威尔所说的颜色也显然不是一种面相知觉,而是"看"的第一种用法中的颜色,而价值知觉更类似于面相知觉。在这里,价值知觉或道德知觉的一个更好的类比对象不是颜色知觉,而是面相知觉。

阿姆斯和雅各布森①曾经指出,颜色类比是一种非常被动的道德知觉类比。这一类比将道德知觉看成了一种被动的接受,而没有主动的成分在里面。这里就好像我们在道德知觉中没有自由和控制一样。道德知觉成了一种对事实的知觉或一个事件,人类不能够有意识地发展他们的道德知觉:我不能控制自己是否看到红色,我不可能决定我是不是可以以不同的方式进行回应。但是在价值知觉中,人类可以以不同的方式回应价值:我一开始将某种行为看成是残忍的,然后我们可以进行反思,可以改变对它的知觉,或者说,改变对它的最原始的、自然的反应。例如死刑最初看起来是残忍的,但是我们在反思中发现这样做可以对犯罪行为起到震慑作用,也可以对社会风气的改良起到促进作用,我们就会改变最原始的、自然的反应。道德知觉总是受到主体思想和想象力的影响,因而更类似于一种面相知觉。在这里,麦克道威尔所说的颜色知觉则完全决定了我们的所见,与道德知觉的情况完全不同。麦克道威尔可能会反驳说,颜色知觉可能会出错,例如上文中我们所提出的颜色知觉可能会受到光线、视力等问题的影响。但是颜色知觉的错误与价值知觉的错误不同。颜色知觉的错误空间是可以预测的,人们可能会混淆红色和橙色,但是混淆黑色与白色基本上是不可能的(在麦克道威尔的意义上来说)。

但是我可能会对我所见的价值犯错,而且可能会完全错了。例如一个美国南北战争时期的南方奴隶主,可能他一开始认为奴隶都是没有人权的,像动物一样的存在。但是他可能接触了北方废奴运动的思想,阅读了《汤姆叔叔的小屋》,便改变了自己的道德知觉,开始认为黑人也是有人权的。他阅读了《哈克贝利·费恩历险记》,可能会认为黑人和白人是一样的,他们可

---

① D'Arms&Daniel Jacobson,*Sensibility Theory and Projectivism*,*The Oxford Handbook of Ethical Theory*,Oxford University Press,2006,p.212.

以相亲相爱地共同生活在一起。也可能这个人在读了这些书，想要改变自己的态度，但是最终没有成功。这种自由性、发展性、创造性和可改变性都是道德知觉中的主动性因素。面相知觉与道德知觉（价值知觉）之间具有更强的相似性。维特根斯坦指出过，面相知觉是服从于意志的。我们可以改变和决定是否看到一个面相或者不看它。我们并非在每种情况下都做出这种决定，但是我们总有可能这样做。维特根斯坦比较了看见面相和想象，这两者是相似的。

一个与道德知觉接近的面相知觉的例子是情感知觉。我是怎样看出别人的情感的呢？我并非通过他或她的表情和动作推断出他或她所具有的情感。我直接就看出他或她具有某种情感。别人可能会要求我将一张布满着眼泪的脸看成一张快乐的脸。在这件事上，我可能成功也可能失败。表情知觉是一种主动性的知觉。但是表情知觉又不至于太过主动，它包含被动的因素。在颜色知觉中，我不能够主动地选择我是否将一张桌子看成红色。在表情知觉中，我可以将一张悲伤的脸看成快乐的脸，这取决于我谈论它的环境。但是我不可能将某个考试失败的学生的悲伤表情看成快乐的。

比主动性因素更为重要的是，面相知觉和道德知觉中都包含着道德教育、道德训练和培养的要求。这是麦克道威尔的亚里士多德主义探讨所试图说明的。我们可以提高一个人的道德和情感的敏感性，使得他能够具有更好的情感知觉和道德知觉。教育和训练也能够使得人更好地分辨颜色，但是正如维特根斯坦在善的相对含义和绝对含义的区分中所说明的，我们期待每个人都能够提高他们道德和情感的能力，并且认为这项工作是他们的绝对责任，尽管这些训练和教育可能是很难奏效的，人的本性难以改变，但是我们总是会这样要求自己和别人。我们并不期待所有人都提高辨别颜色的能力，只要他们能够在应付日常生活，我们看不出继续提高辨别颜色能力的必要性。颜色辨别能力的提高依赖于人先天的色觉能力，很多时候我们满足于一个人所能达到的辨别颜色能力的限度。维特根斯坦强调教育和培养在面相知觉中的重要角色。他认为面相知觉包含着经验和思想，并且是两者的融合。为了能够看到一定的面相，例如脸上的情感，我们必须要能够使用一些概念，并达到一定的理智水平才可以。与形状、颜色的知觉相比，面相知觉是一种相对于薄（thin）知觉的厚（thick）知觉。道德知觉也是如此，我们不可能对婴儿、动物和非生命的物体提出道德知觉的问题，只有对一个接受过足够教育，具有一定身体能力的现代人，才会提到道德知觉的问题。

这里另一个值得提起的问题是面相盲人（道德盲人）和颜色盲人之间的区别，色盲不能区分颜色，全色盲不能区分所有颜色。这是由于色盲的眼睛缺乏识别颜色的某些功能。颜色盲人是对所有他所不能识别的颜色无法做出恰当的反应。面相盲人（道德盲人）不是如此，面相盲人在生理上和正常人没有任何区别，但是他却不能看到鸭兔图中的另外一个面相，这不是一种生理上的缺陷，而更像是一种教养上的缺陷，是可以改正的。道德盲人也是如此。一个人不能看出某个行为是恶的，这种情况需要通过教育和训练来修正，这不同于颜色盲人的情况，颜色盲人的缺陷是无法修正的或者只能通过人格下位的方式进行修正。

五、一种生成论的维特根斯坦式的伦理学之可能

经由以上论证，我们可以看到维特根斯坦的知觉哲学、伦理学与当代伦理学论争之间的关联。一种基于面相-观看知觉类比的道德知觉模型给出了我们一种考察伦理学的新的可能。传统伦理学总是试图建立伦理的法则、公理、原理等，并将个别行为的正确与错误纳入整体的伦理学理论之中。我们必须依赖一个理论，才能知道个别行为的对错。一个义务论者和一个功利主义者对于同一个行为的道德知觉和道德判断是不同的，一个德性伦

理学支持者又会提出不同的看法。这些理论似乎将人类的道德行为看作是某种数学的一部分。而我们判断某个行为是善的或恶的,就是采用某种道德论证的方式。道德论证即是我们发现在规范伦理学和应用伦理学中所作的道德推理。但是这种道德论证事实上和真正的道德问题相去甚远。因为正如吉尔(Michael Gill)所说,当代的元伦理学都基于一个假设:道德一致性(moral uniformity)①,即肯定道德事实都来自自然事实,道德判断都能够得到辩护并有真值。这种追求一致性的冲动来自哲学试图寻求简单性和先天性的冲动。

事实上,在道德知觉和道德判断中,很多因素起到作用,理论一致性并不起到首要的作用。在《何为分析哲学?》(*What Is Analytic Philosophy?*)中,格劳克(Hans - Johann Glock)提出:"自从柏拉图以来,哲学家们表现出一种难以置信地想要跟随着论证前往无论什么地方的意愿。"格劳克说:"即使达成荒谬的或者使人反感的结论,他们也很少寻求灵魂或追问他们自己的假设。相反,他们发明了精巧的论证来说明普通人的判断,价值和实践为非反思的和可以淘汰掉的。"②格劳克举出动物解放论者彼得·辛格(Peter Singer)的实践伦理学作为一个例子。辛格出于理论的要求支持非自愿的安乐死,例如对于无法在生命和死亡之间做出选择的有缺陷的儿童或植物人,辛格认为实施非自愿的安乐死对他们自己和所处的环境(家庭或社会)来说都是件好事。格劳克认为,辛格的这一观点是"理性失败的一个展示:在令人不快的结论中没有反思他的前提,以及在对抗'公认的'或'约定的'道德和'非专业的'直觉的自我服务的批评中寻求逃避"③。格劳克并不认为辛格的道德论证是逻辑上不合法的或者结论是没有足够支撑的。格劳克认为辛

---

① See M. Gill, Metaethical Variability, Incoherence, and Error, W. Sinnot - Armstrong, *Moral Psychology. Volume 2: The Cognitive Science of Morality: Intuition and Diversity*, MIT Press, 2008, p.388.

②③ Hans - Johann Glock, *What Is Analytic Philosophy?*, Cambridge University Press, 2008, p.194.

格的结论是不对的,甚至是不可能正确的。因为任何一种导致这样结论的论证都应该得到摒弃,因为它为了道德一致性而牺牲了结论的可接受性,后者和我们的直觉完全相反。我们只应该去论证我们认为其可能是正确的论点和结论,而不应该去论证我们认为不可能正确的论点和结论,这里存在着一种反思平衡。传统的伦理学总是以数学作为模型要求伦理学,认为理论可以做出某种与常识无关的发现。

生成论认为人类的道德行为不是人脑先天的机制,也不是后天习得的约定,而是和人类其他行为一样,在人与环境的交互关系中生成。生成在这里有着在行动中立法的含义。我们不能先天地论证某条道德原则的正确性,也不能将道德判断完全归结于社会约定的规则。这样看来,认知主义与非认知主义的争执实际上仍然是陷入到了传统伦理学的框架中,他们都试图给出对道德判断的一致性回答。而事实上,道德判断是多样化的。正如道德是进化而来的,在进化中各种原则不可能以一致性的方式得以保留。我们不可能历数人类道德准则的复杂地图给人带来的各种生存优势。这里需要指出的是,将各种道德原则都视为某种被动的适应性行为,或者视为某种与人类生活环境无关的社会建构,是不可能合理地对待人类道德行为的。人类的道德行为和其他行为一样,是人类作为一个有机体,在一定的环境当中主动地探索和行动,在与环境形成的耦合关系中确定下来的。维特根斯坦讨论遵守规则的论证在这里依然是适用的,我们遵守道德规则的时候是盲目的,是作为一个已经与环境形成耦合关系的有机体,遵守生成的规则。我们当然也可以改变规则以便更好地生活,但是究竟哪些规则能够成为固定下来的产品,需要人类在实践当中不断地探索,生成普遍性的新道德行为。生成论将人类涉身性的活动视为知觉和心灵形成的依据,在这里我们用生成论的方式讨论了人类道德行为的产生。激进生成论所严格区分的无内容的行为和有内容的行为更加加强了我们对于道德原则的反理智主义态度。这种在人类与环境打交道的历史中形成的道德行为是形形色色的,它们之间是家族相似(family resemble)的关系。

维特根斯坦问,是否所有我们称之为游戏的活动有共同的东西? 例如在纸牌游戏、球类游戏和奥林匹克运动之间,有什么共同的东西,使得它们都被称之为游戏吗? 它们都包括输赢? 有运气的成分? 包含双方的对抗? 令人放松? 这些因素在有的游戏中更为明显,在有的游戏中较为模糊。这里不存在使得这些活动都可以被称之为游戏的共同元素,而是"一个复杂的相似性的网络彼此重叠且彼此穿越"①。维特根斯坦的这一想法可以用于伦理学,道德判断是否具有共同的东西呢? 如果我们不能假设道德判断中有共同的东西,那么我们势必要改变用理论一致性的态度去看待伦理学的方式。这并不使得我们因此失去伦理学,因为道德判断之间的家族相似关系使得它们互相之间仍然有共同的或者相似的成分,这使得我们可以对人类的道德判断和道德语词的用法形成综观表现,例如维特根斯坦在《伦理学讲演》中所做的。一种错误的路线是将道德判断区分为认知主义的和非认知主义的两类,因为这里仍然假设了每一类道德判断中的本质所在,而实际上,我们所讨论的只能是描述各种用法,而不是对各种用法做出解释。

以上讨论给出了一种生成论的维特根斯坦式的伦理学的背景,而这种维特根斯坦式的伦理学的框架即是上文中所提到的面相-观看知觉哲学思想,我们可以用类比的方式将道德知觉也视为面相-观看知觉的一种特定类型。如果说知觉的功能就在于引导我们的行动,那么道德知觉的功能就在于揭示不同的道德面相,帮助我们做出有助于良好生活的道德行为。维特根斯坦后期思想中将伦理学视为一种对生活的态度,一种伦理学意味着一

---

① Ludwig Wittgenstein,*Philosophical investigations*, G. M. Anscombe, P. M. S. Hacker and J. Schulte,Trs, Wiley – Blackwell,2009,p. 36e.

种有意义的生活的行动框架。这种伦理学的建立不是空中楼阁，而是通过一个人在一定环境中的接受教育和自我教育长期形成的，并且这种伦理学和整个自然和社会环境具有耦合关系，彼此印证着对方的合理性。以某种伦理学去生活表现在我们以某些原则或某些禁令来指导我们的生活，但是这些原则和禁令所实现的方式却是道德知觉。只有我们自己能够看出某种行为的善或者恶、值得敬佩或者令人愤怒、感到亲切和感到疏远等各种道德情感，而且我们需要避免这种情感成为一种个人的情绪，我们需要将它们修正为一种道德面相知觉，才能以此伦理学原则生活。

这里首先的问题是我们如何能够看出某种行为的善恶，这里看出某种行为的善恶不同于以某种情绪（喜好、讨厌）来看待某个事实，而是考察道德主体在这种情况下的实际处境，而这是具有不确定性的。这一点不同于普通面相知觉，普通面相知觉似乎只需要简单地观察某些事实，并加以想象即可。但是道德知觉却不仅考察某些事实，还要考虑道德主体更复杂的处境。例如我们在上文中所提到的例子，一个残疾人和一个正常人走在路上，看到一个被袭击的女子。残疾人虽然有帮忙的道德意愿，但是他没有在这种情况下实施道德行为的能力。而一个正常人虽然有帮助的能力，但是他没有帮忙的意愿。这里我们不能说残疾人更有道德品质，因为道德意愿不等于道德行为的实施。而我们会说这个正常人负有更多的道德责任，因为他在应该具有道德意愿并且有道德能力的情况下冷漠处理。我们的道德知觉非推论地得出了这样一幅面相。但是我们在这里并没有任何确定性，至少不像我们看到鸭图或者兔图中的某个图景那样具有确定性。我们的这幅道德知觉的面相总是可能改变的，例如这个正常人身上可能有某些我们所不知道的事实，这些事实会改变我们的道德知觉。

这里涉及的第二个问题是我们不能总是作为一个旁观者来进行道德知觉，我们总是参与到一定环境中一定活动的人。我们会处于自己的立场对某些道德事实做出面相知觉或判断。例如上文中所提到的辛格的立场就是一个政策制定者的立场，而格劳克的立场是一个普通人的立场。但是他们在论证的时候必须要考虑到道德论证所面对的对手和他们所处的立场。然而在这种道德知觉中，将对方看作是一个有灵魂的人是最重要的立场，辛格的后果主义论证就失去了这一立场，只有在谈及人和生命体的时候，我们才能有意义地谈及道德。

道德知觉的第三个问题是我们总是可以怀疑道德知觉所依赖的基础，从而加深我们对所谈及事项的理解。例如，我们认为残害动物是错误的，我们对残害动物为何错误却有着不同的意见。维特根斯坦曾经在与里斯的谈话中谈到过，如果一个人得知他要么必须离开他深爱的妻子，要么放弃他热爱的研究工作时，"这里，我们可以说我们拥有了所有悲剧的材料"①。维特根斯坦在这里的意思是，这个人是一个遵守着传统道德的人，所以他才会遭遇到这种困境，而这种困境原则上是无法被解除的。如果他是一个完全没有伦理概念的人，例如他是一个事业至上的人，他就完全不会遭遇到这种困境。道德知觉使得我们知道了我们自身所依赖的道德原则，加深了我们对于问题的理解。

道德知觉的第四个问题是作为道德主体，道德知觉必须由人自己做出。这里和面相知觉的情况是一样的，我们必须要自己能够看出事情的善恶，才能够以此作为基础去行动。其他人只能起到启发的作用，他们不可能代替我们做出选择，即使是一个非常有经验的令人尊重的人，也不可能代替道德主体自身看清他所处的道德境况。别人不可能代替我看到鸭图或者兔图，就像不能代替我做出道德决定。

---

① R. Rhees, Some Developments in Wittgenstein's View of Ethics, *Philosophical Review*, 74, 1965, p. 23.

综上，我们看到了一种生成论视角下的维特根斯坦伦理学中道德知觉的几个有代表性的特征，道德知觉是我们做出道德判断的基础，甚至可以等同于道德判断。维特根斯坦认为伦理学是我们对生活的态度，而不是某种事实，这种态度是一种伦理的态度，即我们以伦理的态度看待世界所看到的面相，这种看显然是"看"的第二种意义上的面相知觉。伦理学是我们看待世界当中道德事实的某种方式。我们并非是以推论的方式从一种"看"到另外一种"看"，一种伦理的态度使得我们从一开始就是以"看"的第二种意义来看待世界。而这种"看"的方式取决于我们所受到的教育和自我教育，经由教化我们才能够以某种伦理的态度来看待世界和世界中的事实，并明了自身在世界当中的位置。但是这不代表第一种"看"在面相知觉中就不起任何作用，第一种"看"所看到的事实整体即世界以整体的方式在伦理的视角中出现，我们虽然认识到事实在伦理的世界中是无价值的，但是一种伦理的眼光可以将它们看成道德事实。这就体现出价值和事实之间的内在关系，虽然事实是无价值的，但是它可以被看成是有价值的，这取决于我们所参与的语言游戏和背后的生活形式的奠基。维特根斯坦的伦理学中凝聚着面相-观看的知觉哲学思想，而这种道德知觉是我们进行道德行为的基础。一种生成论的视角帮助我们认识到，人类的道德知觉产生自人类与环境打交道的实践活动，而不是来自某些抽象的道德原则或道德约定。同时一种生成论的视角使得我们认识到，人类的伦理学所关注的对象不仅应当包括同类，也应该面向作为人类的生存环境的大自然。因为正如维特根斯坦所指出的，人类本身就是一种动物，我们不应当拒绝我们对自然环境所负有的道德责任。这将为一种生成论视角下的维特根斯坦伦理学和生态哲学奠定基础。

第二节　试论一种生成论视角下的维特根斯坦式的生态哲学

在上一节中,我们探讨了一种生成论视角下的维特根斯坦式的伦理学的可能性。我们已经提到,我们可以根据生成论视角,将维特根斯坦的伦理学扩大到生态伦理学或生态哲学的层面,从而将一种生成论视角中的维特根斯坦知觉哲学提升为生态哲学视角下的维特根斯坦知觉哲学,这样我们就从一种当代的知觉哲学进展到了一种对解决时代问题有意义的哲学。达成这一目标的可能性主要在于:

第一,维特根斯坦的知觉哲学中本身就包含着生态哲学思想。表面上看起来维特根斯坦是一个弱人类中心主义者,例如他认为动物也有一定的心灵,而人类事实上是一定生活形式下以语言游戏进行行动的动物。这里维特根斯坦实际上所撬动的是笛卡尔主义在知觉问题上的统治地位,他所做的是扭转哲学史上错误进向的颠覆性工作。维特根斯坦试图说明的是,解释人类心灵的理智主义进向所面临的一系列问题,而反理智主义则提供了解释人类心灵的更好框架。传统哲学中由于理智主义的设定,人与自然之间的关系是二元论的,人类由于其心灵能力的突现,在自然中处于一种统治性的地位。而当代的生态哲学在批评笛卡尔主义的同时,没有彻底清除其二元论的因素,在人类对自然所负有的道德责任问题上,没有彻底地扭转二元论的错误方向。维特根斯坦的语言游戏、家族相似、私人语言论证、生活形式等讨论,更加彻底地说明了人类由于行动而具有心灵的动物性。人类高阶的心智能力是由于一定生活形式下语言游戏的发展而发展起来的,语言给出了高阶心灵特别是内容心灵的支撑。维特根斯坦在讨论这一问题时说:

好生看着一块石头,并且设想它有感觉! ——人们对自己说:人怎么竟想得出把感觉加到物体上? 那简直也可以把感觉加到一个数字头上了! ——现在来看着一只蠕动的苍蝇,这困难立刻消失了,就仿佛疼痛在这里始有驻足之处,而在这之前的一切,对疼痛来说都太光滑了。

同样,在我们看来,一具尸体对疼痛也全然无路可通。——我们对待死物和活物的方式不同。我们的所有反应都不一样。——如果有人说"这些不同不可能单单在于活物如此这般活动着而死物则不然",那么我要提醒他,这里有"从量变到质变"的一例。[①]

动物、植物的心灵和人类的心灵也处于这种从质变到量变的关系之中,因此我们说高阶的有内容心智和低阶的无内容心智之间的关系,一方面是量的区别,它们之间没有类型的差别;另一方面是质的区别,但是这种质的区别来自我们对量的区别的一种反应,而非一种定义。一只黑猩猩可能也会做出沉思状,但是我们不会认为这里进行着的是高等数学运算。人与自然的区别也在于此,我们必须依赖于一定的语言游戏和生活形式,这样我们才能谈及质的不同,而这本身就意味着我必须保护我们的生活形式和我们生活形式中的其他参与者的生活形式。这里需要我们依赖于面相-知觉的道德知觉,它使得我们能够看出对自然的道德责任。我们不应当再以任何理论推理来研究自然的价值问题,因为自然如果没有价值,我们就不可能为它赋予价值,而如果自然有价值,我们不需要论证来证明它有价值。只有我们能够看出自然的价值,看出我们对自然的责任,我们才会信服。

第二,生成论的维特根斯坦知觉哲学使得维特根斯坦知觉哲学具有了

---

① Ludwig Wittgenstein, *Philosophical investigations*, G. M. Anscombe, P. M. S. Hacker and J. Schulte, Trs, Wiley – Blackwell, 2009, p. 104e.

当代自然主义下的新的内涵。由于时代限制,维特根斯坦所说的语言游戏和生活形式较为狭隘,更多集中于人类语言游戏的探讨。生成论揭示了语言游戏及其类似物更大范围的丰富性和生活形式更深层次的奠基性。也就是说,语言游戏的参与者,不仅仅包括人类和人类的日常生活环境,还包含着动物、植物和整个大自然在内的自然环境。维特根斯坦所说的生活形式主要指的是人类的生活形式,在生成论视角下,我们应当设想一种更为宽广的和普遍性的生活形式,这是一种比人类的生活形式更为深刻的奠基。为了理解语言游戏,我们必须理解语言游戏中的参与者是如何行动的,同时必须理解和保护它们的生活形式,也即它们所生活于其中的环境。

我们所拥有的概念依赖于我们的生活方式和行为方式,并依赖于我们的生活形式。这些最终都依赖于世界所是。我们如此这般地使用概念是一个偶然的事项,没有任何必然性。如果我们生活中的一般事实改变了,那么我们的生活实践和概念会变得完全不同。如果事情和它实际所是的完全不同,例如我们对于疼痛、快乐和恐惧没有任何表达,或者我们的规则变成了例外而例外变成了规则,那么我们的日常语言游戏就会改变。例如,在颜色的例子中。维特根斯坦说:

> 颜色可能在另一个世界里起一种不同于在我们世界里的作用。设想一些不同的情况:
>
> (1)一定的颜色与一定的形状联系在一起。圆形的红色,四方形的绿色,等等。
>
> (2)各种颜色的材料是不能制造的。不能给事物着色。
>
> (3)一种颜色总是与一种难闻的气味或者毒素联系在一起。
>
> (4)那里的色盲比我们这里的色盲更加常见。
>
> (5)常常看见灰色各种不同的色调,而极少看见其他各种颜色的

色调。

（6）我们能够根据记忆复制很大数量的色调。既然我们的计数系统与我们手指的数目有联系，为什么我们的颜色系统与颜色的特殊出现方式没有联系？

（7）一种颜色总是只能逐渐地转变为另一种颜色。颜色总是按彩虹中各种颜色的顺序出现。[①]

在这些一般性的事实改变的情况下，我们谈论和使用颜色概念的方式就会完全不同，甚至我们不会将那种语言使用视为颜色概念的使用。如果我们所看到的颜色总是会突然间改变其显像，那么我们就不会再用这一概念来进行指称对象的游戏。偶然的事实限制着我们的实践活动和概念的使用，但是并不完全决定着我们的语言游戏，语法是自治的，偶然的事实只能以影响语言游戏整体的方式来影响我们的具体行为。语法自治是在它不需要依赖其承载者的意义上自治，而并不是说每一个像句子的形式都是语言，每一种可能的语言技术都有一个应用。在生成论视角下，我们将维特根斯坦哲学中已经初见端倪的语言游戏更大范围的丰富性和生活形式的更深层次的奠基性揭示了出来。这使得我们可以考察动物的生活形式、植物的生活形式和自然的生活形式，只有保护这些生活形式，我们人类的生活形式才能得以延续。这里赋予了维特根斯坦知觉哲学一种生成论的生态哲学视角。

第三，生成论视角下维特根斯坦的伦理学有助于我们发展一种维特根斯坦式的生态哲学。在传统伦理学中，探讨人和人之间关系的论述占据了更多的篇幅，德性伦理学更关注于个体与自身的关系，即个体如何在社会中

---

① Ludwig Wittgenstein, *The collected works of Ludwig Wittgenstein*, Blackwell Publishing, 1998, p. 1270.

获得幸福的生活,义务论伦理学和功利主义伦理学试图说明人和人在日常关系中如何论证善和正义,社会和政治理论则更关注于社会和国家层面的正义问题。传统伦理学更少关注人和自然之间的关系。这个问题在维特根斯坦前期哲学中已经初见端倪,维特根斯坦认为形而上学命题没有给符号以意义。《逻辑哲学论》中的第一句话就是:"世界是所有发生的事情。"这看起来像是一个形而上学命题,但是维特根斯坦在这里实际上想要表达的是:世界是偶然的,世界作为一个整体的存在是偶然的。这实际上表达的是一种伦理学态度。世界的偶然性对于维特根斯坦来说,意味着世界当中不可能有任何价值,因为价值不可能是偶然的,这也就意味着没有伦理学命题。价值只有在我们经验或看待世界时的态度中才能出现。维特根斯坦在《伦理学讲演》中重述了这一观点,他指出了伦理学经验的本质,例如怀疑世界是否存在,觉得无论如何也有负罪感,无论发生了什么都感到安全。这些伦理学经验包含着我们对于一个偶然世界的整体的价值态度。伦理学应当不仅仅包括人与人之间关系的学说,还应当包含人与世界之间关系的学说,即我们如何看待这个世界,我们对它形成怎样的价值图景和我们在其中处于怎样的位置的学说。

维特根斯坦后期哲学中将伦理学看成个体在一定的行为和实践中对其所生活的世界的态度。这种看法和前期哲学中的伦理学是一致的,只不过维特根斯坦将世界从一个事实的与我的行动和实践无关的世界,转变为一个我始终参与的、并定义着我生活的意义的世界。维特根斯坦始终将价值的必然性和世界中所发生事情的偶然性结合起来看,这是传统伦理学中所没有包含的人与世界关系的伦理维度。维特根斯坦在《伦理学讲演》中区分了相对价值和绝对价值,绝对价值即是一种超越了人类特殊价值的价值。这就为我们重新探讨人与自然的关系奠定了基础。我们除了要考察我们与自身的关系、与他人的关系、与国家和社会的关系之外,我们还要考察我们与自然的关系,以及我们在我们与自然的关系中的地位问题。

因此一种生态哲学视角下的维特根斯坦知觉哲学是完全可能的。而且它成为我们以探讨维特根斯坦知觉哲学时代意义的重要的起点。

一、当代西方生态哲学述评

生态哲学或环境哲学是从 20 世纪六七十年代兴起的思潮。最早的生态哲学思想代表是卡逊(Rachel Carson)于 1962 年发表的《寂静的春天》(*Silent Spring*),在书中,卡逊提醒公众注意由于杀虫剂 DDT 的使用造成大量鸟类死亡,[①]这要求我们必须要重新思考我们对自然的态度。梭罗、列奥波德等人都为人类转变范式,关注和重新发现自然提供了重要的思想。作为一门科学的生态学的发展也为生态哲学的发展推波助澜。生态哲学学者们试图恢复人们的环境良心,并为当代的环境问题提供解决方案。这样面对生态危机,生态哲学形成了理论伦理学和实践伦理学两条进向,两者之间的探讨经常互相勾连缠绕。

关于生态危机产生的原因,学者们众说纷纭。赛恩斯(George Sessions)认为西方文化应当为环境问题负责。西方文化中对自然的统治和控制改变了现代社会。现代的科学和技术浸透着基督教文化对自然的傲慢。[②] 卡洛琳·莫钱特(Carolyn Merchant)[③]、林·怀特[④]也有类似的想法。这些学者认为,我们应当拒绝西方以基督教为代表的文明形式,这样才能够拯救人类。

---

① R Carson, *Silent Spring*, Houghton Mifflin Company, 2002, p.24.

② See George Sessions, The Deep Ecology Movement: A Review, *Environmental Review*,1987(2), p.106.

③ See C Merchant, *The Death of Nature: women, ecology and the scientific revolution*, Wildwood House, 1980,p. xvi.

④ See Lynn White,The Historical Roots of Our Ecological Crisis, *Science*, 1967(10), pp.1203 – 1207.

更为折中的想法来自深度生态学,纳斯(*Arne Naess*)①认为,人类生活的繁盛和人类之外自然世界繁盛的和谐只有在人类人口减少的情况下才能实现。人类是自然界中的普通成员,人类之所以能够是人类,是在自然中实现的。列奥波德的《沙乡年鉴》(*A Sand County Almanac*)阐明了自然界具有独立于工具价值的内在价值。生态哲学的发展使得环境考虑成为全球政策和地区政策的共同准则,也引起了社会层面重要的革新。

　　生态哲学的主干是环境伦理学(environmental ethics),生态哲学的兴起伴随着人类对于人类自身对自然依赖性的觉察,以及对自然的自治性和自组织性的承认。许多相关的问题由此纳入哲学思考中来,例如人在自然中的地位、自然的价值、人类之外存在者的道德地位等。不同的伦理原则被纳入到人与自然关系的考察中,出现不同的环境伦理学进向,例如个体主义、整体主义、人类中心主义、反人类中心主义、生物中心主义、动物解放论、生态中心主义等。尽管不同的进向考察人与自然关系这同一个实在,但是它们以不同的乃至相反的方式进行。位于相对两端的进向是人类中心主义和生态中心主义。人类中心主义的极端形式是只承认人类价值的物种歧视论(speciesism),生态中心主义的极端形式是否定人类任何特殊价值的生态法西斯主义(ecofascism)。生态法西斯主义和种族主义的起源是自然价值理论中的内在价值(intrinsic value)与工具价值(instrumental value)之争。自然界是否具有由于其自身而具有的价值,还是只有服务于其他目的的工具价值?环境伦理学家们根据自己的伦理学理论存续于这两个极端之间,一方面是以强调只有人类具有内在价值的物种歧视论为其典型代表的人类中心主义,另一方面是以自然界作为整体都具有更多内在价值的生态法西斯主义

---

① See Arne Naess, The Deep Ecological Movement: Some Philosophical Aspects, *Environmental Philosophy: From Animal Rights to Radical Ecology*, Prentice-Hall Inc, p.193.

为典型代表的生态中心主义,动物解放论和生物中心主义位于两者之间。个体主义与整体主义的争执贯穿在人类中心主义与生态中心主义的争执之中。除了以上传统伦理学框架下的生态哲学之外,在后现代主义影响下,深度生态学、社会生态学(social ecology)和生态女性主义(ecofeminism)等以颠覆传统哲学中人类和自然之间的对立为目标,进行观念、社会和性别的革命。

(一)内在价值与工具价值

传统伦理学功利主义、义务论和德性伦理学都过于狭隘地定义了伦理事项的范围,功利主义很少将其快乐和痛苦的标准用于非人类的存在物之上,因而对于动物、植物和生态系统更少地考察其道德可虑性(moral considerability)。义务论伦理学与功利主义相似,认为只有理智的存在具有道德可虑性,德性伦理学则认为在目的论的意义上才能谈及道德可虑性,植物依赖于动物的目的而存在,其他动物依赖于人的目的而存在。尽管德性伦理学坚持认为人类的存在依赖于自然环境,但是显然人类作为目的论的端点才是更为首要的。

生态哲学家们将传统伦理学中出现的道德可虑性范围的问题视为人类中心主义。人类中心主义将人类视为宇宙中最重要的实体,以人类的价值和经验作为尺度来看待这个世界。人类中心主义有很多形式,例如有强版本和弱版本的区别,弱版本的人类中心主义赋予自然以更多的价值。反人类中心主义则认为自然也有至少不亚于人类的道德可虑性和道德价值,人类并不是宇宙中最重要的实体。

为了阐明这一观点,生态哲学家引入了工具价值和内在价值这一区分。内在价值这一个概念来自摩尔,摩尔认为,我们区分了事实和价值之后,应当以其他的方式断定价值的客观性。这种客观性是来自于"善"这种事物内在的不可还原的非自然性质,而我们通过直觉把握到它。生态哲学家引入这一概念用来讨论自然界的价值问题。工具价值指的是事物由于其能够成为一种方式或者工具,服务于其他目的的价值。内在价值指的是事物由于以自身为目的而具有的价值,无论它们是否能够作为一种方式服务于其他目的。对于蛀虫来说,树木和水果是具有工具价值的;对于人类来说,人类以外的世界是具有工具价值的。

另一方面,人类也是可以具有工具价值的,钢琴教师对于想要学钢琴的人来说,是具有工具价值的。除此以外,人类作为人本身,是具有内在价值的;人类具有独立于服务其他任何目的的价值。一种草药由于其具有的某些成分对于人类来说具有工具价值,但是是否这种草药由于其自身而具有价值呢? 那么这种价值就是这种草药的内在价值。内在价值是比道德可虑性更为深刻的概念,因为我们有保护任何具有内在价值的事物避免被伤害的责任。人类中心主义认为,人类之外的自然事物具有更少的内在价值或没有内在价值,例如家养的动物可能具有内在价值,而野生动物或饲养动物则具有更少的内在价值。除非对这些动物的伤害最终会影响人类的正常生活,否则它们不会得到保护。

(二)非人类中心主义与人类中心主义

1. 生态中心主义、生物中心主义和动物解放论

非人类中心主义认为不是只有人类具有道德可虑性和内在价值,其他的生命和非生命也具有内在价值,非人类的存在物与人类一样都需要道德关怀。在非人类中心主义里,我们简要考察上文中提到的几条当代生态哲学中非人类中心主义的主要进向。非人类中心主义对人类之外自然界的道德可虑性和内在价值的范围有着不同的定义。根据这里定义范围的大小,我们可以将这些进向区分为生态中心主义、生物中心主义、动物解放论。

生态中心主义是一种将种群(species)、生态系统(ecosystem)和景观(landscape)视为道德可虑性对象和内在价值的承载者。它重视生态系统中

的实体、关系和过程,可以看成一种生态系统中心的伦理学。列奥波德的大地伦理(land ethic)是生态中心主义的"圣经"。列奥波德认为野生环境、濒危物种和生态环境的可持续性是具有内在价值的,在整个生态系统中每一个个别物体对于整体来说都是不可或缺的,因而具有内在价值。[1] 生态中心主义可以通过人类中心主义,生物中心主义和动物解放论的定义来得到理解。生态中心主义是这四个主要进向中将道德可虑性和内在价值的范围扩展到最大的。人类中心主义只赋予人类等高等生物以内在价值,动物解放论将道德可虑性和内在价值的范围扩大到动物,而生物中心主义将道德可虑性和内在价值的范围扩大到所有活着的有机体(动物、植物)。生态中心主义赋予生态系统中一切以内在价值,并赋予整个生态系统以内在价值。

生态中心主义关心整体的生态系统和生态系统种群中的个体,以及不同种群之间的关系和这些种群与自然的关系。在生态中心主义中,这些单元之间的关系形成的网络比人类中心主义和生物中心主义单元之间的网络更为复杂。生态中心主义者认为这种关系的网络能够使得我们对生态系统有足够真实和恰当的了解,并足以使得我们建立一个以环境伦理学为理论基础的更为合理的伦理系统。生态中心主义赋予自然、动物、植物和整个生态系统以内在价值。在这一点上,生态中心主义分为客体生态中心主义(objective ecocentrism)和主体生态中心主义(subjective ecocentrism)。客体生态中心主义认为,评价者所赋予被评价者的内在价值是对象性的,和评价者没有关系。被评价者始终有内在价值,无论评价者评价它与否。持有这种观点的主要是罗尔斯顿(Holmes Rolston III)[2]。主体生态中心主义的代表人物

① Aldo Leopold, The Land Ethic. *A Sand Country Almanac*: *With Essays on Conservation from Round River*, Ballantine Books Inc., 1970, p. 238.

② H Rolston, Naturalizing Values: Organisms and Species, Pojman, L. P, *Environmental Ethics*: *Readings in Theory and Application*, Wadsworth Publishing/ Thomson Learning, 2001, pp. 76 – 86.

是科利考特(J. Baird Callicott)①,科利考特认为,没有任何价值能够独立于评价者,但是评价者是可以赋予被评价者以内在价值的。人类保持评价者地位并不一定代表着走向人类中心主义。

生态中心主义的主要问题是它无法彻底摆脱人类对于自然环境所作出的巨大影响,自然界已经变成了人化的自然。这就是为什么列奥波德要走向避免人类过多影响的荒野(wilderness)的原因。人类文明的高度发展使得人类可以产生价值是主观的这一观念,这正是因为价值的客观性已经消隐在人类文明的高度创造性之中。因此我们可以区分价值与事实,这使得我们可以区分"做某件事对生态环境有害"和"我们不应当做这件事",并认为两者之间没有逻辑联系或只有一定前提下的逻辑联系。生态中心主义最大的问题是它很难避免成为一种专制主义,即所谓的生态法西斯主义。如果生态环境整体是具有内在价值的,那么为了整体的福祉,我们是否可以伤害个体或者个别种群? 是否可以伤害人类? 生态中心主义在道德可虑性和内在价值范围的路上走了太远,以至于就像维特根斯坦所说的那样,他们所谈的问题太过于光滑,而缺乏足够的摩擦力。生态中心主义没有意识到,他们所要解决的问题是非常困难的,而他们对解决问题缺乏准备。

生物中心主义将道德可虑性和内在价值的范围缩小到活着的存在者之中:植物、动物和人类等都具有同等的内在价值,人类只是互相依赖的生物体系统中的一部分。在这个生物体系统中,每一个个体都具有内在价值,尽管它们的内在价值有高低之分。生物体中心主义提出的是一种生命中心伦理学。生物中心主义与生态中心主义的区别在于,它将内在价值和权利赋予个体,而非整体。生物中心主义比生态中心主义的道德可虑性和内在价值的范围更窄,这使得整体、种群、关系和过程等系统要素的价值失去了重

---

① J B Callicot, *Beyond the Land Ethic*, *Albany*, State University of New York Press,1999,p. 233.

要性。生物中心主义的代表人物是保罗·泰勒(Paul Taylor),泰勒认为,只有个体才有道德位置,因为只有个体才是活着的;只有活着的事物才能有生活的目的,因而可以成为生命共同体中的一员。他认为所有的有机体都是生命的目的论中心,每一个个体都以一定的方式追求自身的善。① 生态中心主义将自然中的一切都赋予价值,无论其有生命还是没有生命,而生物中心主义将范围缩小为个体的生命。

生物中心主义认为,每一个个体都是自然的成员,每一个个体都彼此依赖,它们之间没有等级之分,每一个个体都以自己的方式追求生活。生物中心主义实际上所做的和康德伦理学所做的是一样的,康德将人作为理性生物从世界中挑选出来,就如同生物中心主义将生物从世界中挑选出来。但是进化论已经告诉我们,生物都是从自然世界中进化而来的,并不是完全不同于自然世界,没有大自然就没有生物。即使我们将这里的框架由康德伦理学转化为休谟伦理学也无济于事,我们不应当将非生命的大自然看成是仅有工具价值的存在,而将生物体纳入目的论王国之中。如果我们只保护生物个体,却放任生物对自然环境的破坏,那么生物个体的福祉也会成为问题。

动物解放论和生物中心主义一样,是一种个体主义的进向,但是与生物中心主义相反,动物解放论的道德可虑性和内在价值的范围仅仅限于动物,动物解放论者的目的非常具体:减少动物的痛苦,禁止杀害动物。辛格将"感受性"(sentiency)视为道德可虑性的标准,辛格认为,这是因为有感受性的存在物可以感受到痛苦和快乐。② 除了人以外,只有动物才具有感受性。里根站在义务论立场,也认同道德可虑性和内在价值的范围应当扩大到动

---

① See P Taylor, *Respect for Nature*, Princeton University Press, 1986, pp. 99 – 101.

② See P Singer, *Animal Liberation: A New Ethics for Our Treatment of Animals*, New York Review, 1975, p. 42.

物,但是里根的理由是,只有动物才能够是生命的主体(subject of a life)。①
辛格和里根分别从功利主义和义务论角度出发,提出了动物解放的思想。

和生物中心主义一样,动物解放论也面临类似的问题。因为动物不能
脱离它所处的环境而单独得到解放。例如在一片植物中,由于动物数量的
增加而对植物的正常生存形成了威胁,如果不再采取措施保护植物,那么生
态系统整体的健康和发展就存在危机,这样动物的解放也会成为问题。

面对非人类中心主义所造成的一系列困难,很多哲学家回到了人类中
心主义之中。人类中心主义也成了生态哲学的一种可能进向。人类中心主
义认为人类是一切的中心,其他外在于人类的事物或存在者都由于对人类
有价值才得以具有价值。只有人类才能具有内在价值,伦理系统是由于人
类的受益而设立的,因而只有人类才具有道德可虑性。自从斯多葛主义以
来,人类中心主义就是传统西方伦理学的主流。福克斯(Warwick Fox)认为,
人类中心主义是"经验上破产的,理论上灾难的,实践上灾难的,逻辑上不统
一的,道德上可反驳的,以经验的更开放的进向来说不协调的"②。法布(Pe-
ter Farb)则认为科学研究已经发现人类与动物并不是完全能区分开的,动物
也有复杂的交流系统,也能够使用工具,解决困难问题并生活在一定的社会
结构中。③ 人类和动物的区别只在于程度,而不在于本质。

2. 强版本的人类中心主义和弱版本的人类中心主义

然而,很多学者反对福克斯的论证,愤世嫉俗地反对人类中心主义等同
于反对人类,这不是正确对待人类的方式。而且我们无法完全避免人类中
心主义,因为我们是人类,我们所有的思想都是人类思想方式的成果,逃避
人类中心主义是无用的。然而更加客观冷静的学者就会认为,人类的身份

---

① See T Regan, *The Case for Animal Rights*, University of California Press,1983,p. 101.

② W Fox,*Toward a Transpersonal Ecology*,State University of New York Press,1995,pp. 18 – 19.

③ See W Fox,*Toward a Transpersonal Ecology*,State University of New York Press,1995,p. 15.

并不等同于人类沙文主义(human chauvinism)，虽然我们在摆脱人类中心主义的同时没有摆脱人类的身份，但是我们可以摆脱沙文主义思想和看待人类自身的方式，将人类看成生态系统中的一部分，而不是看成等级序列的最高点。这样我们一方面是人类中心主义的，另一方面我们还能同时坚持一种生态哲学观。在生态哲学中，存在两种类型的人类中心主义，一种是强版本的人类中心主义，一种是弱版本的人类中心主义。

强版本的人类中心主义认为只有人类才具有内在价值，因为只有人类才具有道德位置，世界当中其他的东西只是人类所需的资源和手段。保护环境只能是因为人类的利益才变得重要的。诺顿(Bryan Norton)认为强版本的人类中心主义坚持任何人类个体的渴求和需要都应该得到满足，只要这些被称之为"感受到的偏爱"(felt preference)①的渴求和需要出现，无论它是否破坏环境，都需要得到满足，因为人类对人类之外的实体没有任何责任。

弱版本的人类中心主义认为人类比其他存在者更为重要，但是其他存在者也具有内在价值，这与强版本的人类中心主义是相对立的。弱版本的人类中心主义也强调人类的内在价值要高于其他存在者的内在价值。诺顿即是这种弱版本的人类中心主义的支持者。他认为，弱版本的人类中心主义是一个恰当的伦理理论，因为它提出了两条生态哲学的重要原则：第一，它指出了人类和其他生命之间的亲密关系，这使得人与自然之间的和谐变得可能；第二，它将价值视为人类经验的产物，这提供了价值形成的基础。它强调对于自然物体经验的重要性，因为这种经验是价值形成的根基。诺顿的弱人类中心主义强调了深思熟虑后的人类渴望和需要的基础地位。

无论何种人类中心主义，都存在变成一种物种歧视论的危险。当人类

---

① B G Norton, Environmental Ethics and Weak Anthropocentrism, *Environmental Ethics*, 1984(2), p. 328.

由于其道德可虑性的缘故而被视为优先于其他存在者的存在者,那么就会像辛格所说的那样,人类会用自身种族的利益来反对其他种族的利益。对于辛格来说,动物由于有和人类类型相同的感受痛苦和快乐的能力而具有道德可虑性,里根则认为动物因为有成为生命主体的能力而具有道德可虑性。无论如何,物种歧视论都是一种人类中心主义极端的可能性,这使得人类具有歧视和不公平对待人类之外的自然存在物的权利。

(三)深度生态学、社会生态学与生态女性主义

深度生态学的奠基人是挪威哲学家纳斯,纳斯发明了"深度生态学"这一名词与浅生态学(shallow ecology)进行区分。纳斯认为,浅生态学只是人类中心主义"使用价值"(use value)的扩展而已。深度生态学要求着我们对我们在世界中位置的理解做出巨大调整和重新组织。深度生态学是一场运动,它没有精确的定义,而是在纳斯所指出的一系列原则下工作。纳斯一共提出了八条主要的原则。

1. 在地球上生活的人类与非人类的福祉和繁荣自身有价值,不用考虑非人类的世界对人类目的的有用性。

2. 生命形式的丰富性和多样性有利于这些价值的实现,并且也是因其自身而具有的价值。

3. 人类没有权利减少这种丰富性和复杂性,除非为了满足极为重要的需要。

4. 人类生活和文化的繁荣与可持续性的更少的人类数量相匹配。非人类的生命的繁荣要求一个更少的人类数量。

5. 当前人类对于非自然的世界的干扰是过度的,而且境况在迅速恶化。

6. 因此政策必须被改变。这些政策影响经济的、技术的和意识形

态的结构。事情的最终状态将会与当下的深为不同。

7. 意识形态的改变将会主要在于增进生活的质量(沉思固有价值的境况),而不是执着于越来越高的生活标准;会有对巨大(bigness)和伟大(greatness)之间区别的觉醒。

8. 那些完全接受前述要点的人们有责任直接或间接地尝试去实施这些必要的转变。①

对于纳斯提出的八条主要的原则,学术界也有很多争议。例如减少人口是否需要避免非人道主义的方式,是否需要对人类之外的其他种群有更多的道德关照,乔治·赛森斯(George Sessions)②提出,林·怀特所提出的生态危机的根源是值得重视的,怀特认为基督教为人类中心主义和人类对自然的统治提供了辩护。我们必须摆脱基督教,才能够有处理好生态危机的希望。在回顾了西方思想史上的进展之后,赛森斯认为基督教影响下所形成的近代形而上学和伦理学,需要在生态世界观下重新得到评估。赛森斯认为应对生态危机应当是一项全球共同努力的事业,首要的工作就是在不对人的尊严做出妥协的情况下减少人类的数量,尤其是要通过控制出生人口的政策减少第三世界国家的出生率。为了保护生态系统,发展中国家的未开发地域也需要加以保护。

比尔·德瓦尔(Bill Devall)③认为为了对抗人类中心主义的等级制,我们需要一个思想范式上的转变。他认为,当列奥波德等人提出"像一座山一

---

① Arne Naess, The Deep Ecological Movement: Some Philosophical Aspects, *Environmental Philosophy: From Animal Rights to Radical Ecology*, Simon & Schuster, 1993, pp. 196 – 197.

② See George Sessions, The Deep Ecology Movement: A Review, *Environmental Review*, 1987(2), pp. 105 – 125.

③ See Bill Devall, The Deep, Long – Range Ecology Movement 1960 – 2000 – A Review, *Ethics & the Environment*, 2001(1), 22.

样思考"（thinking like a mountain）这样的口号时,实际上他们在拒斥人类的傲慢,并将人类放在宇宙中一个更卑微的位置上。深度生态学既包含着个体的生活方式也包含着共同体的生活方式,政治家们应当将深度生态学当作公共政策制定的重要组成部分,为整体生态环境的福祉而行事,这个要求对于发展中国家和发达国家是同样的。德瓦尔认为发展中国家的长期可持续性发展也是非常重要的。社会公正运动的过度发展经常会造成进一步的人对自然的掠夺,影响生态系统的保护。德瓦尔推崇穆尔的一元论思想,穆尔认为生态学可以实现一切的统一（unity of all things）。在这一点上,德瓦尔推崇中国道家哲学。

社会生态学的代表人物是布克金（Murray Bookchin）,布克金认为,深度生态学将人类中心主义视为地球的一场瘟疫,是一种"原罪"（original sin）理论。"人性"（humanity）被视为环境危机的主要原因。这使得深度生态学支持一种生态残酷主义（eco-brutalism）,生态残酷主义为了减轻生态资源的负担,无视发展中国家的饥荒和不平等问题。布克金将纳斯的深度生态学视为一种精神意识形态,而不是一场理智的运动。深度生态学没有给人类社会的价值和独特性提供空间,而只是简单地将人类和其他生命放在平等的地位上,这里深度生态学所提供无非是一种"生态-啦啦"（eco-la-la）的通过整体将个体同质化的溶解人性的运动,使得人性成了某种完全抽象的东西,人类失去了自我,人类与天花和艾滋病毒变得没有区别。又有谁来决定该铲除哪个种群呢? 深度生态学是一种过度精神化的不超过社会达尔文主义思想水平的尝试。

布克金提倡一种社会生态学,即一种绿色运动（green movement）①,它是

---

① See M Bookchin, Social Ecology versus Deep Ecology: A Challenge for the Ecology Movement, *Green Perspectives*: *Newsletter of the Green Program Project*,1999(5), pp. 281 – 301.

一种关注人类福祉的左翼运动。社会生态学不拒斥人类的独特性，也不为一种发达国家掠夺性的人类中心主义辩护。社会生态学认为人是一种独特的思想的存在，同时又完全是自然的。我们应该关注全球政治和社会运动，将其作为我们面临的环境问题的解答，同时我们不应该接受任何一种反人类主义的深度生态学。一种人性与人类之外世界的二元论对立应当在进化论中得到解决。社会生态学认为我们应当以改造社会的方式改造生态环境，把两者结合起来。

生态女性主义的代表人物包括沃伦（Karren J. Warren）和莫钱特（Carolyn Merchant）。生态女性主义首先是一种女性主义，它具有对于伦理学中性别歧视的批评和发展出一种避免性别歧视方法的诉求。另外，生态女性主义将女性主义的性别主义批评延伸到人对自然统治地位的批评上来，例如人类对人类之外世界的不公正对待。沃伦认为："所有生态女性主义都认同在父权制中，统治的逻辑历史地起作用于保持和证明对女性和自然的统治。"（all ecofeminists agree about, then, is the way in which the logic of domination has functioned historically within patriarchy to sustain and justify the twin dominations of women and nature.）沃伦提出了以下论证：女性被等同于自然和物理的领域，男性被等同于"人类"和心灵的领域。被等同于自然和物理领域的地位是低于被等同于"人类"和心灵领域的。因此女性的地位是低于男性的，前者应当被后者所统治，因此，男性应当统治女性。沃伦认为这就是统治的逻辑。[①]

沃伦认为任何形式的统治和压制都应该得到终结。因此女性主义一方面终结了性别主义，另一方面由于性别主义和人类中心主义的同质，女性主

---

① Karen J. Warren, The Power and the Promise of Ecological Feminism, *Environmental Philosophy: From Animal Rights to Radical Ecology*, Prentice – Hall,1998,pp. 328 – 329.

义也结束了人类中心主义的思想运动。这里我们需要颠覆的是统治的逻辑，为了颠覆这一逻辑，我们既应该是女性主义者也应该是生态女性主义者。沃伦的生态女性主义批评的是思想史上一切二元等级的区分，例如理性和物理、心智和身体或感觉、男性和女性、人和自然等。

莫钱特从历史的观点讨论了人类和人类之外世界的关系对于理解生态女性主义的重要性。她讨论了造成当代生态危机的人对自然统治背后的世界观、科学和技术。她认为，直到 16 世纪，自然仍然被视为一个活着的有机体，自然的部分之间彼此依赖，整体的功能和繁荣是其目标。在这种理解中，自然被以两种意义上隐喻地理解为女性：一个哺育的母亲，她关心和照料着人类；一个混乱的、狂野的、未开化的女性，她造成了灾害。在科学革命和启蒙运动中，第一个形象逐渐消隐，自然开始被视为一个混乱无序的女性，应该由科学和启蒙所主宰的男性统治。作为一个有机体的自然思想来自文艺复兴，起源于古希腊的柏拉图、亚里士多德和斯多葛学派。古代人将宇宙看成一个相互关联且彼此依赖地活着的整体，一个部分的改变会造成其他部分乃至于整体的改变。每一个组成部分的福祉与整体的繁荣是相关的，男性和女性，人类和动植物，必须彼此和谐共生。在西方文明的发展中，作为一个有机整体的自然逐渐消隐，自然和文化的二元论逐渐兴起。自然不再是一个有机整体，而是一台机器。代表着男性的科学将自然还原为基本的组成部分来研究，这种非生命的还原论意味着自然的死亡。在资本主义的发展中，女性在人类繁衍中的角色逐渐消隐，助产士逐渐变成了一个男性角色。女性在孩子成长中的角色被视为完全被动的，就如同女性在生育中的被动角色一样。莫钱特认为，医生用镊子清除掉了助产士在生育中的角色,镊子成为一个单纯的工具,就如同科学成了揭开自然秘密的工具一样。①

深度生态学、社会生态学和生态女性主义都是生态哲学思想运动的重要组成部分,它们分别从不同层面探讨了生态哲学所能够展开的不同维度及不同维度所面临的不同的问题。三种思潮都是非人类中心主义生态思想的具体应用,学者们认为改变社会思想是解决人类所面临的生态环境危机的必由之路。

二、维特根斯坦哲学视角下的生态哲学

在上述我们对当代西方生态哲学的讨论中,内在价值和工具价值的区分初看起来是首要的。但是在实际论证过程中,我们赋予任何对象(生态系统、生物、动物、人)以内在价值,而赋予这些对象之外的事物以工具价值都是成问题的。当代西方生态哲学仍然处于传统伦理学的框架之下,即寻找价值的载体,无论是生态系统整体,还是活着的存在者,"感受快乐和痛苦的能力""生命的主体""理性"乃至"女性",这里与传统伦理学中道德实在论的进向别无二致。但是正如生态女性主义所指出的,一旦我们赋予某种对象以内在价值,就会陷入"统治的逻辑"当中,正如在牺牲发展中国家贫困人民的利益和保护生态系统整体之间存在着天然的矛盾一样,简单地选择一个立场是容易的,但是问题却是实在的。

当代西方生态哲学的自然主义立场应当属于一种解放的自然主义。它通过对严格的自然主义和其伦理学上的代表——情感主义和错误理论的拒

---

① C Merchant, *The Death of Nature: Women, Ecology, and the Scientific Revolution*, Harper Collins Publishing, 1990, p. 143.

斥,而允诺了宏观自然对象(生态系统、生物体和动物等)的存在,本体论上的许诺给出了道德关怀的对象和道德实在论的空间,这样我们才能够关怀大地、山峰、海洋、空气和动植物。技术补偿论者会认为,生态危机可以通过发展技术弥补由于生态环境破坏所造成的人类生活水平的降低,但是这同样是将内在价值只赋予人类的人类中心主义进向。如果离开了人类,自然界和自然界中允诺的实体都具有内在价值,那么技术补偿论就不可能成立。但是问题在于,当代西方生态哲学也继承了解放的自然主义所面临的两个问题。第一个问题是这里允诺的实体种类和数量是不可控的,即使是在非隐喻的意义上讲,也存在不同层级的生态系统,从微观到宏观的不同类型的生物,如果我们总是要允诺如此之多的具有道德可虑性的对象的话,那么这里协调它们之间的关系就成为了一个大问题。另一个问题是当代西方生态哲学将道德可虑性和内在价值的范围完全交给科学,这使得哲学与科学之间的关系变得微妙起来,哲学似乎不再能够对生态伦理问题独立地发言。而科学实际上给出的解释是多层次多角度的,哲学也无法对这些不同层次和角度之间的关系做出判断,而只能无奈地全盘接受,哲学似乎只能听从科学的指引。这样生态伦理学就会变得失去自主的地盘。

在上文中,我们已经提到了一种放松的自然主义可以回答解放的自然主义所不能回答的一系列问题。一种放松的自然主义给出的是一种自然哲学,即它试图融合解放的自然主义所提出的本体论允诺的多元性和哲学对于科学的仆从关系。一种放松的自然主义用描述来取代解释,综观诸种语法,尝试给出关于自然的整体画面。维特根斯坦以语言游戏和生活形式为代表的论述就是一种放松的自然主义。而生成论的视角使得维特根斯坦哲学能够在当代画面下给出一种更为时代化的放松的自然主义。这样维特根斯坦就提出了一种更为平衡的且放松的自然主义,它使得我们不仅仅能够拒斥还原主义,并简单地接受多元论,而是可以使得我们能够通过某种面相-观看来综观哲学和诸门科学的语法,使得它们以一种不再互相竞争,而是互相补充的方式展现出来。维特根斯坦给出的是一种更加开放的自然的概念,这并不是通过扩展自然界中的事实,而是将相关的事实放置在一定的观点下来考察,它使得我们能够清除掉遇到的障碍。维特根斯坦给出了一幅哲学与科学能够有成效地彼此相连的方式。

在解放的自然主义中,存在自然与文化的分裂,任何对于人格和人工造物的解释是不可能的,因为这些东西具有主体性特征,因而位于哲学解释和任何科学解释之外。这就像是我们试图去解释为何语言游戏和生活形式能够存在一样。我们不可能解释清楚为什么那些人没有那种生活形式,也不可能解释清楚我们为何有这种生活形式。哲学和科学都做不到这一点。因为语言游戏和其背后的生活形式是我们做出解释所依赖的东西,是我们解释的界限。虽然如此,科学研究可以提醒我们特定的语言游戏和生活形式的存在和起源,维特根斯坦并非要绝对地拒斥一切解释,而是试图将解释限制于避免做出形而上学论断的事项上。我们摆脱掉形而上学之后,可以用一定的阐述来解释我们特定的生活形式的来源和特征的问题。而这就给出了哲学和科学彼此相连的基础。

当代生态哲学受制于其解放的自然主义的背景,在本体论层面上陷入了多元论的问题之中,而没有考虑自然背后的主体性背景和哲学与诸门科学结合的可能性,因而缺乏给出生态危机的整体性画面的能力,只能陷入自然和文化的对立之中,事实上脱离了人类的情感、知识和能力的生态哲学是不可能的。这一问题也反映在伦理学上,当代生态伦理学将内在价值视为一种摩尔式的非自然属性,将它赋予自然界中的存在者,但是这是如何实现的呢? 回答只能是摩尔式的神秘直觉。如果价值与事实之间的关联不是内在的和必然的,那么我们就无法说它是一种道德事实,当代生态哲学将当代生态危机出现的原因归结于观念,这只能将价值与事实之间的问题变得神秘化。而维特根斯坦已经指出了，伦理学位于世界之外，是我们对待发生的事实的一种态度，而不是任何事实性的东西。我们不能将价值视为一种可以发现的事实。这种伦理学态度是我们在一定语言游戏和生活形式中行为的面相，而不是某种脱离了行为的心灵观念。维特根斯坦所要指出的是，我们不能将价值当作某种性质，而应当把价值看作某种面相，即我们能够在行为中"看"出来的某种东西，而非某种实在的东西。将价值排除到世界之外，能够使得我们更好地看清楚我们在世界当中的位置和我们生活的意义。如果价值是世界之中的某种东西，那么它当然可以变成只有相对价值的或无价值的。无论是哪种在世界之中出现的内在价值，只要它成为某种载体或需要某种固定的承载者，都不可能摆脱这一点。这就是维特根斯坦知觉哲学视角下的伦理学所能够提示当代西方生态哲学的。

三、生态的生活形式——一种维特根斯坦主义的生态哲学的可能性

虽然维特根斯坦一直讨论的是人类的生活形式，但是我们不能因此认为人类自身的生活形式是唯一的和具有普遍性的生活形式。我们如果要理解语言游戏的多样性，就必须要理解语言游戏中每一个成员是如何反应和行为的，即理解每一个成员独特的生活形式。每一个生物体都生活在主体间性的物理和生物环境之中。虽然表面上看起维特根斯坦是一个人类中心主义者，而且他的后期哲学主要关注人类的语言现象，但是他并没有提出任何一种人类中心主义的由语言能力而分级的等级秩序。维特根斯坦并没有说只有人类才有生活形式，这是因为只有人类的生活形式才是人类亲身经历过的。维特根斯坦在很多情况下，将人类之外的主体的生活形式作为案例来反驳语言概念的普遍性。在《哲学研究》中，维特根斯坦说：

　　我们并不说一条狗可能对自己说话是因为我们如此细微地了解它的心灵吗？好，我们可能这样说：如果一个人看见一个活着的存在物的行为，他就看到了它的心灵。①

　　如果一头狮子可以说话，我们也不能理解它。②

　　维特根斯坦在这里所说的是，人类与狮子具有不同的生活形式，教一头狮子说英语不会使得我们能够在语言的意义上更理解狮子，因为狮子与人类的生活形式不同。这说明了理解对于生活形式的依赖性而非对于语言的依赖性。维特根斯坦在谈到狗和猫的时候也讲过类似的意思。他对于人类语言的重视只是由于在人类的生活形式中语言理解是重要的。但是这不代表在其他生活形式中语言的缺失使得理解变得完全不可能。维特根斯坦很清楚地说明了其他活着的存在者都是主体，在一定的生活形式下生活的存在者。而且，在人类的生活形式中，不仅仅存在着人类参与者，也存在着人类之外的参与者。因为人类所处的周边环境（包括切近的境况、文化状况、社会发展状况）等都为语言表达提供了意义支撑的重要角色。它们是我们之所以能够给出表达式意义的背景。但是这些背景是不可表达的，表达它们等同于提出另一个表达式，而它们只有在使用中才能得以真正显示，这同时也说明了我们的表达式所依赖的背景是非常复杂和具有弥漫性的，我们的表达式深深地嵌入到我们言谈所依赖的背景之中，乃至于使得后者是无意识的和不可言说的。这一境况的一个自然结果是不熟悉整个背景的人完全不可能懂得表达式的含义。这种背景在人类的案例中表现为文化，而这种文化不仅包含人类的文化和共同的实践，还包含人类之外的物理的生物

――――――

　　① Ludwig Wittgenstein, *Philosophical investigations*, G. M. Anscombe, P. M. S. Hacker and J. Schulte, Trs, Wiley – Blackwell, 2009, p. 120e.

　　② Ibid., p. 235e.

的环境,例如树木、石头、水、狗、猫、狮子等。没有后者作为背景的语言,同样也是不可理解的,文化中不应该只包含人类的造物,而是文化与自然融合在一起,共同为语言表达式提供背景。

在《论确定性》中,维特根斯坦讨论了孩子学会语言所依赖的周边环境。

> 当一个孩子学习语言的时候他同时学习所探究的东西和不探究的东西。当他学会房间里有一个碗橱,他没有被教会怀疑是否他所见的晚些时候仍然是一个碗橱或只是一种舞台布景。①

在这里,维特根斯坦指出了在孩子的行为中语言游戏的价值,它告诉孩子以一种公认的"将稳定性看成标准"的方式去行动。这一稳定性显然不仅仅包含着形式的稳定性,也包括内容的稳定性。孩子通过学习得以进行这一游戏。任何人类如果要学会这一游戏,都必须能够以接受这些背景作为前提才可以。人类在这里首先不是一种理性的生物,而是一种依赖本能生存的动物。我们在听到"在死后会有一个无时间的状态开启"(after death a timeless state will begin)②的时候,我们的困惑在于,这里仍然使用了"开启"和"之后"这样的表达式,而这些表达式本身就意味着时间。时间的概念被纳入我们语言的背景之中了。我们确定性的根源在于语言还不是被完全理性化的动物性的首要状态,它是我们的一种行动。没有任何人类会将橡树当作敬仰的神明,但是如果存在一个部落,部落中的人与橡树形成一个共同体,他们就可能会形成对于橡树的信仰。就好像跳蚤和狗之间的关系一样,如果跳蚤会有一种宗教,那么都会是基于狗的生活而出现的。

---

① Ludwig Wittgenstein, *The collected works of Ludwig Wittgenstein*, Blackwell Publishing, 1998, p. 1440.

② Ibid., p. 802.

　　因此人类的语言游戏及其背后的生活形式所依赖的实际上是一般性的事实,也即是生物学的或者物理的生活环境和人类的自然反应,这两者是一致的。我们与周边环境构成了一个共同体,这里既包括人类也包括非人类。维特根斯坦实际上试图提出的是一种人与自然关系的模型,人始终生活在主体间性的和生物的物理的环境之中,因此人不可能不对周边环境产生影响,但是人是通过生活形式中的语言游戏对环境施加影响的,因为后者必然会导致我们对环境所做出的行动。语言不是人类和人类社会的专属产品,而是人与自然形成的共同体中的人类行为的一种。

　　维特根斯坦的生活形式学说可以延展到其他生物体乃至自然的生活形式的研究之中。维特根斯坦认为人类和哺乳动物都是具有生活形式的,是因为它们可以给它们的表达以意义,在这一点上人类和其他动物都是一致的。那么,植物是否有生活形式呢?维特根斯坦谈到过橡树在生命共同体中的位置以及语言在狮子的生活形式中的缺席。虽然我们与其他动植物不能在语言的层面上互相交流,但是我们和它们在共享着一个更为宽广意义上的生活形式。生活形式构成着一个更为广大的生命和非生命的共同体。我们必须考察所有共同体中的成员而不是仅仅考察人类成员。为了理解我们的语言游戏,我们必须能够对整个生活形式中的全部成员都有所理解,它们不仅仅是被动的,只有名称的存在,而是积极主动地参与我们的语言游戏,尽管它们与我们交流的方式不是以人类的语言来进行的。这种交流的可能性就在于我们在一个更为宽广的意义上相互关联于生命和非生命的共同体之中。生成论学者罗茨(Ricardo Rozzi)提出了生命共同体中交流的主体间性特征,他认为在很多原始文化中都是如此,"这一文化包含着一种重要的与环境和鸟及其他生灵进行交流的能力"①。原始文化中人类的文化身份是由一种社会-生态(socio - ecological)关系所决定的。人类要在大地上获取事物,必须要倾听土地、树木、空气的声音,这种声音不是语言,但同样是一种交流。在这种意义上,语言的使用者首先是一种生态学的存在,而不是文化的存在。

因此维特根斯坦的生活形式是一个生态学和生态哲学概念。人类的语言首先是人类在与自然界和其他人类主体直接打交道的过程中形成的。在这个打交道的过程中,人类对于这个更广大的生活形式中其他参与者的特定生活形式也必然有所领会。在这个共同体中,人类和其他参与者用语言和非语言的方式互相进行交流。生成论从知觉哲学角度阐释了这一首要地位为动物的人类与周边环境进行交往的情况,并指出了原始知觉的直接性和高阶内容知觉的缘起,后者来自人类语言实践所给出的内容知觉的可能性。内容知觉依赖于人类语言游戏的发展和社会-文化的支撑和使动,这是一种"从量变到质变"。这与维特根斯坦以面相-观看知觉为主干的知觉哲学所说明的是一致的。维特根斯坦的面相-观看知觉哲学思想可以用于道德知觉的探讨之中,道德知觉实际上可以看成一种面相-观看知觉。面相-知觉是人类在日常生活实践中形成的典型知觉类型,它超出颜色、形状的层面,运用思想和想象力看到事物的"组织"或用法的层面。在道德知觉中,我们依赖于面相知觉才能够看出事物的道德面相,善恶不是事物的一种属性,就如同组织不同于形状、颜色,我们并非从形状、颜色中推断出事物的组织,就如同我们并非从事物的事实配置推断出它的道德属性。我们由于行为实践中的实际用法直接看出事物的组织,例如鸭兔图中的鸭图或者兔图,就如

---

① Ricardo Rozzi, *Multi - Ethnic Bird Guide of the Sub - Antarctic Forests of South America*, University of North Texas Press, 2010, p. 28.

同我们由于其所属的伦理学实践而直接看出事物的善恶美丑,没有任何中介参与到道德知觉中来。

这一生成论视角下从维特根斯坦知觉哲学到伦理学的进展,可以继续延展到生态哲学和生态伦理学之上。因为在传统伦理学中的道德原则已经被转换为在一定情境下主体依赖于其行动实践而做出的道德面相-观看能力。我们不再需要一种仅限于人类的道德原则和内在价值来束缚我们看出生态伦理面相。这里面相观看看出的关系是内在关系,而非某个主体赋予某个事实以道德性质的外在关系。上文中我们对于很多学者所陈述的维特根斯坦对于人类生活形式的中心性地位的讨论已经说明,人类的生活形式是与更广大的诸多生命与非生命共同参与的生活形式的一部分。人类正是在与自然的交往过程中才形成诸多语言游戏,在孩子学习语言的过程中,对自然物名称和种类的学习是其核心的部分,我们并非一开始就去学习关于工业品的识别,而是先学会自然品类的识别和运用。当孩子了解了鸟、树木、野兽、大海之后,我们才能教会他如何使用手机、电脑、电梯、电视、冰箱等,因为在逻辑上后者总是依赖于前者。在原初的语言游戏中,这本身就说明作为语言游戏的参加者,需要关怀其他的语言游戏参加者,这样才能保证人类的实践活动能够进行下去。在生成论视角下,实际上在生活形式中人与环境彼此依赖,形成耦合关系,人必须保护与其耦合的自然环境,生活形式的一致性保证了耦合关系的一致性。表面的语言游戏的多样性(相对主义)背后是判断的一致性,即生活形式一致性,这意味着每个人都有生态环境道德责任。

生活形式是我们能够进行生态道德面相-观看的依据,因为确定性产自人类与自然相互依赖的关系,因此,人需要用行动来保护自然,也就是保护人的生活形式和生活的意义。一种维特根斯坦式的生态哲学的可能性是存在的,我们并非试图迅速解决上述当代生态哲学所面临的一系列困境,但是维特根斯坦式的生态哲学能够给予我们一种以放松的自然主义和自然与文化溶解的生活形式结合的新的可能性,这就使得当代生态哲学能够从其理论基底层面做出改变,寻找一条不同的道路。

四、列奥波德与维特根斯坦

回顾列奥波德的《沙乡年鉴》有助于我们理解维特根斯坦的生态哲学。列奥波德的这部探讨"大地伦理"(land ethic)的名著事实上并不是一部完全摆脱了所谓"人类中心主义"的著作,而是始终保持着人类对于其所生活的其他成员的道德知觉和情感。他始终强调人类对于其所居住和深爱的大地的关切。在后来的生态哲学研究中,学者们由于陷入了诸如内在价值与工具价值、自然和文化、生态系统整体和个体之间理论冲突的讨论之中,而逐渐忘记了列奥波德这一关心生活形式的出发点,但是实际上这是列奥波德最为看重的,人类的道德知觉和由之而来的道德情感不是某种多愁善感,而是我们生态哲学的真正出发点。

列奥波德指出了我们对于种群灭绝的哀伤,虽然这一点在理论上是用于论证人类应当将道德责任拓展到整个生物共同体,但是实际上他所强调的另外一点是只有人类才能有这种道德知觉和道德情感,人类是具有特殊性的,只有人类才能提出"大地伦理"。盖塔(John Gatta)说:"列奥波德表达了一种完全不同的人格的真诚的情感,这种人格热爱威斯康星大地中的特定的一小块,不了解荒野事物就活不下去。"①列奥波德发展出一种扩大人类爱的能力的新的人与自然之间的关系。列奥波德说:

---

① John Gatta, *Making Nature Sacred*: *Literature*, *Religion*, *and Environment in America from the Puritans to the Present*, Oxford University Press, 2004, p.58.

一个种群哀悼另一个种群的灭绝是太阳底下的一件新事。克罗马努人杀掉最后的猛犸象时只想到肉排……但是失掉了鸽子的我们就会哀悼其消亡,仿佛鸽子不会有的葬礼是我们的一样①。

列奥波德的这种多愁善感被科利考特认为是"大地伦理的概念基础"(The Conceptual Foundations of the Land Ethic)②。列奥波德表达了他对于在一个更为宽广的生活形式下,一个共同体成员对于另一个共同体成员死亡的哀悼,而这种道德知觉和道德情感是现代人类才具有的。将鸽子的消亡看成一个道德事实,如同我们看待其他人类的死亡一样,这是我们能够进行生态哲学思考的概念前提。如果我们对其他种群的消亡无动于衷,那么我们就不会进行生态哲学的思考。我们很难告诉克罗马努人保护濒危动物的重要性。因为克罗马努人无法看出我们为何会将鸽子消亡看成一个道德事实。只有在人类生活实践发展到一定阶段的今天,我们作为重要实践的参加者,意识到我们与同一生活形式中的其他成员的共在,才可能会产生这种道德知觉。

在列奥波德的"像山一样思考"的段落里,列奥波德指出了为了鹿的缘故而杀害狼的例子:在面对快要死去的狼时,列奥波德看到狼的眼睛中火光逐渐消逝,意识到了某种新的东西,这种新的东西只属于这只狼和这座山。这只狼的死亡使得列奥波德开始重视面对个体的经验,为了保护鹿而杀害狼,这看起来是没有问题的,但是当看到狼的眼睛中的火花逐渐暗淡的时候,这种新的道德知觉使得列奥波德认识到每一个生命的宝贵。列奥波德

---

① Aldo Leopold, *A Sand Country Almanac and Sketches Here and There*, Oxford University Press, 1968, p. 110.

② J Baird Callicott, *The Conceptual Foundations of the Land Ethic*, *Environmental Philosophy*: *From Animal Rights to Radical Ecology*, Prentice - Hall Inc., 1993, p. 119.

看出了之前没有看出的面相,他体验了一种面相的"闪现",他持续地看到的面相即杀狼能够保护鹿的图景消失,而新的生命价值的平等性面相闪现出来。他并没有做出任何推理,而是找到了一种新的看待事物的方式。同时他也意识到能够看出这幅图景的只有狼和山。列奥波德的这种新的道德知觉和道德情感来自他在威斯康星山区长久以来的实践,他对山区有一种同一生活形式中的共同体成员对共同体的爱。这种爱构成了大地伦理和生态哲学的基础。列奥波德哀悼狼的死亡不是因为某种客观科学知识,科学知识会告诉他,保护鹿,就需要杀掉过度繁殖的狼,而且这不会影响生态平衡;而是因为一种更为原初的道德知觉,即作为共同体中的一个伙伴对另一个伙伴死亡的哀悼,这种道德情感不是来自任何计算或推理,而是一种人与自然共生的语言游戏中的自然情感表达。邦德(Berthold - Bond)[1]认为,在这里自然和文化没有中介,文化的作用仅仅在于对自我和自我所生活的生态系统的反思。当然,邦德过于理想化地设想了人与自然的关系,因为在克罗马努人那里,与自然搏斗而换取生存机会是首要的,而当代人已经生活在人类物质文明发达得更为安全舒适的境况下,我们不能苛求古代人具有生态哲学思想。但是,我们应该反思的是,我们为何不能像列奥波德一样去思考?毫无疑问,列奥波德的大地伦理的基础是他特定的个人生活实践及经验,是他能够将狼的死亡看成伙伴死亡的道德知觉和道德情感,而这是生态哲学思想产生的前提。

　　生态哲学的理论诉求抛弃了这种原初的道德知觉和道德情感,陷入到了内在价值与工具价值、自然与文化之间的冲突之中,忽视了使得人类能够产生生态哲学的概念基础即道德知觉和道德情感,是一种邦德所说的"它出

---

① See D Berthold - Bond, The Ethics of 'Place': Reflections on Bioregionalism, *Environmental Ethics*, 2000(22), p.16.

现于一种栖居者对于他们所生活的土地的反应"(it comes into being as a response of inhabitants to the landscape in which they dwell)①。因此我们不可能完全客观地描绘这种道德知觉和道德情感。正如我们在上文中用维特根斯坦的面相-观看知觉哲学思想来分析列奥波德的大地伦理经验中所提出的，这种更为广大的生活形式中的语言游戏参与者之间的关爱，虽然是只有人类和少数家养动物才能产生，但是这无疑是生态哲学思考的基础。

以一种维特根斯坦主义的生态哲学进行思考，即要回到这种人类与自然共生的生活形式之中，在这种生活形式之中去思考问题。那么，问题似乎在于，如何看待科学发现所带来的新知识，这种新知识是否会推翻我们原初的反应？事实上，科学知识仍然是人类的知识，是人类能力的显现。任何超越了人类知识界限的科学思想都是一种误用。彼得·范·伊万根(Peter van Inwagen)②曾经提出，人类的科学认识能力都是基于人类尺度的，但是存在一种客观性科学尺度，它不依赖于人的主体性。他认为实用主义者不能因为语词是模糊的，就认为事实及其真值也是模糊的。珠穆朗玛峰是世界最高峰，高度是8848.86米，这一事实并不会因为我们所寻找的参照物的变化而变化，也不会由于人类知识的影响而变化。如果人类没有进化成今天这个样子，其他的智慧生物也能够得出印度洋板块和亚洲板块的挤压造成了喜马拉雅山的隆起，没有人类的因素能够对这一过程发生影响，这一事实是客观的而不是主观的。伊万根认为经验的知识并不是相对的，而总是通过人类的透镜才能看到的，我们的科学研究可以将人类的透镜去掉，获得真正的客观知识。

但是伊万根这种想法过于简单地设想了人类的因素对于科学知识的影

---

① D Berthold - Bond, The Ethics of 'Place': Reflections on Bioregionalism, *Environmental Ethics*, 2000(22), p.17.

② P Inwagen, *Metaphysics*, Westview Press, 2008, p.87.

响。例如,我们用来测量山体高度的米(metres),首先是一种有效的测量高度的方式。它对于人来说既不太长也不太短,既可以用来测量山峰,也可以用来测量人的身高。每个人都可以根据地面路途的远近而理解8000米的含义。但是我们就不会用厘米甚至毫米来描述珠穆朗玛峰的高度,那样的话所获得的数值会非常大,也很难让普通人去想象。但是如果蚂蚁能发展出一种文明,它们可能会以厘米来衡量珠穆朗玛峰的高度。人类的生活形式决定了我们在进行科学测量时所选用的尺度,就如同蚂蚁的生活形式决定了"蚂蚁科学"的测量尺度一样。我们并不会测量每一个地面凸起的高度,而只测量对于人类来说形成了跨越阻碍的山体的高度,这也是人类生活形式所决定的。尽管伊万根所说的客观性知识总是可能的,但是它总是要通过人类的透镜而显示出来。人类科学知识的图景总是如此,我们所拥有的知识总是和人类的知觉、身体、思想能力和生活形式相匹配。

维特根斯坦所说的生活形式的奠基性就在于此,我们总是从某些特定的语言游戏中成长起来,在这些语言游戏中,我们学会了与周边的自然和非自然物打交道,并学会了如何在这个共同体中生活。我们在这个生活形式中所形成的道德知觉和道德情感,是我们生活意义的来源,也是我们生态哲学思想的来源。生成论所讨论的作为有机体的人类与环境的耦合关系更说明了人类和其他生物一样,是在地球这个特定的生存环境中成长起来的。保护这种环境即是保护作为有机体的人与环境之间的耦合关系,保护人类赖以生活的空气、水、大气、植物、动物。保护我们独特的生活形式中的成员。我们应当从当代生态哲学的理论困境中走出,从我们原初的道德知觉和道德情感出发,寻求一种基于特定的生活形式中的成员彼此关爱的新的生态哲学。

结　论

　　以上，我们讨论了当代知觉哲学的发展现状，指出当代知觉哲学的主流是表征主义，表征主义的核心假设是知觉内容的存在。当代知觉哲学由于知觉内容的假设而陷入了理智主义的窠臼。无论是表征主义还是析取主义，都无法解决知觉的困难问题，并因此陷入知觉、幻觉和错觉的内容一致性所造成的困难中。

　　维特根斯坦的知觉哲学是一种反理智主义和反表征主义的知觉哲学，这种知觉哲学以面相-观看知觉思想为代表，他认为日常知觉大部分都是面相知觉，即我们能够直接超出感觉-材料意义上的显像（形状、颜色等）而看到事物在众多语言游戏中的重要的面貌，维特根斯坦在《论颜色》中对颜色现象的面相-观看知觉做出了考察。他指出这种面相并非是知觉对象发生了改变，也并非是我们对显像做出了某种解释，而是一种行动。意向主义和析取主义解释都没有完全摆脱知觉内容假设的束缚，陷入知觉的困难问题之中。维特根斯坦的知觉哲学论述表明，知觉内容的假设是完全不必要的，从原始的直接知觉到有内容的高阶知觉是一种"从量变到质变"的改变，这种改变只有结合一定的实践，即语言游戏和生活形式才能得到恰当的理解，知觉的困难问题和连续性问题在这里都可以得到解释。

生成论坚持一种放松的自然主义,它将知觉与涉身性的行为紧密结合在一起,自创生生成论和感觉运动生成论依然保留着知觉内容假设的残余,而激进生成论给了我们以在当代语境下重新阐释维特根斯坦知觉哲学的自然主义新视角。激进生成论严格区分无内容的知觉行为和社会-语言支撑下的使动的有内容的行为。这和维特根斯坦对面相知觉对于一定生活形式下的语言游戏的依赖性的考察是一致的。有内容的知觉活动的存在由语言游戏的语法即"理由的空间"和生活形式所决定。激进生成论给出了维特根斯坦哲学以当代知觉哲学的视角,而维特根斯坦知觉哲学则为激进生成论提供了一种社会-语言支撑下的行为如何能够成为有内容的行为的综观描述。这使得一种生成论的维特根斯坦主义的知觉哲学成为可能。这种新的知觉的产生为我们提供了一种不同于传统认知主义的新的自然哲学,能够使得我们以此为背景考察很多当代问题。一种生成论视角下的维特根斯坦式的知觉哲学为一种生成论视角下的维特根斯坦式的伦理学和生态哲学提供可能性。

维特根斯坦前期的伦理学认为绝对的价值是位于事实的世界之外的,价值是我们对待事实的整体的一种态度,而非任何实在。伦理学是隶属于不可言说的神秘之域的东西。后期维特根斯坦将伦理学看成一种个体对其所生活的世界的态度。这种态度表现为一系列对我们与世界的关系做出规范性引导的规则。维特根斯坦的总体态度是认为伦理学陈述不是对任何事实的描述,而是某种生活的态度或行动的范畴。伦理学态度的表现即是一种道德面相知觉,伦理学即是我们看待世界当中道德事实的某种方式。我们并非是以推论的方式从一种"看"到另外一种"看"。一种伦理的态度使得我们从一开始就是以"看"的第二种意义来看待世界。一种生成论视角下的视角使得我们认识到,人类的伦理学所关注的对象不仅应当包括同类,也应该面向作为人类的生存环境的大自然。因为正如维特根斯坦所指出的,人类本身就是一种动物,我们不应当拒绝我们对自然环境所负有的道德责任。这将为一种生成论视角下的维特根斯坦伦理学和生态哲学奠定基础。人类的语言游戏及其背后的生活形式所依赖的实际上是一般性的事实,也即是生物学的或者物理的生活环境和人类的自然反应,这两者是一致的。我们与我们的周边环境构成了一个共同体,这里既包括人类也包括非人类。人类的生活形式是与更广大的诸多生命与非生命共同参与的生活形式的一部分,人类正是在与自然的交往过程中才形成诸多语言游戏,这本身就说明作为语言游戏的参加者,需要关怀其他的语言游戏参加者,人需要用行动来保护自然,也就是保护人的生活形式和生活的意义。一种维特根斯坦式的生态哲学的可能性是存在的。

参考文献

一、中文文献

1.韩林合:《维特根斯坦〈哲学研究〉解读》(上下册),商务印书馆,
2010 年。

2.李国山:《言说与沉默——维特根斯坦〈逻辑哲学论〉》中的命题学
说》,南开大学出版社,2004 年。

3.〔美〕马尔康姆:《回忆维特根斯坦》,李步楼、贺绍甲译,商务印书馆,
2012 年。

4.〔英〕麦金:《维特根斯坦与〈哲学研究〉》,李国山译,广西师范大学出
版社,2007 年。

5.〔英〕恰尔德:《维特根斯坦》,陈常燊译,华夏出版社,2012 年。

6.〔英〕瑞·蒙克:《维特根斯坦传:天才之为责任》,王宇光译,浙江大学
出版社,2011 年。

7.〔奥〕维特根斯坦:《蓝皮书和褐皮书》,涂纪亮译,北京大学出版社,
2012 年。

8.［奥］维特根斯坦:《逻辑哲学论》,韩林合译,商务印书馆,2014 年。

9.［奥］维特根斯坦:《数学基础研究》,韩林合译,商务印书馆,2013 年。

10.［英］维特根斯坦:《维特根斯坦笔记》,许志强译,复旦大学出版社, 2011 年。

11.［英］维特根斯坦:《维特根斯坦剑桥讲演录》,周晓亮、江怡译,浙江 大学出版社,2010 年。

12.［奥］维特根斯坦:《战时笔记 1914—1917 年》,韩林合编译,商务印 书馆,2005 年。

13.［英］维特根斯坦:《哲学研究》,陈嘉映译,上海人民出版社, 2005 年。

14.［英］维特根斯坦:《哲学研究》,韩林合译,商务印书馆,2013 年。

15.［英］维特根斯坦:《哲学语法》,韩林合译,商务印书馆,2012 年。

二、外文文献

1. A Clark, *Surfing Uncertainty*: *Prediction*, *Action and the Embodied Mind*, Oxford University Press, 2016.

2. Andy Hamilton, *Wittgenstein and On Certainty*, Routledge, 2015.

3. Alan Lee, Colour and Pictorial Representation, *British Journal of Aesthetics*, 2005(1).

4. Alan Lee, Wittgenstein's Remarks on Colour, *Philosophical Investigations*, July 1999.

5. Aldo Leopold, *A Sand Country Almanac and Sketches Here and There*, Oxford University Press, 1968.

6. Alex Byrne and David Hilbert, *Readings on Color – Vol. 1*, The MIT

Press,1997.

7. Andrew Lugg, Wittgenstein on Colour Exclusion: Not Fatally Mistaken, *Grazer Philosophische Studien*, 2015.

8. Andrew Lugg, Wittgenstein on Transparent White, *Wittgenstein – Studien*, 2014(1).

9. Anna Boncompagni, Enactivism and the Explanatory Trap A Wittgenstein-ian Perspective, *Methode*, 2013(2).

10. Anthony Kenny, *Wittgenstein Revised Edition*, Blackwell Publishing, 2006.

11. Anton Alterman, *Wittgenstein and the Grammar of Physics*, The city university of New York, 2000.

12. Bence Nanay, *Current controversies in philosophy of perception*, Routledge, 2017.

13. Bertrand Russell, *The problems of philosophy*, Henry Holt and company, 1912.

14. Bertrand Russell, *Theory of Knowledge: The 1913 Manuscript*, Rout-ledge, 1984.

15. Brand Blanshard, *Reason and analysis(Paul Carus Lectures)*, Open Court Publishing Company, 1962.

16. C. L. Hardin, *Color for Philosophers: Unweaving the Rainbow*, Hackett Publishing Company, 1988.

17. Collin McGinn, *The Subjective View*, Oxford University Press, 1983.

18. D Hutto&E Myin, *Radicalizing enactivism: Basic minds without content*, The MIT Press, 2013.

19. D Hutto, *Wittgenstein and the End of Philosophy*, Palgrave Macmillan,

2006.

20. D Moyal – Sharrock, Wittgenstein's razor: The cutting edge of enactivism, *American Philosophical Quarterly* V50, 2013 (3).

21. D Stern, *Wittgenstein's Philosophical Investigations: An Introduction*, Cambridge University Press, 2004.

22. D. W. Hamlyn, *Sensation and perception: a history of sensation*, the Humanities press, 1961.

23. Dale Jacquette, Wittgenstein and the Color Incompatibility Problem, *History of Philosophy Quarterly*, 1990.

24. Daniel D. Hutto&Erik Myin, *Evolving Enactivism: Basic Minds Meet Content*, The MIT Press, 2017.

25. Daniel D. Hutto, Enactivism, From A Wittgensteinian Point of View, *American Philosophical Quarterly*, 2013.

26. Dany Jaspers, Logic and Colour. Log, *Univers*, 2012.

27. David Pole, *The Later Philosophy of Wittgenstein*, Bloomsbury Academic, 2014.

28. Dennis L. Sepper, *Goethe contra Newton*, Cambridge University Press, 2003.

29. Don Sievertm, Another look at Wittgenstein on color exclusion, *Synthese*, 1989.

30. F Waismann, *Wittgenstein and the Vienna Circle*, Blackwell, 1979.

31. Frank Ramsey, Book review, *Mind*, 1923.

32. Frederik Gierlinger, Wittgenstein on colour, *Walter de Gruyter*, 2014.

33. G E Moore, *Principia Ethica*, Cambridge University Press, 2002.

34. G Ryle, *The Concept of Mind*, Hutchinson, 1949.

35. G. E. M. Anscombe, *An Introduction to Wittgenstein's Tractatus*, Hutchinson, 1959.

36. Gier, Nicholas F., Wittgenstein's Phenomenology Revisited, *Philosophy Today*, 1990.

37. Giorgio Rizzo, Wittgenstein on colour – issues, *Rivista telematica di filosofia*, 2008.

38. Giuseppe Cascione, The light – color problem in Wittgenstein, *Semiotica*, 2001.

39. H Jonas, *The phenomenon of life: toward a philosophical biology*, Northwestern University Press, 1966.

40. H Robinson, *Perception*, Routledge, 1994.

41. Hans Sluga, David G. Stern (Ed.), *The Cambridge Company to Wittgenstein*, Cambridge University Press, 1996.

42. Hans – Johann Glock, *What Is Analytic Philosophy?*, Cambridge University Press, 2008.

43. Hans – John Glock, *A Wittgenstein Dictionary*, Blackwell, 1996.

44. Harry Heft, *Ecological Psychology in Context: James Gibson, Roger Barker, and the Legacy of William James's Radical Empiricism*, Psychology Press, 2001.

45. J B Callicot, *Beyond the Land Ethic, Albany*, State University of New York Press, 1999.

46. James Austin, Wittgenstein's Solutions to the Color Exclusion Problem, *Philosophy and Phenomenological Research*, 1980.

47. Jesse Prinz, Wittgenstein and the Neuroscience of the self, *American Philosophical Quarterly*, 2011(2).

48. João Carlos Salles Pires da Silva, On Remarks on Colour, *Princípios*, 2006.

49. John McDowell, *Mind and world*, Harvard University press, 2000.

50. John V. Canfield, Ned Block, Wittgenstein, and the Inverted Spectrum, *Philosophia*, 2009.

51. Jonathan Westphal, *Colour: Some Philosophical problems from Wittgenstein*, Blackwell, 1987.

52. Ludwig Wittgenstein, *Lecture on Ethics*, Wiley Blackwell, 2014.

53. Ludwig Wittgenstein, *Lectures and Conversations on Aesthetics*, *Psychology and Religious Belief*, Blackwell, 1966.

54. Ludwig Wittgenstein, *Philosophical Occasions 1912—1951*, Hackett publishing Company, 1993.

55. Ludwig Wittgenstein, *Prototractatus*, *Edited by B. F. McGuinness T. Nyberg G. H. Von Wright.*, Routledge&Kegan Paul, 1971.

56. Ludwig Wittgenstein, *The Big Typescript TS 213*, Blackwell Publishing, 2005.

57. Ludwig Wittgenstein, *The collected works of Ludwig Wittgenstein*, Blackwell Publishing, 1998.

58. Ludwig Wittgenstein, *Tractatus logico – philosophicus*, Routledge &Kegan Paul, 2002.

59. Ludwig Wittgenstein, *Wittgenstein's Lectures*, *Cambridge 1932—35*, *From the Notes of A. Ambrose and M. MacDonald*, Blackwell, 1979.

60. Ludwig Wittgenstein, Wittgenstein's Philosophical Conversations with Rush Rhees (1939 – 50): From the Notes of Rush Rhees, *Mind*, 2015.

61. Ma, Lin and Van Brakel, Jaap, Revisiting Wittgenstein on family resem-

blance and colour(s),*Philosophical Investigations*,2015.

62. Manuel Heras – Escribano,Jason Noble and Manuel de Pinedo,Enactivism, action and normativity:a Wittgensteinian analysis,*Adaptive Behavior*,2015.

63. Marie McGinn,On Two Recent Accounts of Colour,*The Philosophical Quarterly*,1991.

64. Marie McGinn,Wittgenstein's Remarks on Colour,*Philosophy*,1999.

65. Marjolein Degenaar, *Molyneux's Problem*: *Three Centuries of Discussion of the Perception of Forms*, Kluwer,1996.

66. Mark Rowlands,Enactivism, intentionality, and content,*American Philosophical Quarterly*,2013.

67. Mauro Luiz Engelmann, *Wittgenstein's Philosophical Development*, Palgrave Macmillan,2013.

68. Max Black,*A Companion to Wittgenstein's ' Tractatus '*,Cornell University Press,1964.

69. Meredith Williams, Wittgenstein, *mind and meaning*: *towards a social conception of mind*, Routledge,2002.

70. Merrin B. Hintikka, *Jaakko Hintikka. Investigating Wittgenstein*, Basil Blackwell,1986.

71. Michael Campbell & Michael O'Sullivan, *Wittgenstein and Perception*, Routledge,2015.

72. Michael Luntley,*Wittgenstein Meaning and Judgement*,Wiley – Blackwell,2003.

73. Michael Tye,*Consciousness, Color and Content*,The MIT Press,2000.

74. Michael Tye,*Ten Problems of Consciousness*: *A Representational Theory of the Phenomenal Mind*,The MIT Press,1995.

75. Mohan Matthen, *The Oxford Handbook of Philosophy of Perception*, Oxford University Press, 2015.

76. Nelson Goodman, Book Reviews, *The Journal of Philosophy*, 1978.

77. Norman Malcolm, *Ludwig Wittgenstein: A memoir with a biographical sketch by G. H. von Wright*, Oxford, 1984.

78. Olli Lagerspetz, The ambiguities of colour: Wittgenstein and Lichtenberg on colour and colour perception, *Uppsala Studies of Philosophy*, 2005.

79. Osvaldo da Pos, Liliana Albertazzi and Valerio Villani, White can be transparent: why Wittgenstein is wrong, *Journal of the International Colour Association*, 2014.

80. P. M. S. Hacker, *Appearance and Reality – a philosophical investigation into perception and perceptual qualities*, Basil Blackwell, 1987.

81. P. M. S. Hacker, *Insight and Illusion*, Oxford University Press, 1986.

82. Pasquale Frascolla, *Understanding Wittgenstein's Tractatus*, Routledge, 2007.

83. Paul Gilbert, Westphal and Wittgenstein on White, *Mind*, 1987.

84. Paul Horwich, *Wittgenstein's Metaphilosophy*, Oxford University Press, 2013.

85. R Carson, *Silent Spring*, Houghton Mifflin Company, 2002.

86. R. Rhees, *Some Developments in Wittgenstein's View of Ethics*, Philosophical Review, 1965.

87. Ray Monk, *Ludwig Wittgenstein: The duty of genius*, Vintage, 1990.

88. Rolf G. Kuehni, Philipp Otto Runge's Color Sphere, *Kapitel Available online: inter – Society Color Council*, 2008.

89. Rudolph Hermann Lotze, *Outlines of Psychology*, Ginn, 1886.

90. S. Mulhall, *On Being in the World: Wittgenstein and Heidegger on Seeing Aspects*, Routledge, 1990.

91. Sarah Moss, Solving the color incompatibility problem, *Journal of Philosophical Logic*, 2012.

92. Saul A. Kripke, *Wittgenstein on Rules and Private Language: An Elementary Exposition*, Harvard University Press, 1982.

93. Shapiro L, *The Routledge handbook of embodied cognition*, Routledge Press, 2014.

94. Shaun Gallagher, *Enactivist Interventions Rethinking the Mind*, Oxford University Press, 2017.

95. T. Burge, *The Origins of Objectivity*, Oxford University Press, 2010.

96. Vendler, Z. "Goethe, Wittgenstein and the Essence of Color", *The Monist*, 1995.

97. W. Köhler, *Gestalt Psychology*, Liveright, 1947.

98. William Brenner, Wittgenstein's color – grammar, *Southern Journal of Philosophy*, 1982.

99. William Day & Victor J. Krebs, *Seeing Wittgenstein Anew*, Cambridge University Press, 2010

后　记

　　本书探讨的核心问题是维特根斯坦哲学与当代哲学之间的关系问题。这也是作者多年来一直关注的焦点。事实上，任何过去时代的哲学都面临着由新的时代的学人们进行重新诠释和解读的可能性。这里我们并不一定要进入一种诠释学的循环，我们选择的是在当代哲学中生成论这一与维特根斯坦哲学形成继承关系的哲学进向，通过维特根斯坦思想，充实和深化生成论进向中的激进生成论，来增进维特根斯坦哲学与当代哲学之间的互动。维特根斯坦的面相-知觉思想为激进生成论增添了语言批判的维度，为进一步辨析高阶有内容的知觉和低阶无内容的知觉之间的区别与交叉，回答"内容的困难问题"提供了可能性。

　　我们由此发展出一种生成论视角下，基于面相-知觉的道德知觉的伦理学和生态哲学的可能之路。由语言哲学的考察拓展到对人与大自然的共生关系的考察，指出了生态语言游戏在人类生活形式中的奠基性，以及人类生活形式与自然界的深层有机联系。

　　本书受到天津市高等学校综合投资规划项目和天津市哲学社会科学规划研究一般项目"生态哲学视角下的维特根斯坦知觉哲学研究"（项目编

号：TJZX18 - 005,项目负责人为姚东旭)资助,本书构思、写作和出版过程中,得到了各位师友,天津人民出版社编辑的鼎力相助,在此一并感谢!

由于作者水平所限,虽几经改稿,书中错误和缺点在所难免,欢迎广大专家学者不吝赐教。

姚东旭

2021 年 6 月 30 日